庭木の自然風剪定

峰岸正樹

農文協

まえがき

私は植木屋です。最近は雑木の自然風庭園を造る方が増えてきました。大変嬉しいことですが、数年すると風に揺れる雑木の美しさがなくなり、太い切り口をさらした硬直した姿になってしまう木が多く見られ、悲しい限りです。

私は、いままで現場で培ってきた基本剪定技術を書こうと思い、昼は木バサミ、夜は慣れないペンを持って奮闘してきました。剪定技術はやさしくはありませんが、木を愛でる心と熱意をもち、枝を透かす基本剪定さえできるようになれば、どんな樹種でも剪定できるようになります。

なかなか文字では心髄を伝えられないもどかしさを感じていますが、誰でもが安心して剪定でき、自然風樹形の美しさが年々深まっていくよう、できるかぎりわかりやすくまとめました。

平成十三年二月一日

峰岸正樹

もくじ

カット●菅野結花
写真撮影●赤松富仁
レイアウト●條 克己

第1部

自然風剪定の基本

「仕立て木風剪定」では維持できない雑木の自然樹形

自然風庭園の魅力

里山の景観を再現

　最近では、マツなど伝統的な庭木を配置した和風庭園よりも、ヤマボウシなどの雑木の庭が多くなってきました。慣れ親しんだ身近な里山風のやすらぎ感が、人を引き付けるのでしょう。山の中の林を歩いて雰囲気の良い林があったら、その部分をカットして自宅の庭に再現すれば、いながらにして林の中に住んでいるような満足感が味わえると思います。

　雑木の庭が増えてきたのは、雑木は狭い場所でも植栽できる、やわらかな姿が現代の建物と調和する、値段が安い、この三つの点が大きな理由ではないかと思います。雑木は透光性が良いので狭い庭でも密植でき、密植することによって奥行き感を出せます。高、中、低木を組み合わせ、密植ぎみに配置すると、枝越しに奥行き感を感じることができます。また、密植すると木の生長も幾分抑えられます。

　私は、雑木の庭は雑炊のような味わいだと思います。ひとつひとつの材料の味は淡白なのに、何種類もの材料が組み合わさると自然の深い味わいが醸し出されるからです。

自然の四季の移ろいを味わう

　雑木の魅力は、常緑のマツやマキなどと異なり、四季の変化が大きいことです。なかでも一番は春の芽吹きのころでしょう。芽吹き前の早春に咲くマンサク、ダンコウバイ、アブラチャンなどの花は、長い冬から目覚めた命が陽光を浴び、躍動する季節の到来に歓喜しているように思えてなりません。そして、この世に生まれたばかりの若葉の新芽が小枝の先々に躍るころは、大地は若々しくみずみずしい細胞に覆われて再生し、私たちの心をもリフレッシュしてくれます。

［図1］自然風庭園

雑木を主体に里山景観を模した自然風庭園

芽吹きのころから夏までの間も、新緑に映した花が目を楽しませてくれます。ハウチワカエデの赤くかわいらしい花、タマアジサイの大きい蕾、コガクウツギの清楚な花…、数えあげればきりがありません。

夏の深い緑は、盛んに大地の水を蒸散し、涼風を窓辺まで運んでくれます。このころ、木々は葉腋に来年の花芽や葉芽を作り始め、栄養を枝・幹・根に蓄え、冬に向けての準備を開始します。

秋は何といっても紅葉のシーズンです。芽吹きのときから今まで、懸命に同化養分を作りがんばった葉に、万物がお礼をこめて色とりどりの化粧をしているのでしょう。来年の新芽を宿し終え、世の中の全注目を集めてお別れをする日は、葉にとっても最良の日なのでしょう。落葉の季節は、雑木が喜んでいるように私は感じるのです。秋は紅葉だけでなく、食べても見ても楽しい木の実を、小鳥や私たちにプレゼントしてくれます。

そして裸樹となり、寒風に小枝が揺れる冬の雑木も魅力的です。冬の日射しを下草に譲り、幹の曲がり、樹皮の模様や色、寒さに耐える冬芽を包み隠さず見せる冬姿は、また特別な感慨を与えてくれます。このような雑木の変化に富んだ四季の営みのなかに、人生の縮図さえ感じさせてくれます。

株元に咲き乱れる下草も魅力

雑木主体の自然風庭園では光が株元まで入りやすいので、山で見かけた好みの下草を植えます。伝統的な和風庭園では常緑樹が多く日当たりが悪いため、コケやジャノヒゲなど半日陰に耐えるものが多くなります。自然風庭園では、エビネ、ヤブコウジ、シャガ、クサソテツ、シュンラン、ホトトギス、ホタルブクロ、ヒトリシズカなど、いろいろな山野草が植えられます。最近では、これらは園芸店でよく売られていますが、その草は野山のどんな場所（日当たり条件、水条件など）に生えていたかを思い出し、その環境に庭の中で一番近い部分に植えます。このように植栽すると里山の自然により近づき、下草も元気に育っていきます。

下草は、ある部分にまとめて植えるのが一般的です。ヤブランだけをまとめて、また別の部分にはフッキソウをまとめて植えるといったように…。しかし、その下草が好む環境であれば、所どころに点在させて植えてもかまいません。それが自然の姿ではないでしょうか。下草を植えると庭の景観もより深まり、年々自然に近いものになっていきます。

雑木林の下草の中には、食べられるものもあります。ゼンマイ、ワラビ、ギボウシ、モミジガサ、クサソテツ、フキ、ヤマウドなど、山菜と呼ばれているものです。これらを下草として植えれば旬の味覚も楽しめ、自然風の景色がより醸し出されるでしょう。

ヒメシャラの木の下で自然に殖えるエビネ

維持がむずかしい自然風庭園

雑木は生長が早く、一定の大きさに維持しにくい

四季の変化や風にしなやかに揺れる姿が魅力的な雑木は、庭木としては問題点があります。そのひとつは、従来の代表的な庭木であるマツやモッコクなどと比べると生長が早く、大きさを維持していくことがむずかしいことです。マツは一

年で春に一節しか伸びません。そのマツの樹齢を知りたければ、段状に出る枝の数を数えればわかります。ところが、多くの雑木は、樹勢が強いと春から秋にどんどん新葉を出して伸びていきます。

植栽して二〜三年間は建物と調和したしなやかな樹形を見せていてくれるのですが、その後は大きくなり過ぎるので、どうしても切り詰めないといけなくなります。一年間で少ししか伸びないマツは、一定の大きさに維持する庭木として適しているのです。

ですから、雑木を主体にする自然風庭園で植栽をするときに気を付けなければいけない点は、あまりにも大きくなる木は植えないことです。管理の面でもむずかしくなり、結局は伐採するはめになります。たとえばホオノキ、トチノキ、モミノキ、ミズキなどは、大きくなり過ぎるので植えないほうがよいでしょう。

切ると先端から徒長枝が出て異常樹形になりやすい

雑木は、枝を切っても葉の付け根にできる腋芽や樹皮に隠れている不定芽が、マツに比べて芽を吹きやすいのです。樹勢が弱っていなければ、切っても新しい葉・枝が伸びてきます。マツなどは枝先の頂芽を切ってしまうと、腋芽や不定芽が吹きにくいために、その枝は芽が吹かず枯れる危険が高くなります。

この点で雑木は、初心者がおおまかに剪定しても枯らすことはないので、剪定はマツよりもやさしいと思われがちですが、無造作に切ると、風にそよぐようなやわらかい枝はなくなり、叱られて罰をうけたような硬直した悲しい樹形になってしまいます。さらに悪いことに、切った後、切り口近くか

[図2]芽の種類

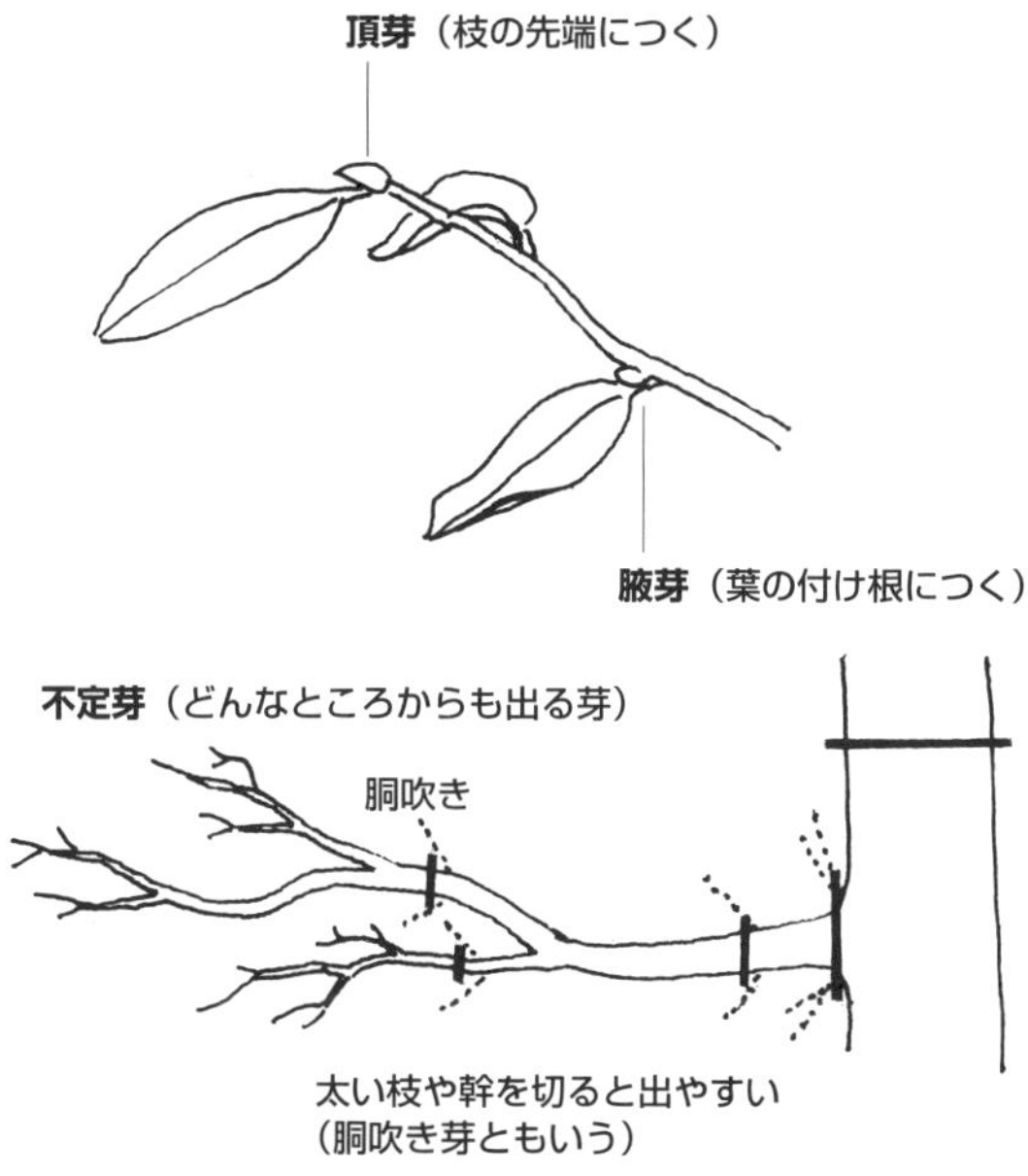
頂芽（枝の先端につく）
腋芽（葉の付け根につく）
不定芽（どんなところからも出る芽）
胴吹き
太い枝や幹を切ると出やすい
（胴吹き芽ともいう）

毎年先端部で剪定を繰り返し、先端がコブになったサルスベリ

透かし剪定を繰り返し、小枝が多くなったサルスベリ

[図3]コブ樹形になる過程

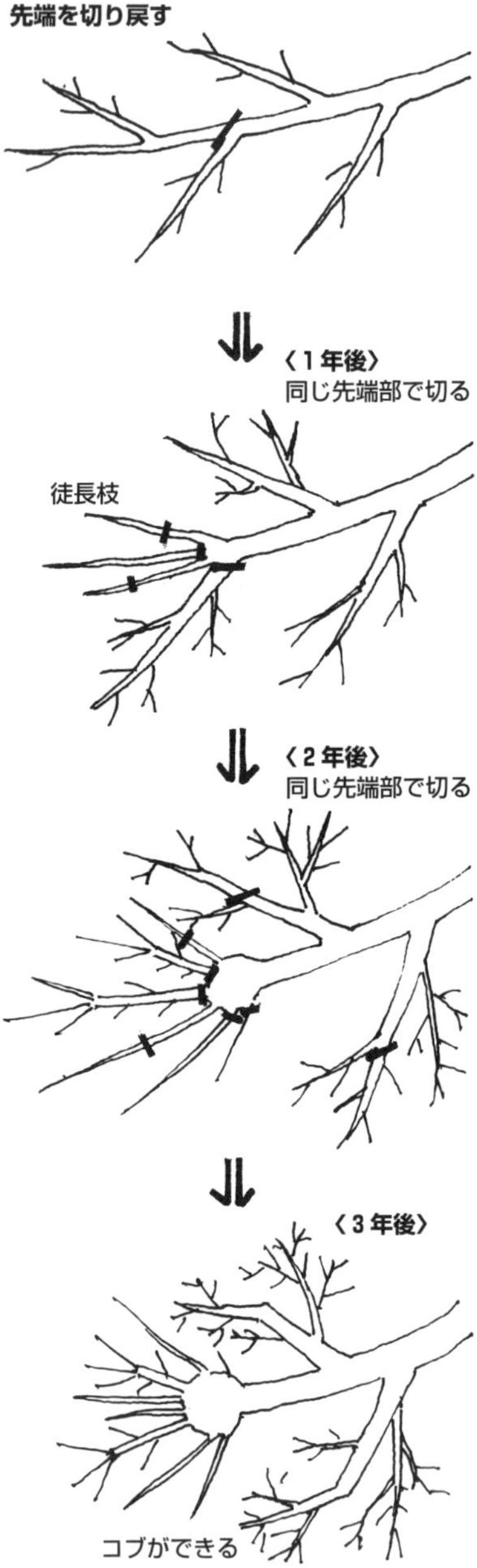
先端を切り戻す
〈1年後〉
同じ先端部で切る
徒長枝
〈2年後〉
同じ先端部で切る
〈3年後〉
コブができる

ら勢いのよい徒長した枝が何本も伸び、ますます自然な姿とはいえない樹形になっていくのです。

　マツは春に伸びた芽や枝の先端を切り詰めても、このような徒長した枝が伸びることはありません。切るたびに細かな葉や枝が出て、見事な枝ぶりに仕上がっていきます。マツはこのような仕立て木剪定に耐える樹種なのです。

　徒長した枝が先端部に多く出ると、幹寄りの内部が日陰になったり養分を先端部に取られてしまうので、内部の枝がしだいに弱って枯れてきます。そして、再び先端の徒長枝を何回も切り詰めていくと、しだいに先端部がコブ状になっていきます。まるで「私は本来はしなやかな美しさなのに、こんな無様な姿になってしまった」と、拳を天に突き刺して悲しんでいるようです。

自然樹形を維持できない「仕立て木風剪定」

従来の庭木が元になった「仕立て木風剪定」

なぜこのようないびつな姿になった雑木が多くなってしまったのでしょうか。それは、マツなど従来の庭木の仕立て方の考え方で、雑木を剪定してしまったからです。

一般に植木は庭を作る時点で、その庭に合う大きさのものを植えるので、植えてからはそれ以上大きくしない剪定法が必要になります。ですから、生長が遅く、何回もの剪定に耐え、しかも徒長枝が出にくく樹形を乱さないマツやモッコクなどの樹種を庭木として選んできたのだと思います。

従来の仕立て方は、このような特性のあるマツの樹形が元になっているのでしょう。マツでも岩場など悪条件の中で風雪に耐え、枝ぶりのすばらしいどっしりとしたマツの樹形が理想的な庭木の樹形とされてきました。ですから、目標とする樹形も、幹を太くし、節間の詰まった枝を出し、小枝を密生させた枝ぶりに、盆栽を大きくしたような樹形に仕上げることを目標にしています。

仕立て木風剪定ではどんな樹種かもわからなくなる

この仕立て木風剪定を庭のマツに応用するのは良いのですが、最近ではマキやモチ、落葉樹のザクロやウメまでもがマツのように仕立てられている例が少なくありません。これはどうもいただけません。マキは、幼木のころから枝を誘引して下げ、新芽を切り詰めて小枝を多くしたマツの樹形のように仕立てられているので、その仕立て木風樹形があたり前の姿になっています。遠くから見るとマツなのかマキなのか区別がつきません。

生長が早く、切ると徒長しやすい雑木を、この「仕立て木風剪定」の考え方で剪定した結果が、前述したいびつな姿なのです。太い枝の先端部だけに小枝をチョボチョボと付けたモミジやザクロ、大きなコブとなった先から何本もの徒長枝が箒状にたくさん出たトウカエデやソロノキなどなど、遠くから見るとどんな樹種かもわからないほど個性のなくなった雑木と成り果てるのです。本来、マキはマキの、ザクロにはザクロの自然樹形があるのです。やはり庭木というものは、その樹種ごとの自然樹形を基本としたいものです。

[図4]樹形は樹種によって個性的

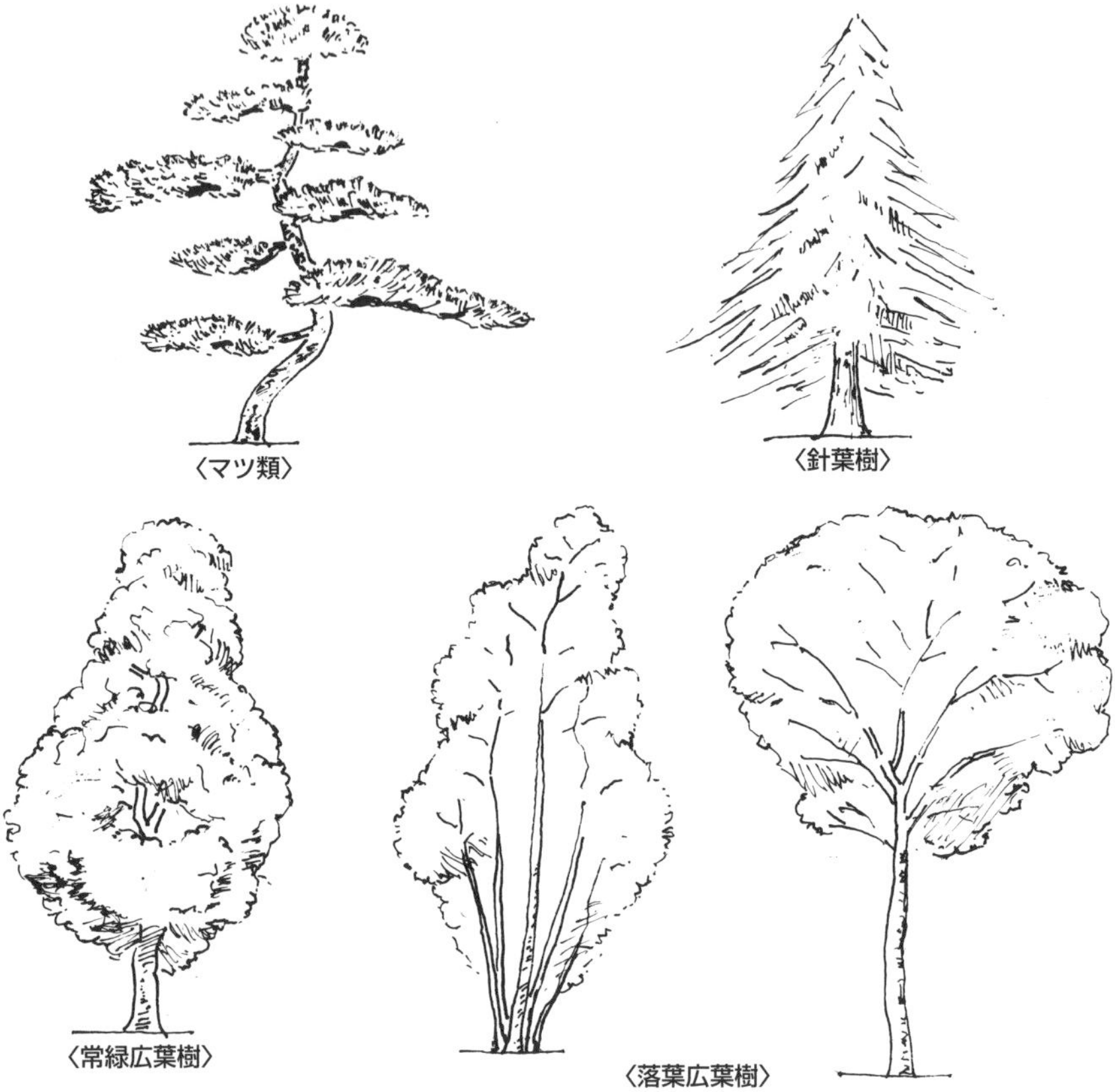

同じモミジでも剪定法が悪いと異状な姿となる

透かし剪定で自然樹形を維持しているモミジ

毎年先端部をこまめに切り詰め、散らし玉仕立て風になったモミジ

自然樹に学ぶ「自然風剪定」の基本

1 「透かし剪定」で樹冠維持

光環境に合わせて自ら枝を間引いいてできる自然樹形

自然樹形は樹種によって異なります。自然風剪定のひな型となる樹形は、ノコギリやハサミを一度も入れたことのない野山の自然樹を見るのが一番だと思います。しかし、同じ樹種の自然樹でも、生えている場所の環境によって樹形が違います。木々が密生した林の中と、のびのびと枝を広げられる野原では、同じ樹種でも「同じ木なのかな?」と目を疑うほどはっきりと違います。

自然樹は長年かかって、その環境に最も適した樹形となっています。光不足の枝は自然に枯れ、光の多い方向に枝を伸ばしています。自然樹は、いわばその環境に合わせて、その木自身が長年の間に自然剪定した樹形といえます。

山の裾に広がるアカマツ林は、下のほうは枝も何もなく電信柱のように二〇メートル前後伸び、上のほうに枝が少し付いているような樹形となっています。密生した林の中では、幼木のころから競い合って光を求めて上へ上へと伸びたからでしょう。そして、下の枝は日陰になってしだいに枯れ上が

[図5]場所によって変わる自然樹形

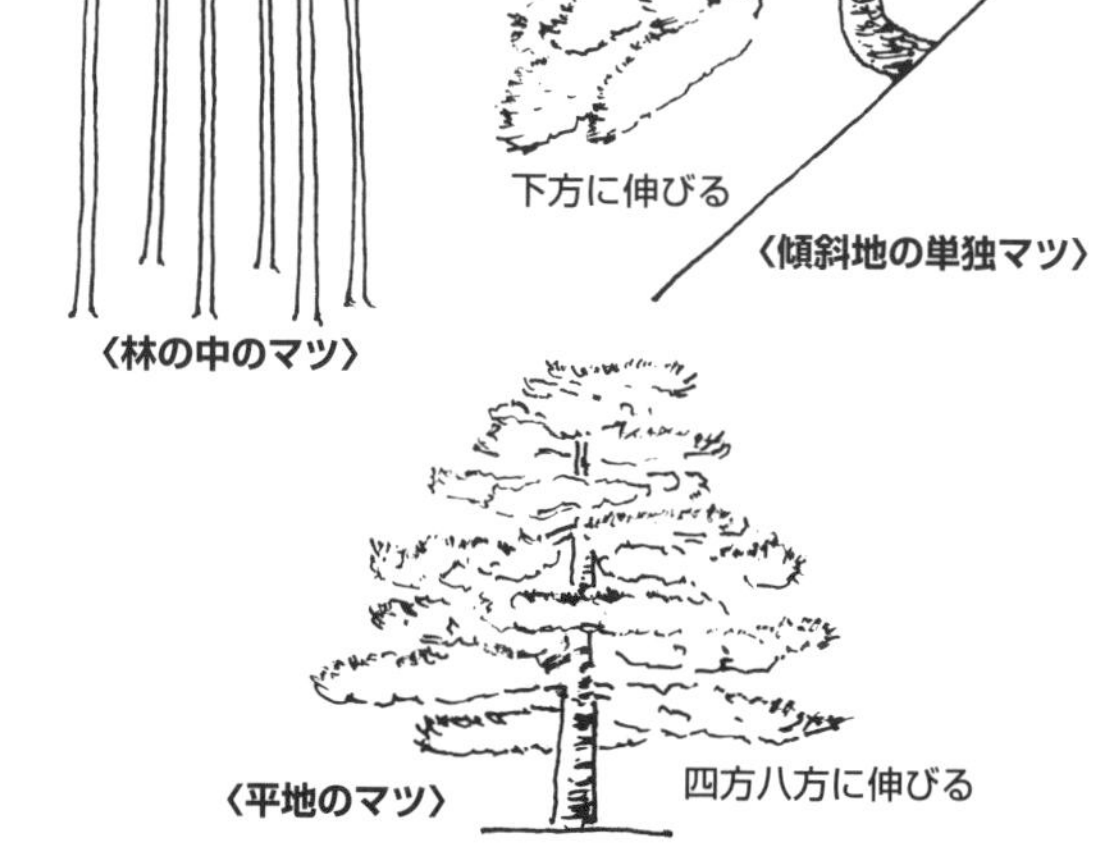
光を求めて
上に伸びる
〈林の中のマツ〉
下方に伸びる
〈傾斜地の単独マツ〉
〈平地のマツ〉
四方八方に伸びる

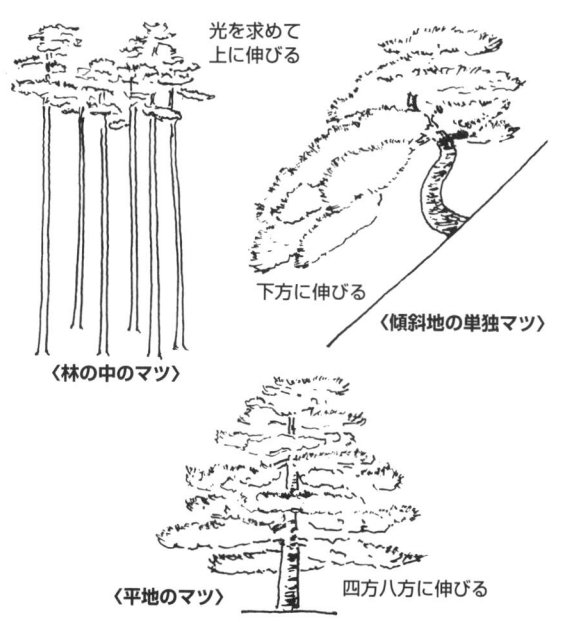

[図6]自ら透かし剪定する自然樹

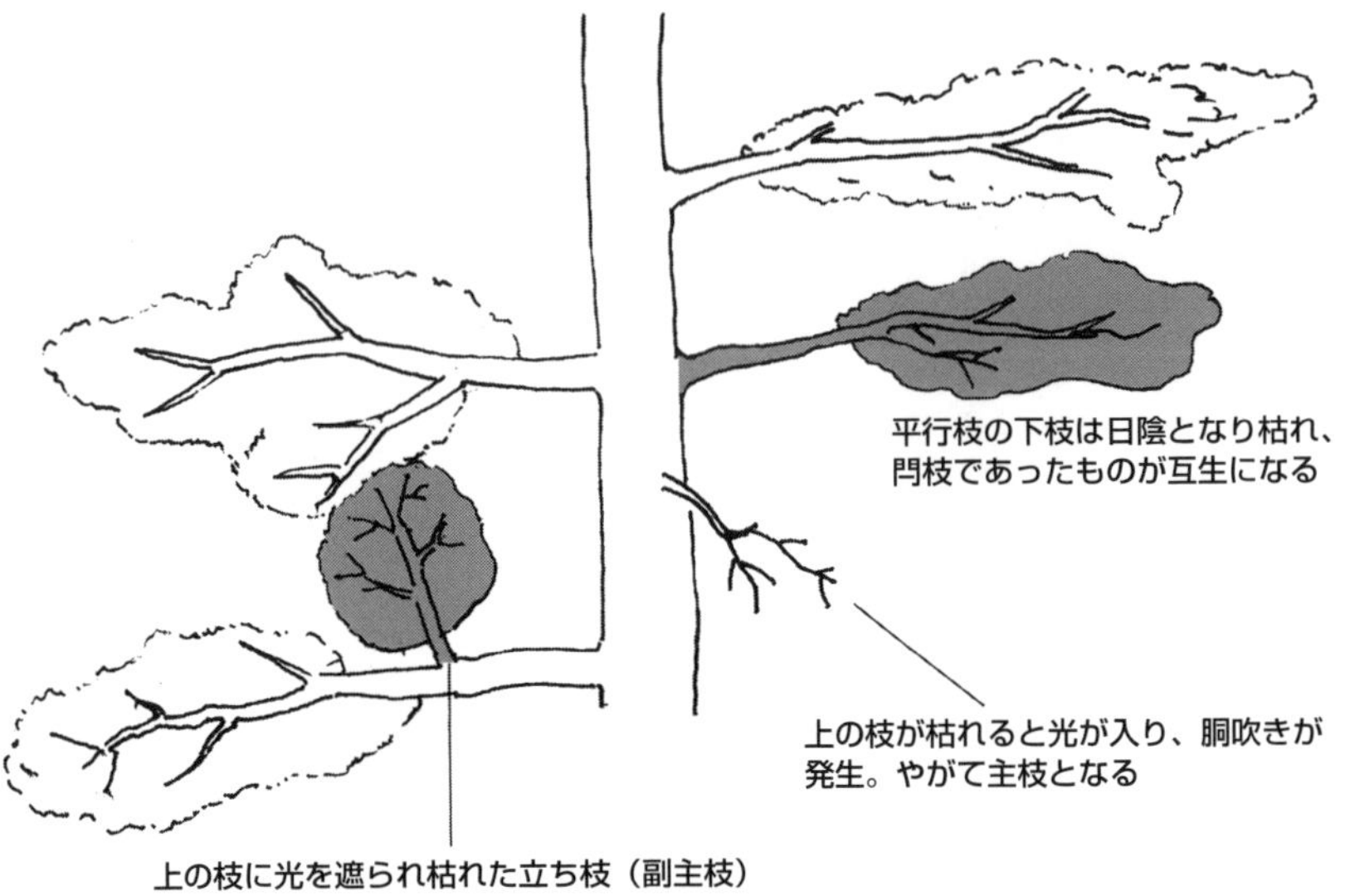
平行枝の下枝は日陰となり枯れ、
閂枝であったものが互生になる
上の枝が枯れると光が入り、胴吹きが
発生。やがて主枝となる
上の枝に光を遮られ枯れた立ち枝（副主枝）

っていったと思われます。

一方、山の斜面の岩場のアカマツは、斜面の下方に大きな枝を張り出しています。枝を大きく張り出したアカマツは、幹は太くなりますが、高さはそれほど高くなりません。

以上のことから言えることは、自然樹形を作る基本は、光です。自然樹は、日当たりが悪くなると主枝でも枯らして間引いたり、枝を途中まで枯らして更新しているのです。

剪定では、込み合った枝を抜いて日当たりを良くしてやることを「透かす」といいます。幹から出る主枝を幹元から間引くことを「大透かし」、主枝の中途から切り戻して副主枝や側枝を新しい主枝に更新することを「中透かし」、枝の先端部を切り戻すことを「小透かし」といいます。

自然樹は「小透かし」することはほとんどありません。先端部を一律に枯らすことは、病気などの障害がない限りほとんどないからです。自然樹形とは、長年かかって、木自身が「大透かし」「中透かし」をしてできた姿なのです。

「仕立て木風剪定」は、その庭木を最初に仕立てたときに残した主枝や副主枝を最後まで大事にして、その先端部分に出る側枝などの小枝の更新をしながら、その側枝の小枝まで切り揃えることによって樹冠を維持していくことを主体にする剪定法です。先端部の剪定がほとんどとなる「仕立て木風剪

[図7]仕立て木風剪定と自然風剪定

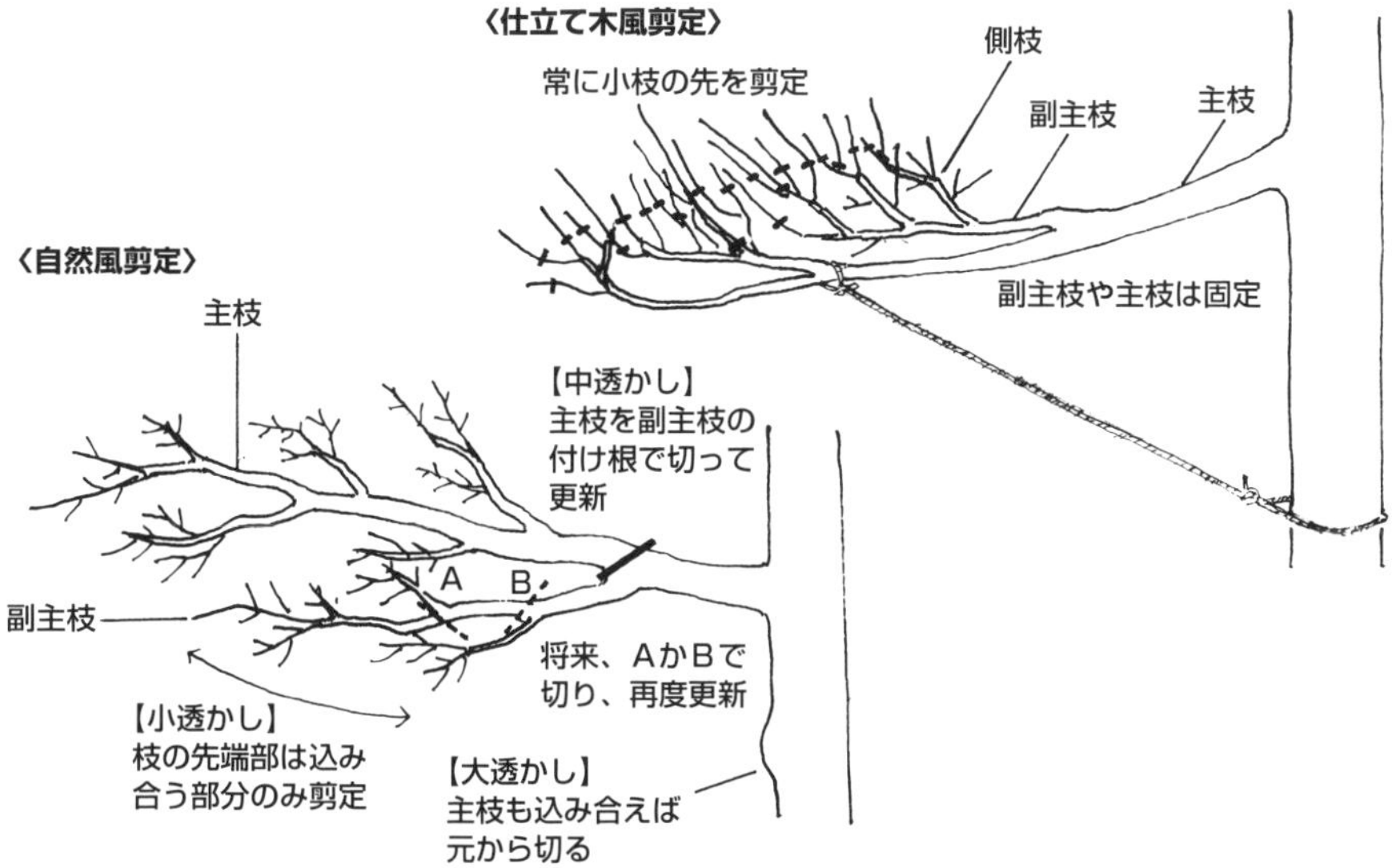

定」では、どうしても自然樹形を維持していくことができないのです。

「大透かし」「中透かし」で常に枝を更新

光の当たらなくなった枝を、間引くように枯らしてできたものが自然樹形なのです。ですから、一定の大きさに自然樹形を維持していく基本は、内部の小さな枝まで日当たりを良くするように、大きくなり過ぎた枝を切り戻したり間引くことです。そうすれば、いつまでも一定の大きさで樹形を維持できます。

「自然風剪定」の基本の第一は、主枝、副主枝とて一生固定せず、いつでも剪定・更新の対象として見る必要があることです。どんな枝でも、将来必ず切られる枝であることを前提に考えていくのです。

透かし剪定でも、何年も経つとだんだん大きく太くなったり、忌み枝や不自然に曲がった枝が多くなります。こうなると、その主枝や副主枝を付け根から切って更新していく必要があります。その際には、切るべき枝がたくさんあっても、一年に切る量は三分の一くらいにとどめ、三年がかりくらいで更新します。切る数年前から、切る主枝の根元の小枝や胴吹きに光が当たるようにして育てておきます。

このように枝の生長を二〜三年先まで読み、計画的な枝抜きをすることが基本です。木は生き物です。生きている限りこれで樹形が完成したということはありません。とくに自然風剪定では、木が大きく太くなるほど自然樹形を維持することがむずかしくなります。常に新しい若々しい枝に更新していくことが、自然風剪定をするうえでも大切です。

第二に主枝・副主枝を透かす（枝抜き）ためには、その代わりとなる枝を、切りたい主枝や副主枝の近く（フトコロ）に何年かかけて作っておく必要があります。更新する副主枝や側枝を育てるためにも、先端部を切る「小透かし」はできるだけ少なくします。小透かしするほど樹冠部が小枝で埋まり、内部の副主枝や側枝に日が当たらなくなって弱くなったり、枯れてしまいます。こうなると主枝・副主枝を更新して樹形を維持することができなくなります。

2 主枝は互い違いに互生に残す

自然樹は主枝を互生に間引く

自然樹形を見るときは、幼木だと、まだ自然樹形となっていないので参考になりません。自然樹形は成木になってできるものだからです。成木の判断は樹種にもよりますが、高木でしたら樹高一〇メートル前後以上、中木で五メートル前後、低木で三メートル以下くらいを目安にするとよいでしょう。

自然樹でも若木のうちは、枝が「輪生」（一カ所から三本以上の葉・枝が出る状態、植木用語では「車枝」と呼びます）に近いものや、「対生」（一カ所から二本の枝が一直線状に出た状態、植木用語では「閂枝《かんぬきえだ》」と呼びます）になっていることが多いのです。これらの枝が成木になるにつれて、日照不足となって枯れたり、風害で枝と枝がこすれて片方の枝が折れたり、雪の重みで折れたりしながらしだいに一本となり、互い違いの方向に一本ずつ伸びた「互生」の枝ぶりに近づい

[図8]閂枝も車枝もしだいに互生になる

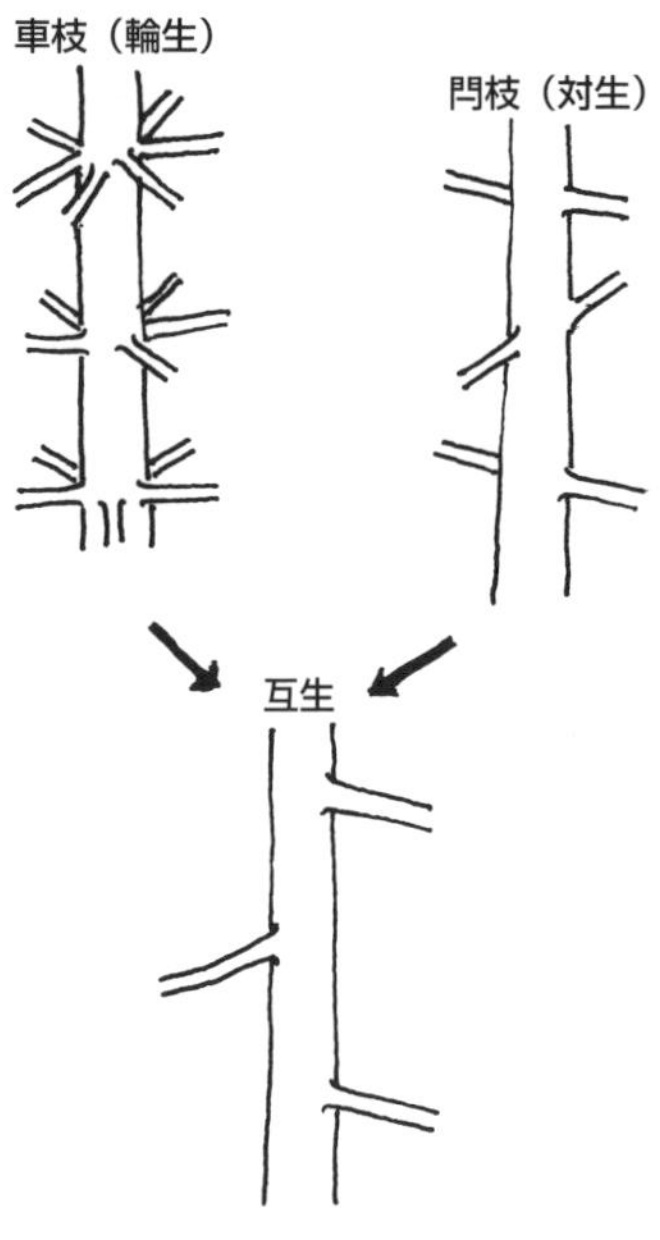

ていくわけです。

実際にマツは、若木のうちは全部といっていいくらい、幹の一カ所から五本前後の枝が発生した「車枝」になっています。畑など日当たりの良い所に単独で植わっているマツは、ほかの樹木との競合がないので、かなり大きくなるまで車枝のままの樹形を保っています。ところが、里山などの自然の中で育ったマツの成木には、車枝はほとんどありません。モミジなど枝が二本ずつ出る樹種でもそうです。対生の枝が自然の中で年を経るにしたがって互生になり、立派な枝ぶりになっていきます。

私は最近になって、ある人から「植物はもともとは互生であったが、その後対生、輪生になるものが出てきた」という話を聞き、目から鱗の落ちる思いをしました。剪定の究極は「互生」であるということに気が付きました。ですから、輪生の木も互生に剪定することが、本来の姿にすることだと確信しました。二〇年以上も庭木とつきあってきた私にとって、嬉しいような恥ずかしいような気持ちでした。

見栄えから考えても、車枝や閂枝は幹の一カ所に枝が集中し過ぎるので、遠目に見てもその部分だけ黒く濃く目に写り不自然です。また、その部分に養水分が集中するため、輪生した部分が太く、その上の幹が極端に細くなり、幹の太さも不自然になります。

幹から主枝を互生に出すには、幹の周りを螺旋《らせん》状に一本ずつ主枝を出していきます。こうすれば車枝にも対生にもならず、すべての枝の日当たりが良くなり、見栄えも良くなります。

3 枝の太さ・角度を揃えるように「透かす」

幹・枝は先端部ほど細く小さく、密に枝が出る

自然樹を見ると、幹は高くなるほど細くなり、枝は樹冠に近いほど細くなっています。幹から出る主枝の間隔も頂部に近いほど細かくなっています。高い部分や枝先のほうが太かったり、突然枝が急に細くなったりすることはほとんどありません。当然、幹よりも主枝が太かったり、主枝よりも副主枝や側枝が太かったりすることもまれです。

ところが、よく見ると樹木の高さを一〇としますと、上部の七割はそのとおりですが、地上に近い三割ほどの枝は、株元に近づくほど徐々に小さくなり間隔も狭くなっています。これはどんな樹木の自然樹形にも当てはまります。円錐形の

[図9] 主枝の付き方

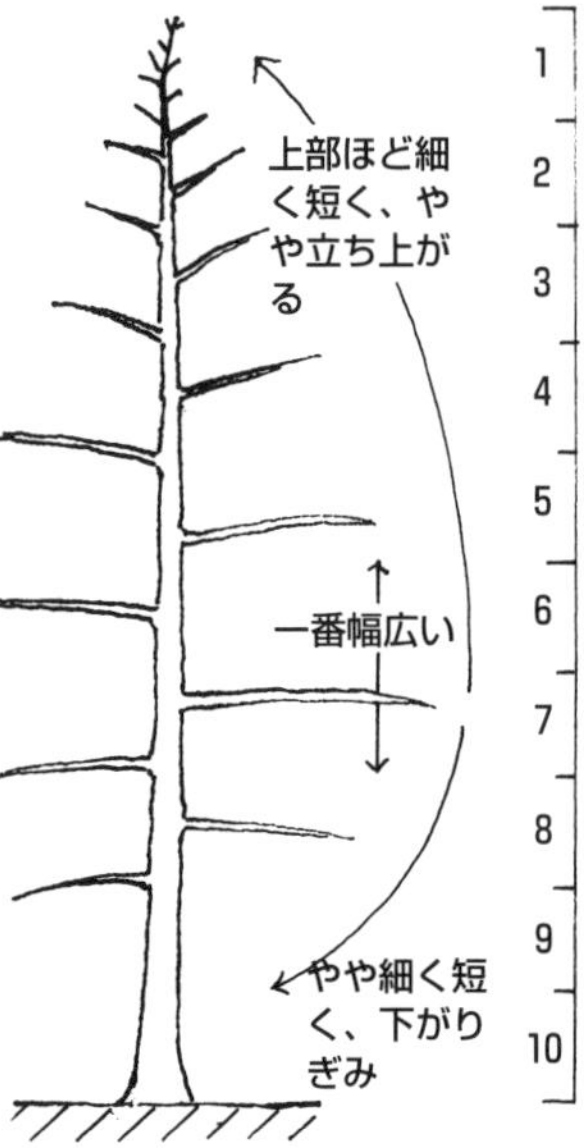
1
2
3
4
5
6
7
8
9
10
上部ほど細く短く、やや立ち上がる
一番幅広い
やや細く短く、下がりぎみ

[図10] 樹種によって異なる枝の角度

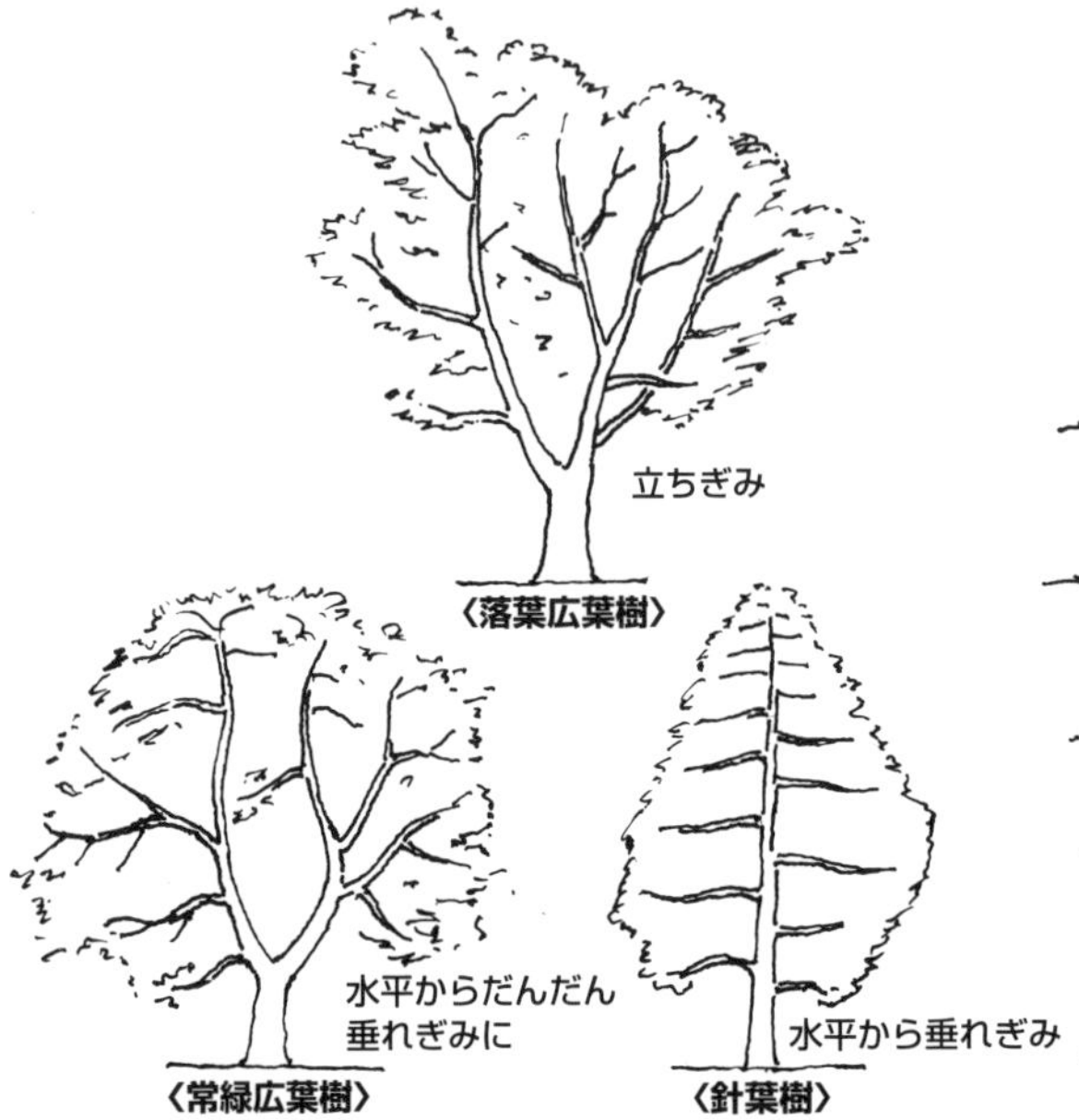
立ちぎみ
〈落葉広葉樹〉
水平からだんだん垂れぎみに
〈常緑広葉樹〉
水平から垂れぎみ
〈針葉樹〉

針葉樹でも、地上に近い所で枝が細くなり、株元はすぼんだ形をしています。モチやモッコクでも、ほとんどの雑木もそのような形になっています。

自然風剪定の基本樹形も、このような自然樹形を模すことが大切です。主枝を切り戻して更新するときは、その主枝になるべく近い太さの副主枝や側枝の先で切り戻すことが基本です。こうすれば、太さの流れが自然になります。太さが急に細くなると、不自然なばかりか、余った養水分が細い枝に集中するため、どうしても徒長枝が出てしまうのです。

枝の角度を揃えて、枝の樹勢をならす

自然の樹木は、樹種によって幹から出る主枝の角度が似通っています。落葉広葉樹は、立ち加減の鋭角度に上向きに伸び、常緑広葉樹や針葉樹などは、一年中葉を付けているので枝が重いせいか下がりぎみの広角度で、幹に近い部分は多少上がり加減ですが、先は下がっていくものが多いようです。

そしてどんな樹種でも、一本の木の枝の角度を見ると、樹高の先端部分から中間部、下部と低い位置の枝ほど徐々に下がって広角度になっています。これは先端部ほど生長が盛んな若枝なので多少上向き加減の枝となり、大きな中間部の枝は重みでしだいに垂れ、最下部の枝は日照が少なく生長も鈍

いので、比較的細いままで下垂ぎみになるのです。

　このように主枝の角度は、自然樹形を作るうえで重要です。角度が揃っていないと、主枝同士が交差して見栄えが悪くなります。さらに、どんな枝でも幹のように立ち上がる枝ほど生長力が強く、下がりぎみの枝ほど生長力が弱くなります。そのため、周囲の枝と比べてあまりにも異なった角度の枝があると、樹形が乱れてしまいます。とくに立ち上がった徒長枝は、見苦しいばかりでなく、幹や主枝以上に強く生長し、幹や主枝が負けて枯れてしまうこともあります。自然風剪定では、枝の角度を揃えることがポイントです。

　しかし、自然樹の枝は、実際には必ずしも揃ってはいません。なぜ異角度の枝を除去し、枝角度を揃えないといけないか。それは、人のいう自然樹形というものは自然の中にあるのではなく、頭の中にある自然の中で作られるからです。人の考える自然樹形とは、一本の木を眺めたときに目障りとなる枝葉がひとつもない、完全な絵に描いたような樹形を理想としているのです。この姿を人の手で維持していくには、樹形の乱れの元となる異角度の枝を抜き、角度を揃えることが基本です。


[図11]枝角度が狭い(鋭角)ほど勢いよく伸びる

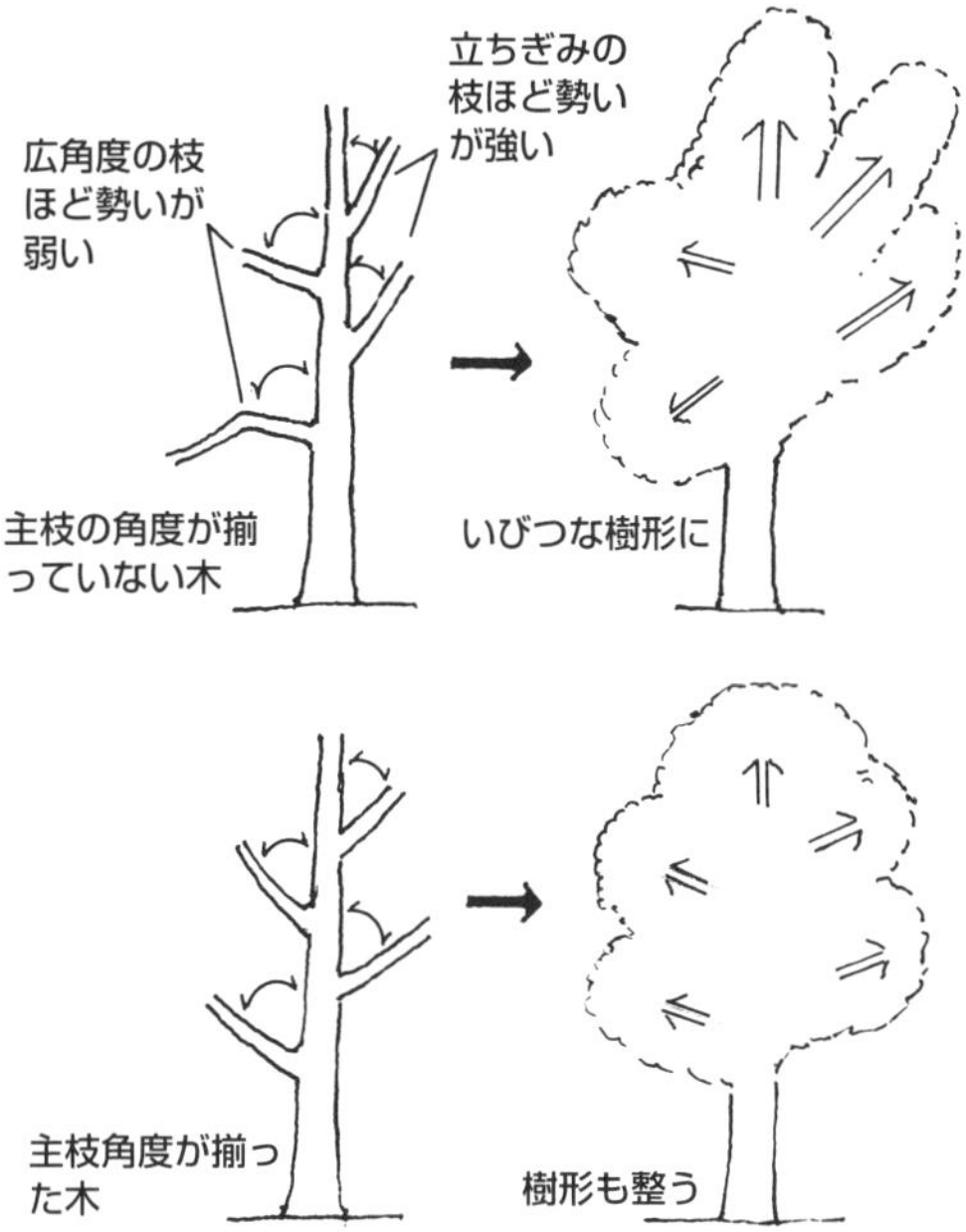

立ちぎみの枝ほど勢いが強い
広角度の枝ほど勢いが弱い
主枝の角度が揃っていない木
いびつな樹形に
主枝角度が揃った木
樹形も整う

4 外芽（枝）先で透かし、「頂芽優勢」

先端の芽ほど勢いよく伸びる「頂芽優勢」

　どんな樹種でもたいていの場合、枝の先端部に付いた頂芽や枝が最も勢いよく伸びます。先端部ほど養水分を吸引する力が強く、また日当たりも良いからです。この性質を「頂芽優勢」といいます。剪定すると、この頂芽が変わります。切

[図12] 枝は頂芽優勢で伸びる

先端の芽ほど勢いよく伸びる
腋芽も頂芽優勢
枝も頂芽優勢

[図13] 枝（芽）のないところで切る
寸胴切りはダブー

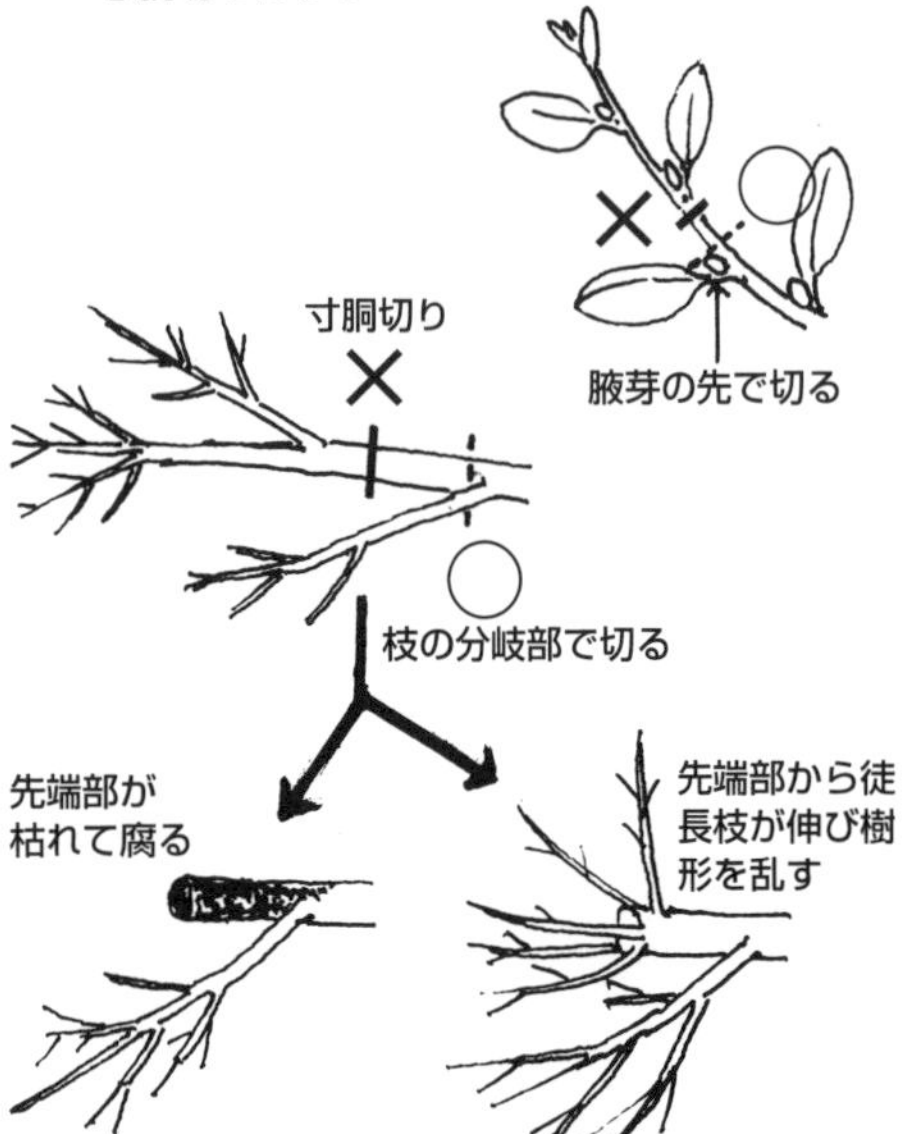
腋芽の先で切る
寸胴切り
枝の分岐部で切る
先端部が枯れて腐る
先端部から徒長枝が伸び樹形を乱す

った部分に一番近い腋芽（枝）が頂芽になり、勢いよく伸びてきます。ですから、剪定では、どんな芽の先で切るかで、その後の枝の伸び方や方向が変わってきます。この勢いよく伸びる枝が込み合った枝の方向に伸びると、剪定の目的である日当たりを良くすることが実現できず、また不自然な樹形になってしまいます。枝は本来、光の多い方向に光を求めて多く伸びるからです。

「外芽の先で切る」のが透かし剪定の原則

枝や幹を切る際に、まず守らなければならない基本は、腋芽や枝が付いている分岐部で切ることです。剪定後は、この枝・芽が新しい枝の先端となり、頂芽優勢で伸びていきます。腋芽や枝のないところで切ることを「寸胴《ずんどう》切り」といいますが、寸胴切りすると枝が枯れて先端部が腐ったり、徒長枝が多発するからです。必ず更新する枝の先で切ります（ただしすべての枝を胴吹き芽で更新するときは寸胴切りします）。

更新する芽（枝）は、「外芽（外枝）」を選ぶことが原則です。外芽とは、幹・主枝から見てより外方向に、日当たりが良い方向を向いた芽（枝）のことです。芽は葉の付け根に、葉の向きと同方向にできるので、葉の向きを見れば芽の向きもわかります。この外芽（枝）先で切れば、その芽（枝）が

[図14]切る位置は外芽で切る

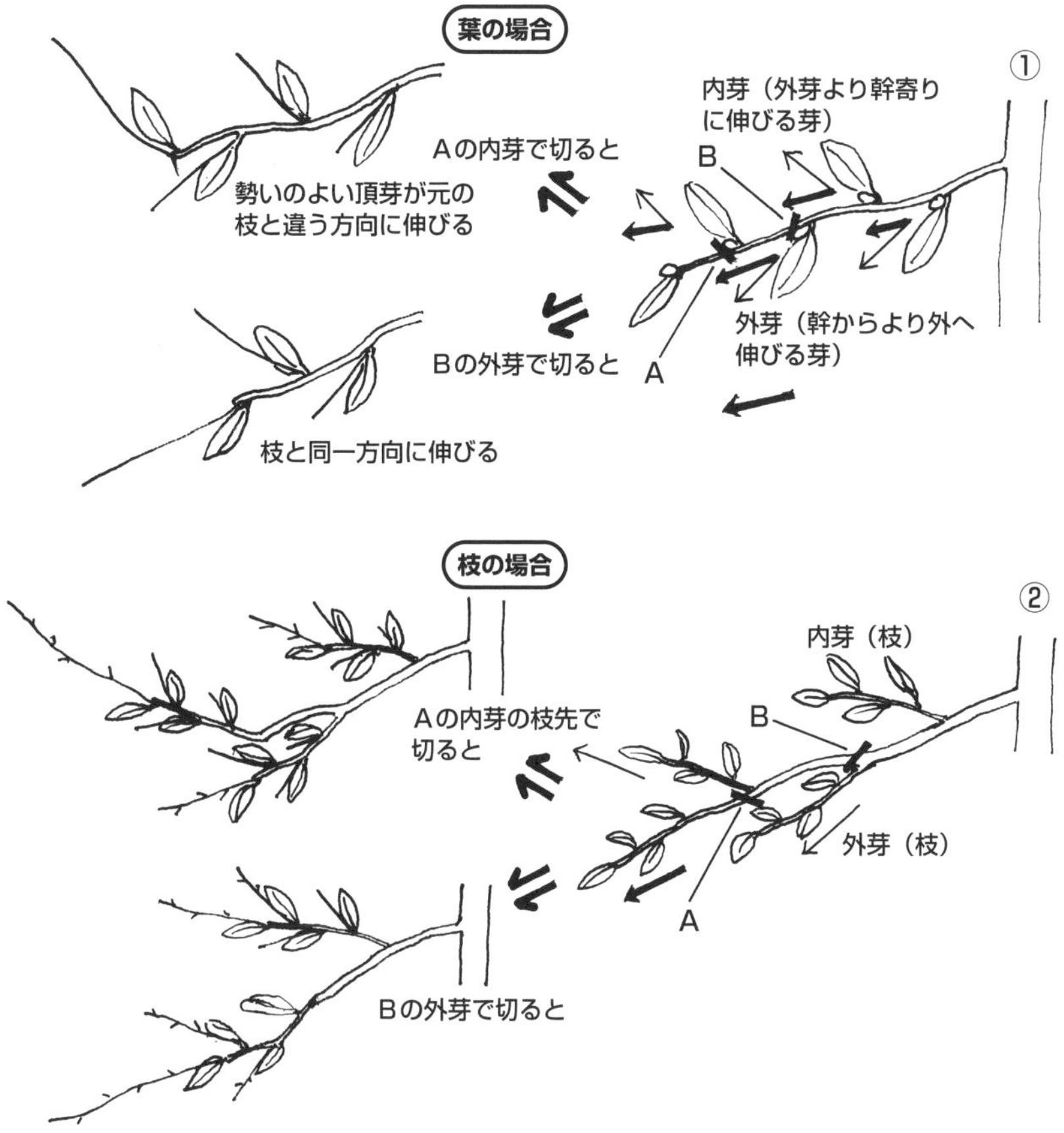

頂芽となって、日当たりの良い方向に自然と伸びてきます。このように剪定すると木にとっても障害がなく、自然な形になります。

図14の①の枝は、斜め下方向に下がっています。葉の向きを見ると、下に付いている葉の向きが枝の角度に近いので、外芽になります。この下向きの葉の先(B)で小透かしすれば、自然な外向きの枝に生長するはずです。枝が斜め上方に上がっている図14の②の枝でも、下向きの枝のほうが自然な角度で枝に沿って伸びる外芽(外枝)です。

上向きの内芽の先で切ると、立ち上がって伸びるので勢いがますますついて徒長しやすく、曲がりができて不自然な枝になります。やや下向きに伸びる芽(外芽)の先で切ると徒長しにくくなります。

庭木をより自然樹風に見せる「自然風剪定」

「人間の思い」の自然に近づける

庭園見学などに行ったとき「あそこの木は大き過ぎて不自然だね」などとよく言いますが、それは人間が人工的に作った庭に対しては言えますが、大自然の景勝地に行っても「あの木がなければ、あの岩がなければもっと自然で景色がいいのにね」などと言うのはおかしな話です。

しかし、庭の場合は自然風庭園といえども「人間の思い」の自然に近づけないと、美しい自然に見えません。たとえば、アカマツという樹種は日当たりを好む「陽樹」で、庭木として植栽する場合でも、ほかの樹木よりも樹高を低く剪定することはできないということです。ほかの樹木と密植すると、必ず下枝が枯れてきます。玄関脇とか門付近とか、日がよく当たる場所に単独で植えれば、アカマツ本来の自然樹形になります。日当たりが良く、空間をあけて植えたときは、枝ぶりをあまり細身に剪定すると密生した松林のマツとなり不自然で、庭に合わない形になってしまいます。枝を広げて空間を泳いでいるような枝ぶりに剪定をしたいものです。また、平坦な庭では、本来斜面や海岸などの「曲」ができたマツは不自然ですが、このような「曲」ができる自然の妙を理解して、景を配置したいものです。

剪定したように見えない自然風剪定

私が実際に剪定をしている庭の施主さんは「剪定したように見えないけどすっきりとしましたね」と、よく言われます。これは、不自然で目に障るものが何もないからです。切り残しの枝、異角度の枝、太さが急に変わった枝、枝葉の量のムラ（枝・葉の濃淡）などがなく、剪定後も自然な姿に見えるからです。

枝の角度、太さを揃えるように更新枝を選んで剪定するので、剪定後に徒長枝はほとんど発生せず、新梢の勢いや伸び方も平均的になります。だから、いつ剪定しても「一年間、

植木が見苦しい伸び方をしませんね」と、喜ばれます。単に「明るくなった、さっぱりした」などという植木屋へのほめ言葉もありますが、剪定後だけなら枝葉の量を切れば切るほど明るくさっぱりします。しかし、切り方を間違うとすぐに徒長枝が伸び、見られなくなってしまいます。

自然風剪定へのほめ言葉としては、「庭が広くなったように感じますね」という言葉が最高ではないでしょうか。庭が広くなったと感じるのは、樹形や大きさは前と同じなのに、透かし剪定で幹や枝が透けて見えるようになり、その枝越しに奥の木々や庭の後景が写るようになるからです。

しかし、この自然風剪定の方法を理解できていない方が少なくないのです。私が公園のケヤキを剪定したときのことです。高さ一〇メートルくらいの異様なほど主枝の数の多い木でした。元から半分近くの主枝を切ってから、残した主枝の副主枝を切るだけで樹冠の輪郭がきれいに出たので、仕上げに先端の飛び出した枝を何本かフトコロ(奥のほう)で切って剪定は完了しました。自然風によくできた、剪定したようには見えないなと満足でした。ところが、その公園の剪定を請け負った元請の監督が来て、「切ったの?これで」と言うのです。この言葉にはがっかりしました。監督が言うには、切ったのがわかるように樹形が変わるほど切れとのことでした。私は心の中で泣き泣き再剪定をしたことを覚えています。

剪定前のモッコクの木

剪定後のモッコクの木。枝・幹がチラチラ見え、庭が広く見える

木が消耗せず寿命が長くなる

自然風剪定は「すっきりしたのに剪定したように見えない」と言われますが、それは、木にとっても「切られたように感じない」剪定だといえます。枝や芽は少なくなりますが、必ず切る枝にかわる枝や芽を付けて剪定するので、切った葉・枝に回っていた養分がそのまま無理なく更新された枝・芽にスムースに回るからです。

寸胴切りなどで強引に強剪定をすると、新しい転流先を作ろうと不定芽ができ、徒長枝を伸ばしますが、それもできないときは、枝や幹にヤキが入ったり（その枝に通じる形成層が枯死）、地上部からの養分供給が滞り、根が衰弱して枯れることになります。

枝先だけをこまめに剪定して樹形を維持しようとすると、木は少なくなった葉・枝を補おうと、先端部から徒長枝を何本も出します。徒長枝が先端部を覆うと、その下枝やフトコロにある枝が、日当たりが悪くなって枯れてきます。枯れるとますます先端の徒長枝に養分が回るので、ますます暴れた（乱れた）樹形になっていきます。その乱れた樹形を整えようと、再び強剪定を繰り返さざるを得なくなります。すると木は、そのたびにストレスを受け、根は衰弱し、最後には徒長枝を出す力もなくなり、やがて枯れてきます。

自然風剪定では、常にフトコロまで日当たりを良くし、新しい枝に更新することが基本なので徒長枝の発生が少なく、常に活力のある若い枝主体の枝ぶりになります。自然風剪定なら、樹冠や樹形を何年も維持しても、木に負担をかけずに絶えず枝・葉が若返るので寿命も長くなるのです。

いつ剪定しても花や実がよく付く

枝先を切らない枝抜きの透かし剪定なら、いつ剪定しても花がまったく楽しめないということは少なく、仕立て木風剪定や刈り込み剪定に比べると花付き、実付きが大変良くなります。

花芽のできる時期は樹種によって違い、一般に春から初夏に咲くものは、前年の六～八月に新しく伸びた枝にでき、夏から秋に咲くものは、その年の春から伸びた新しい枝（新梢）にできます。

花芽は新しい枝の頂芽や側芽にできますが、花芽ができてから先端部を刈り込んだり、仕立て木風剪定などで先端部を多く剪定すると、できた花芽ごと切られるために咲かなくなってしまうのです。また、花芽ができる前でも、あまりにも多く枝を切ると、木は花芽より葉や枝を伸ばそうとするため

どの小枝にも大きな花芽が付いている

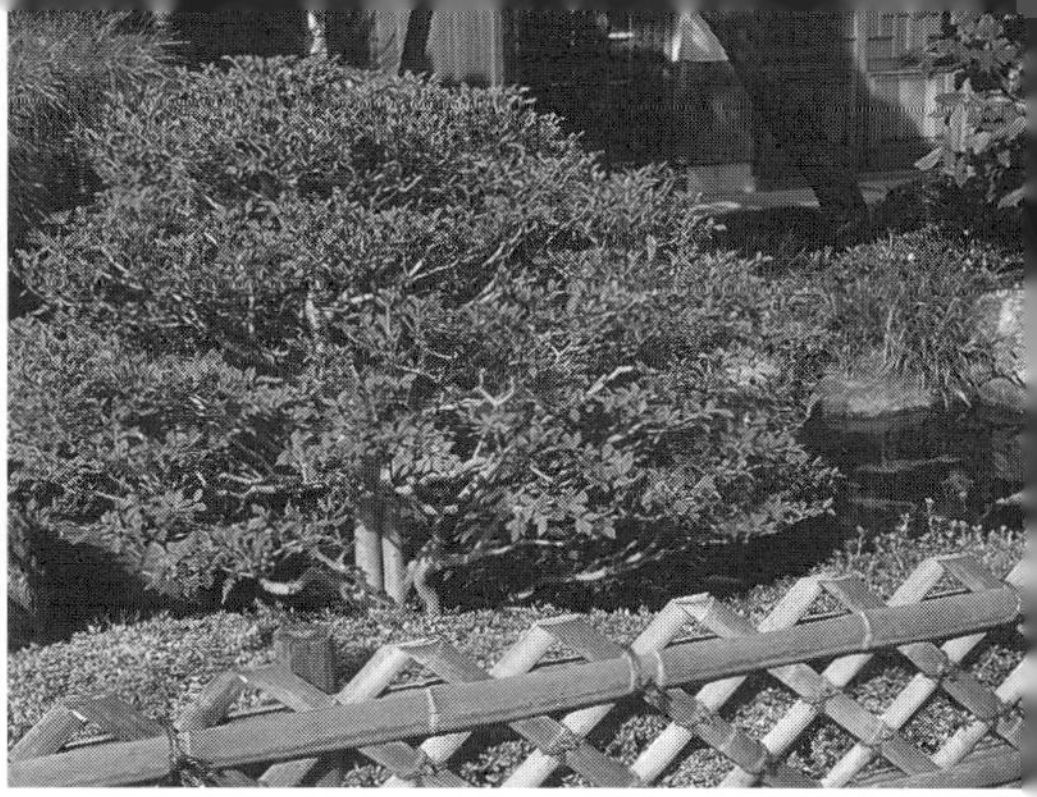

自然風剪定のドウダンツツジ

花芽ごと葉・小枝が刈られ、花芽はほとんどない

刈り込みの玉仕立てのドウダンツツジ

花芽ができにくくなります。徒長した枝には花が付きにくいのは、そのためです。透かし剪定をすると、枝数は少なくなりますが、残した枝は枝先を切らないので、花芽がそのまま残ります。ですから、どんな時期に剪定してもある程度の花や実が楽しめるのです。剪定後は日当たりも良くなり、極端な徒長枝も出ないため、花芽の発育も良くなります。

私はドウダンツツジで透かし剪定を毎年行なっているのですが、花が見事です。剪定時期は、六～七月の春から伸びた新梢の伸びが止まったころです。このころは花芽分化期に当たりますが、枝の先端は絶対に切らないで、込んだ枝、出っ張り過ぎた枝などを、枝と枝の付け根で切り取っていく透かし剪定で仕上げるのです。こうすると、来年の開花まで樹形も変わらず、満開の花を見ることができます。

花をよく咲かせるには、透かし過ぎないことです。幹や枝がチラチラ透けて見えるくらいにしておくと、その六～七月の剪定時から晩秋まで枝が一本も伸びてこないのです。それは枝葉の量のバランスが良いために、樹体内の全養分が花芽形成のためだけに使われるのではないかと思います。ですから、花芽を多く残すことは、徒長枝を出さず樹形を乱さないコツでもあるのです。ウメの木も、この時期に透かし剪定すると徒長枝が伸びず、翌年の開花や実付きが良くなります。

4 自然風剪定の基本と手順

1 剪定の時期

強剪定や植え付けの適期は新芽の吹く直前

剪定は切り取る程度や量によって、小枝や葉をほとんど、もしくはまったく切り取ってしまう「強剪定」と、ほとんどの枝葉を残す「弱剪定」に分けられます。弱剪定であれば一年中いつ剪定しても、樹木が枯れたり樹体を傷める心配はないでしょう。しかし、強剪定となると、地上部の枝葉が一挙に少なくなり、いままでバランスがとれていた地下部(根)にも相当のダメージとなります。残った幹や枝に蓄えた養分が少ないときは、枝だけでなく根も枯れてしまいます。

強剪定ができる適期は、樹木の芽の吹き出す前です。関東周辺では三月ころが一番いいでしょう。どうしてかと言いますと、芽を吹き出す前の樹体内には、夏から秋にかけて蓄積された養分が十分にあり、新しい芽や枝、根を伸ばそうと動き出す時期ですから、強剪定をしても樹体も傷みにくいのです。植え込みや植え替えも、この時期が適しています。

夏の強剪定は禁物

ところが夏の時期は、春からぐんぐん枝を伸ばし、葉を広げて樹体内のエネルギーを使い切る端境期であると同時に、これから樹体内にエネルギーを蓄積しようとする活動期です。この矢先の強剪定は、木にとっては最大のダメージとなり、立ち直れず枯れてしまうリスクが高くなります。

実際、今までの経験では、夏の強剪定でも全体が枯れることはありませんが、「ヤキ」が入り太い主枝が枯れてしまったことがあります。「ヤキ」とは幹や主枝の樹皮が縦に割れ、その溝の部分が枯死して腐る現象です。シラカシの木を、夏に葉をほとんど残さないくらいの強剪定をしました。ヤキは日

[図15]木の生長と養分蓄積の年間変化と剪定時期

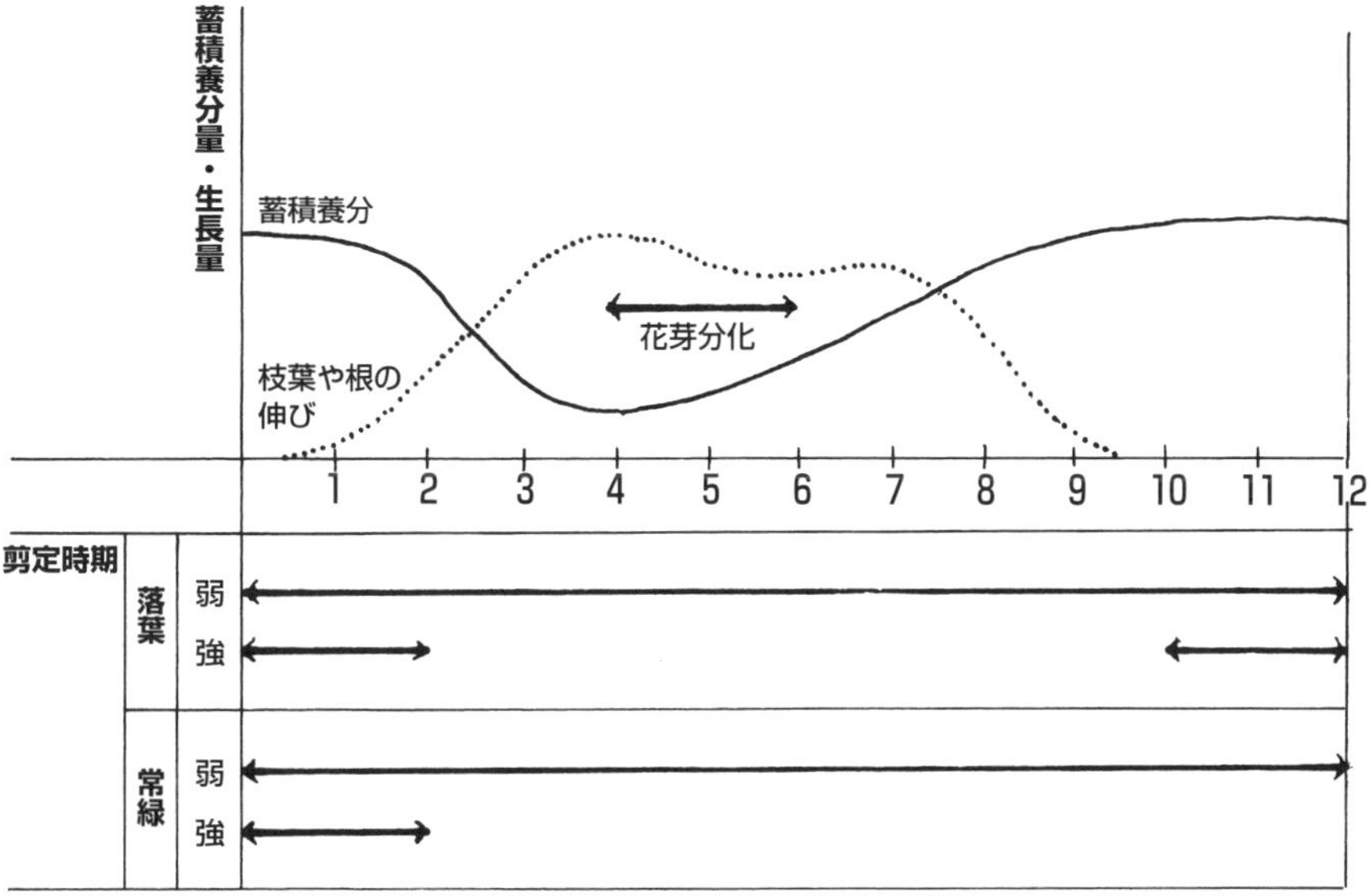

[図16]強剪定でヤキの入った枝

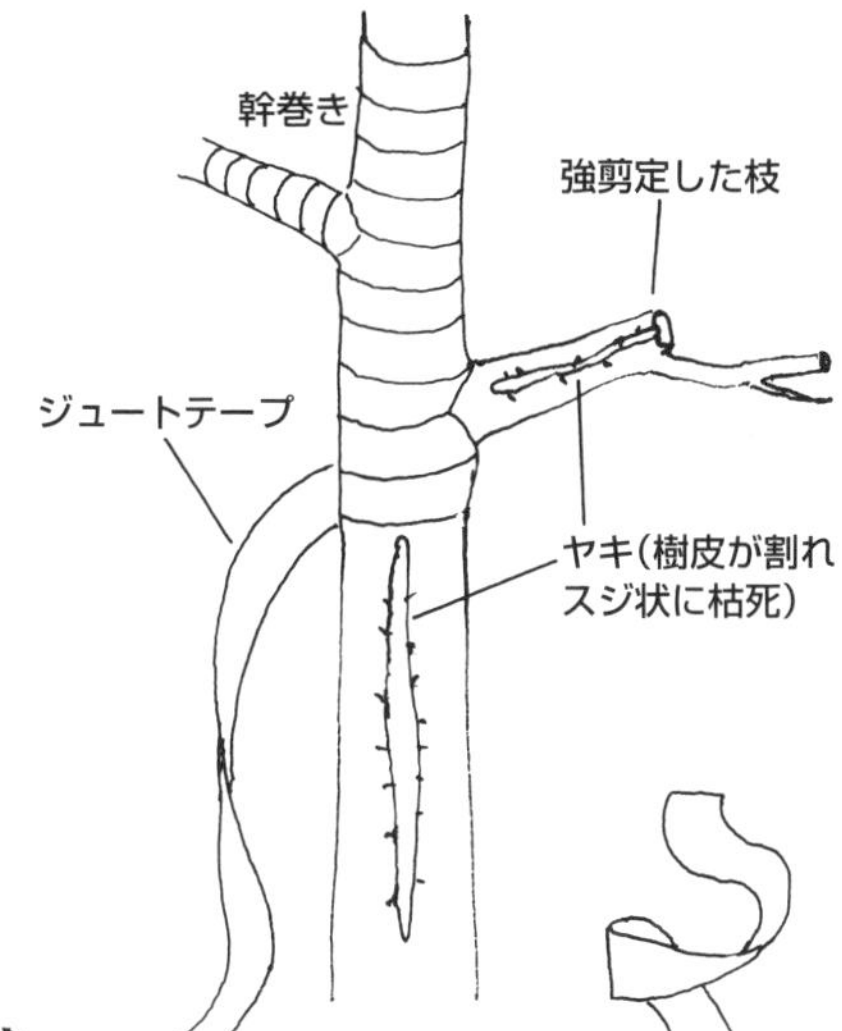

焼けが原因で起こると言われていますので、直射日光が幹に当たり日焼けしないよう、ワラやジュートテープなどを幹に巻きました（これを「幹巻き」といいます）。

ところが、翌年に幹巻きを取ってみるとヤキが入っていました。ヤキの溝幅は樹木の大きさにもよりますが、幹の直径が二〇センチ前後だと五センチ前後にもなり、ひどいときには樹冠近くから根元まで溝が走り、その溝の部分の樹皮は枯死し、その部分の形成層とつながっている枝がしだいに弱ってきます。

幹巻きをして日には決して当たっていないのに、なぜヤキ

上部の枝を強剪定したため、その枝とつながっていた形成層が枯死し、スジ状に枯死したヤキ

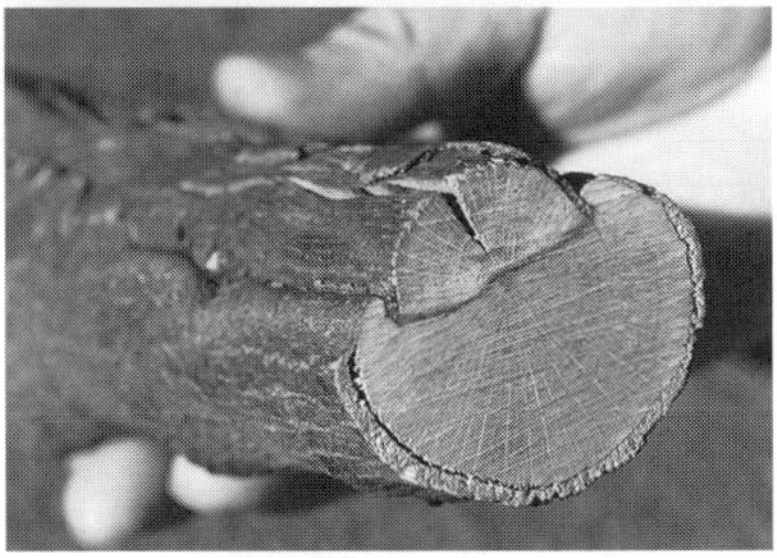

ヤキが入った枝の切断面。ヤキが入り枯死した部分を包むように生きている部分が肥大する

が入ったのでしょう。今までヤキの原因は樹皮の日焼けだと言われてきましたが、それは間違いのようです。ヤキの原因は、太い根を切ったり地上部を強剪定すると、今までその根や枝葉をつないでいたパイプの養水分流通のバランスが崩れ、その部分の形成層が障害を受けるからだと考えられます。形成層が障害を受けると、その部分の樹皮が枯死して縦溝ができ、形成層とつながっている枝や根までが弱ってくるのではないかと思われるのです。ですから、蓄積養分が少なく生命活動の盛んな夏の強剪定は、とくに禁物です。

しかし、弱剪定であれば、八月にやるのも良いでしょう。この時期は台風シーズンの前になり、風害から樹木を守るためと、芽吹き後の生長であまりにも見苦しくなった徒長枝などを取り除き、秋の剪定よりも少し濃いめ（透かす量を少なくし、葉枝を多く残す）で良いと思います。この時期は花芽を育てたり、来年の養分をためる時期なので、弱剪定してもそれほど伸びてきません。強剪定すると、ためるべき養分を使って、新たに新芽が吹いてきたり徒長枝が伸びてくるので養分が蓄積されず、翌年の芽吹きや開花が悪くなります。

晩秋から冬は剪定しやすいが、常緑樹は弱剪定で

十一〜十二月ころ、植木屋さんが忙しそうに剪定しているのをよく見かけますが、この時期が庭木にとってとくに良い剪定時期というわけではありません。これは、庭をきれいにして新年を迎えたいという人の都合なのです。でもこの時期なら、春に花の咲く樹木は、花芽を確認しながら剪定ができます。落葉樹は葉が落ちているので枝も見やすく、片付けも楽です。冬は新芽が伸びないので、この時期に剪定すれば、来年の四月まで剪定後のきれいな庭木を一番長く見られるわけです。

注意したいのは、常緑樹の剪定です。落葉樹は、落葉後から翌春の芽だし前の間でしたら強剪定をしても大丈夫です。なぜなら、冬は休眠期に入っていて、形成層に養水分がほと

んど流れていないからです。しかし常緑樹は、冬は根も葉も伸ばしませんが、光合成をして養分をため込んでいます。強剪定すると貯蔵養分が少なくなり、春の芽吹きが悪くなるばかりか、寒さに弱い暖地の常緑樹は枯れてしまうことがあります。とくに常緑でも針葉樹は胴吹きしにくいので、葉をすべて取ってしまうと、その枝は芽吹かず枯れる危険があります。常緑樹は、冬でも多少枝葉を多めに残す「濃いめ」の剪定をすることが肝心です。

[表1]花芽ができる時期と剪定

開花前年に花芽をつくる	開花年の新梢に花芽をつくる
ヤマボウシ、ハナミズキ、サツキ、ツツジ、ウメ、サクラ、モクレン、モモ、シャクナゲなど	ナツツバキ、ハギ、サルスベリ、キョウチクトウ、モクセイ、キンシバイ、ノウゼンカズラなど
秋から冬に、花芽をよく確認して剪定する。花後の剪定も可	花後は剪定を避け、秋から冬に剪定

花木の花後の剪定も要注意

また、花を楽しみたい場合には前述したようにいつでもというわけにはいきません。春に咲くものは、秋から冬には花芽が確認できます。花芽の位置をよく見て、剪定で花芽をあまり切り落とさないように注意します。春から伸びる新梢に花芽ができるサルスベリなどは、芽吹き前に強剪定してもかまいません。

「花木は花が終わってすぐ剪定、こうすればたいがいの花は花が咲くよ」とよくいわれますが、これは、この時期ならまだ来年の花芽が付いていないからです。しかし、全部の花木にはあてはまりません。夏から秋に咲くものは、花後は来年の養分をためる時期と重なるので、花後の剪定は避け、秋から冬に行ないます。また、花後に強剪定すると徒長枝が強く伸び、花芽ができにくくなります。

いずれにしても、花付き、実付きを良くするには、透かし剪定で日当たりを良くすることが第一です。日当たりが悪くなった枝には、花芽は付きにくいものです。

自然風剪定の手順 2

❶樹形、樹冠、輪郭を見る

その木の形を生かしながら自然樹形に近づけるためには、まずその木の樹形や樹冠、枝ぶりをよく観察します。「樹冠」とは枝・葉の先端部の全体の輪郭です。樹形が乱れていると輪郭もわからない、なかの枝などぜんぜん見えないという場合もあります。その場合は、木の枝と枝の間を手で広げて、枝の伸びによっても違いますが、少しなかほどで細かい枝の出ている部分（以前に剪定した樹冠の輪郭線があった部分）を探します。この部分を図17のようにつないだ線が、その木の元の輪郭部です。その輪郭部分（A）の小枝が葉を付けて生きている場合には、そこから伸び上がった枝を元から切り取ります。もしも小枝が枯れていたら、元の輪郭に一番近い部分の生きた小枝を二、三本残して切り取れば良いのです。

まずこのように切ると、元の樹冠や枝ぶりが見えてきます。それから、その木の幹の曲がり、枝の角度や広がり、枝配り（全体の枝の配置）などを総合的に見て、頭の中でどういう形にしたいのかを判断するのです。私は、この時点で剪定後の樹形が頭に浮かびます。

この元の樹形の輪郭は、過去に最低一度以上剪定をした庭木でないとありません。今までまったく剪定をしたことのない樹木は、樹形、輪郭、枝ぶりを見る作業は無用です。なぜなら、そのままが自然樹形の輪郭をもっているからです。その樹形の輪郭を基本にすればよいのです。枝を見たければ、手で枝葉をよけて中を見るようにします。

❷忌み枝や異角度の枝を「大透かし」

輪郭がはっきりしたら、本格的な剪定を始めます。剪定の基本の基本は、必要とする枝・葉に光がよく当たるようにすることです。それには、まず「大透かし」をします。「大透かし」とは、幹から直接出ている主枝を元から切り落としたり、副主枝でもかなり太いものをノコギリで切り落とす剪定のことです。どうして先端部の小枝からでなく、幹元の太い枝から切るかといいますと、何より作業効率が良いからです。最初に太い枝を数本減らせば、その枝の先に付いている小枝を剪定しなくても済むので時間の短縮になります。

この大透かしは、毎回やる必要はありません。そんなに多く幹から枝も吹いてきませんし、急に太くもなりません。樹種にもよりますが、マツなどの仕立て木などは、一度大透かしをして主枝を決めたら、二度と大透かしはしないか、五～一〇年くらいのサイクルで行なう程度です。

いずれにしても、大透かしは樹形が変わるくらいの枝抜きとなるので、慎重にやる必要があります。私なども未だに迷うことがあります。このようなときは「迷ったら切るな」を念頭において剪定しています。お客様の大事な庭木の面倒をみさせていただいている以上、無理な仕事はできません。その年に迷っても翌年になれば、その枝を残すか切るか、迷いもなく判断できるようになっている場合が多いのです。これは翌年になると新梢も伸び、その枝の要・不要がはっきりしてくるからです。また、翌年の枝の伸び方や樹形の変化を予測

[図17] 現在の樹冠と元の樹冠の輪郭線

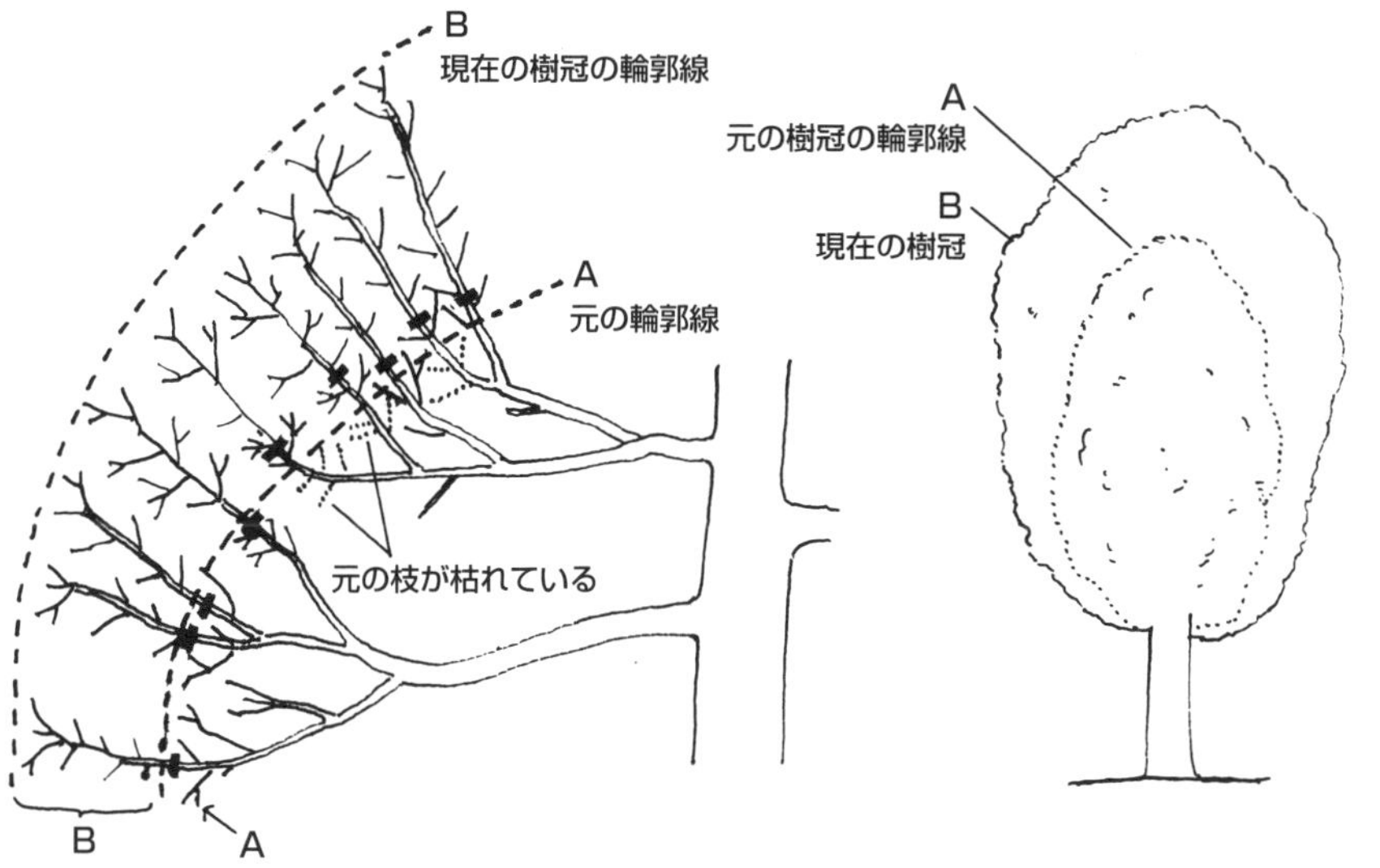

[図18] 自然風剪定の手順

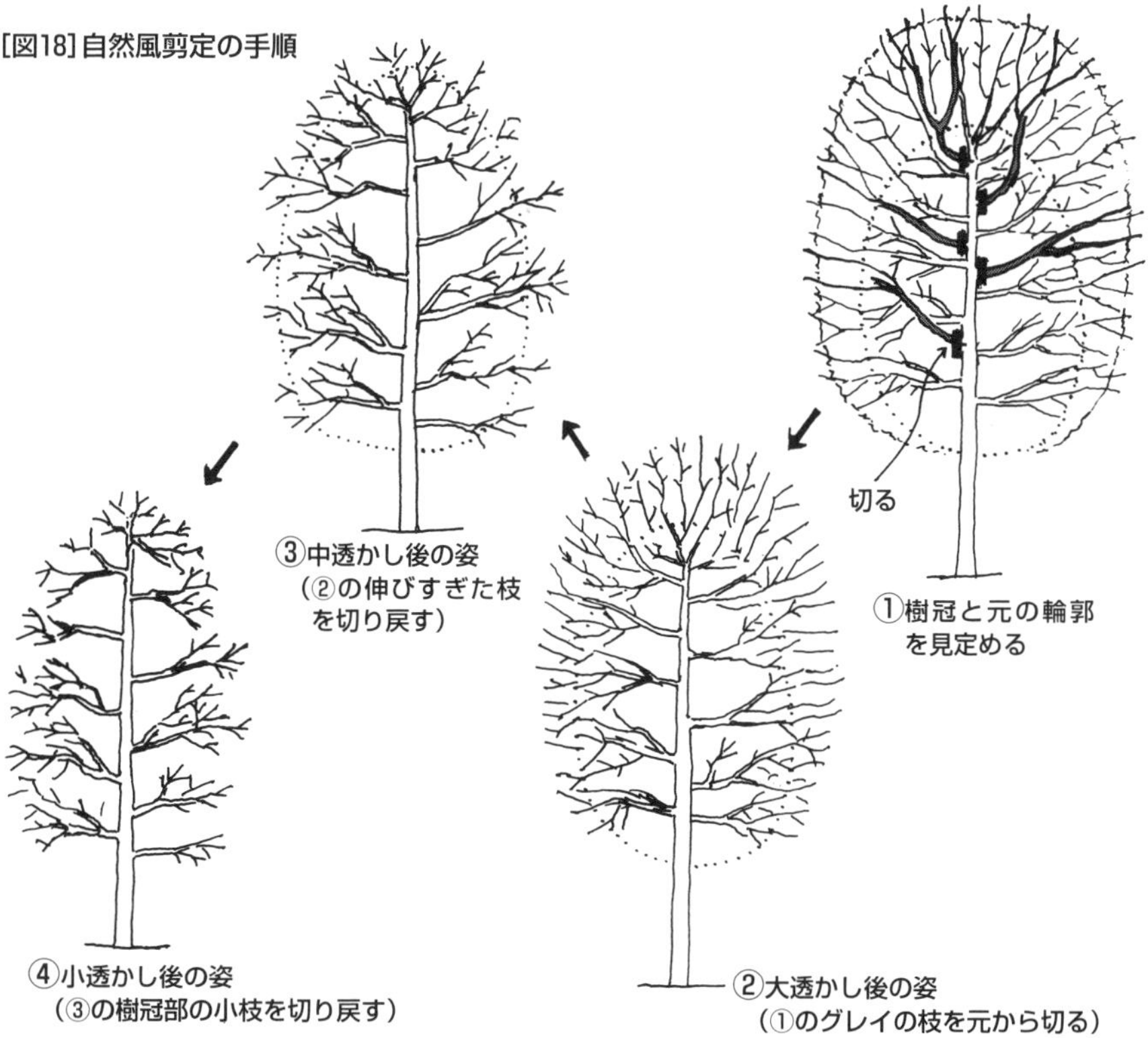

小透かし後の姿
(葉の濃さを均一にする)

大透かし・中透かし後の姿

剪定前

できるようになることが、剪定の腕前を上げる近道です。もし確信がもてず不安で迷ったら、「小透かし」から始めたら良いでしょう。「大透かし」では失敗は許されませんが、枝を中途や先端部で切る「中透かし」や「小透かし」なら、失敗しても大きな支障はありません。中透かし・小透かしで失敗を重ねるうちに、木の見方も上達して、「大透かし」もできるようになります。

大透かしで抜く枝は、「忌み枝」と「異角度」の枝ですが、詳しくは35～43頁を参照してください。

❸木の輪郭を見て「中透かし」「小透かし」

「大透かし」は、樹形を乱したり日当たりを悪くする枝を元から取り除くことが目的ですが、「中透かし」は大きくなった樹冠を前述の元の輪郭線に戻すように、主枝や副主枝を短く更新していくことが主要な目的です。つまり、切り戻して中間部の枝を新しい主枝や副主枝にし、樹冠の大きさを維持していくわけです。

「中透かし」で切る枝は、四～五メートルくらいの高さの庭木であれば、剪定バサミで切れる直径二～三センチくらいの枝になります。「中透かし」のポイントは、寸胴切りせず、必ずフトコロの枝の分岐部で切ることです。多くある枝の中から、どの枝を新しい主枝や副主枝として選ぶかが問題です。詳しくは後述しますが、切り戻す主枝（副主枝）と同じ角度・方向に伸びる枝を選ぶこと、分岐部の枝の太さがなるべく近い枝を新しい主枝や副主枝に選ぶことがポイントです。

この「中透かし」も毎年する必要はありません。一度「中透かし」をすると、太さ二～三センチくらいの更新枝として適正な側枝はすぐにはできないからです。更新された主枝が細過ぎると長い徒長枝が切り口から伸びてきますが、それは更新枝になりません。一本の主枝の「中透かし」は、二～三年に一度くらいで良いのです。

この「中透かし」がすめば、「小透かし」に移っていくわけですが、「中透かし」は「小透かし」よりも大きい枝を切るので、中透かしを先に行なえば、作業時間の短縮にもなります。枝の先端ほど枝葉の量が増えるので手間がかかるからです。

そして、最後に「小透かし」をして仕上げとなります。「小透かし」とは、先端部の枝分かれした輪郭線の前後の小枝（当年か前年伸びた枝）を、木バサミ（植木屋バサミ）で輪郭線に沿うように透かしてやります。「小透かし」も「中透かし」と同じく、小枝の更新剪定です。ですから、必ず新しく先端枝としたい外芽の腋芽や枝の分岐部で切ります。

「小透かし」の大きな目的は、輪郭線より内部の枝にもよく日が当たり、数年先の更新枝がよく育つようにすることです。シャラなどの立ち性の樹木は「小透かし」をしなくてもよく日が入るので、「小透かし」はほとんど必要ありません。

慣れていない人は、「小透かし」をしないと中が見えにくいといって、「小透かし」を全部やってから「中透かし」をする人がいます。それでは手間も時間もムダになるばかりか、「小透かし」してから「中透かし」をすると、どうしても余計に切り過ぎてスカスカの状態になってしまいがちです。日当たりさえ良くなれば、できるだけ葉や芽が多いほうが樹形も乱れず、木にとってもダメージが少なくなります。

3 大透かしの手順

❶大透かし候補となる忌み枝を見分ける

大透かしをする前に、どの主枝を切ったら（枝抜き）良いかを決めるには、その木の前に立ち、細かい枝葉は見ないで主枝だけをじっと見るようにします。

主枝が見えない場合は枝を分けてでも見てください。大透かしの候補となるのは、まず忌み枝です。忌み枝の呼び方は、

[図19]忌み枝のいろいろ

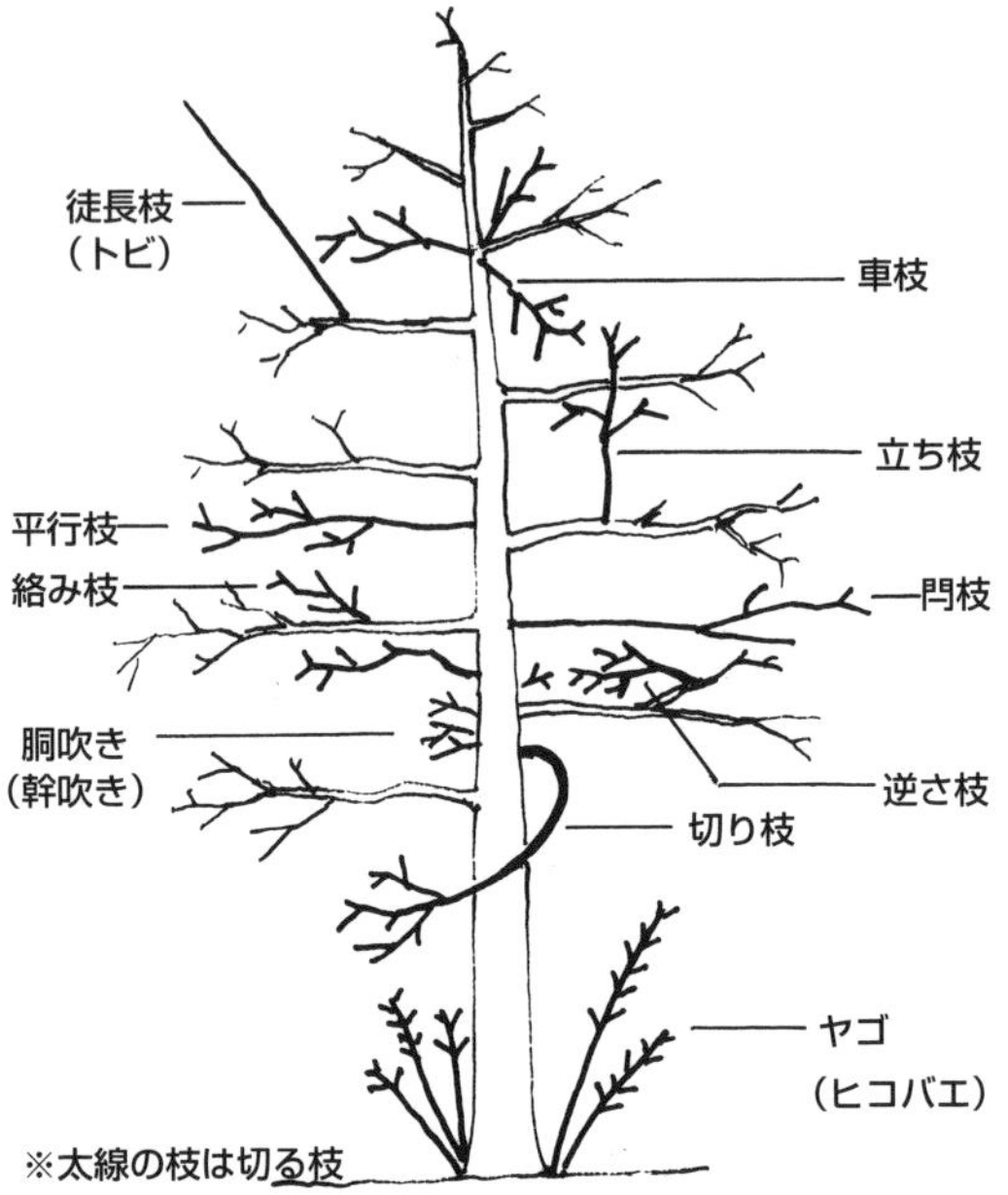
徒長枝
(トビ)
車枝
立ち枝
平行枝
絡み枝
閂枝
胴吹き
(幹吹き)
逆さ枝
切り枝
ヤゴ
(ヒコバエ)
※太線の枝は切る枝

人や地方によって違いますが、一般に図19のようなものがあります。

このような枝は自然樹木にはたくさんあり、忌み枝だからといって必ず切らなければいけないということは絶対ありません。たとえば樹種によっても違います。通常は忌み枝を切る前に枯れ枝を切りますが、ウメに限っては、ある程度の太さをもった枯れ枝は切らずに残します。これは私だけの美意識かも知れませんが、ウメは若々しい元気なウメよりも、枯れそうで枯れない、幹も太く無骨で、花も満開というよりもチラチラ咲いた木のほうが美しいのです。このようなウメの木には枯れ枝がじつによく似合い、風情が一段と深くなります。

枯れ枝を残すと腐りが進み、木の寿命が短くなるのではと言われそうですが、ウメは少し太めの枯れ枝の場合、正しく切っても形成層が巻き上がりにくいのです。幹の中が空胴だったり、大きな枝が出ていたと思われる所に大きな穴があいているウメの古木がありますが、それは傷口が樹皮でふさがれにくいからです。また、ウメは絡み枝、逆さ枝、立ち枝などの忌み枝があっても自然に見える木だと思います。

❷異角度の「立ち枝」「下がり枝」

まず、その木の主枝の幹との角度を確認します。前述したように、主枝の伸びる角度は、上方と下方では多少違いますが、およそ樹種によってほぼ同じような角度に揃っています。その中に立ち上がったり、垂れ下がったりした異角度の主枝が切る候補になります。

立ち枝でも残さなければならない場合があります。ある程度大きくなると幹とのバランスがとれ、双幹のような樹形になります。このようになる前に切ることが大切ですが、こうなった立ち枝は残すほかありません。切ってしまうと幹が傾いて見え、バランスの悪い木になってしまいます。

しかし、異角度の枝が見つかっても、まだ候補として考え、すぐに切らないでください。決める前に、実際にその主枝を切ると、樹冠部にどのくらいの大きさの穴があいてしまうか予測します。鑑賞価値がなくなる場合もあるからです。異角度の主枝を引いたり上げたりして、矯正して治すことができればよいのですが、たいてい主枝は太くて角度を誘引で矯正することは無理です。

大きな穴を作らずに大透かしする方法は、二つあります。ひとつはその主枝を切ってしまい、その穴のあいた部分に周りの主枝から出ている副主枝を、あまり異角度にならないように調整しながら引いて埋める方法です。

二つ目は、そのような副主枝がない場合、異角度の主枝は切らずに、周りの主枝の枝が早く伸びてくるよう、異角度の副主枝、側枝を毎年少しずつ切り詰めていく方法です。数年後には周りの枝が繁茂して穴をふさぐようになるので、異角度の主枝を元から切れるようになります。

[図20] 異角度の枝を抜く

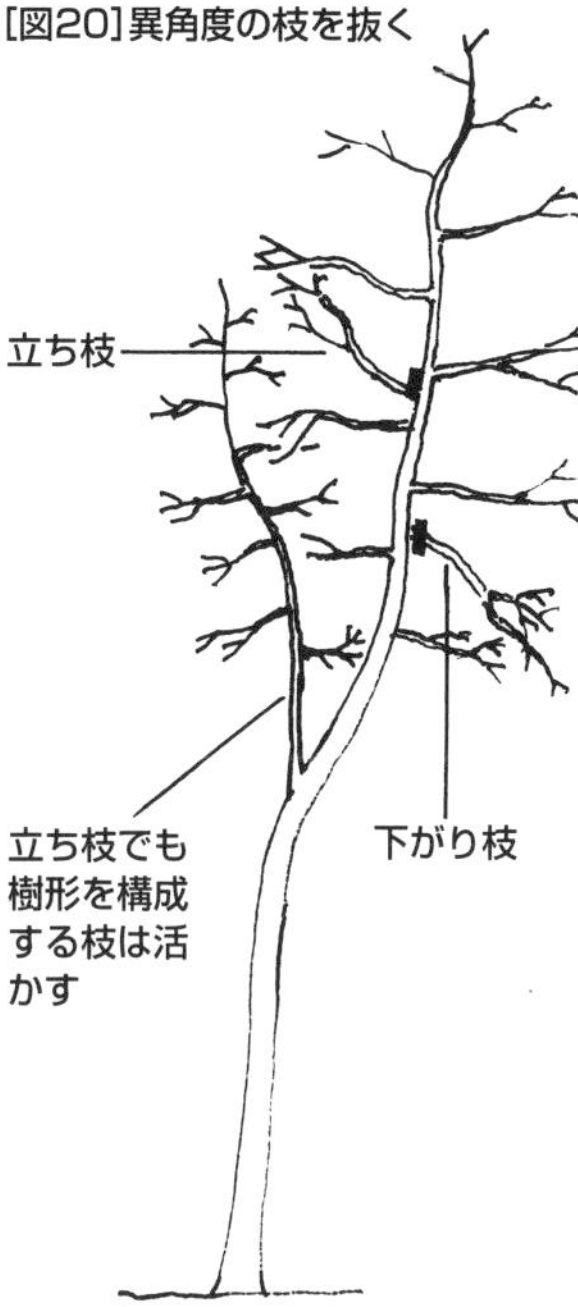
立ち枝
立ち枝でも
樹形を構成
する枝は活
かす
下がり枝

❸異方向に伸びる「切り枝」「逆さ枝」「絡み枝」

[切り枝] 幹の中心から外にまっすぐに伸びず、曲がって伸び、見苦しく見える枝も大透かしする候補です。このような枝は「切り枝」と呼び、忌み枝のひとつです。次頁の図21は枝配りを上から見たものですが、Aの枝は幹から素直にまっすぐ枝を広げていますが、Bの枝は発生時から曲がり、Aの枝の領域を犯しています。Bの枝自体が不自然に見えるだけでなくAの枝のためにもよくありません。点線Cの方向に引いて矯正できれば自然に見えるようになりますが、枝が太く不可能です。

[逆さ枝] 図19のように、ほとんどの枝が幹から外向きに出ているのに対して、外から幹に向いて出ている逆さ枝は、誰が見ても一目瞭然にわかる不自然な枝です。これは切るほかありません。

[図21]曲がって伸びる切り枝の剪定法

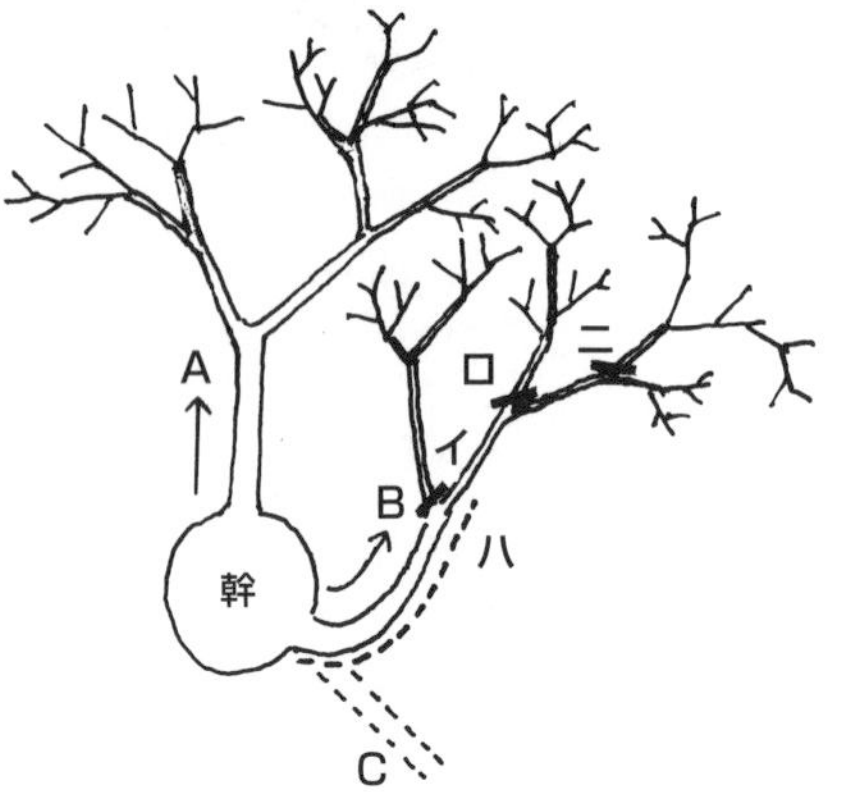

B枝が必要ないときは元から切るが、大きな空間ができてしまうときは、Aの主枝の領域を侵している枝イとロを２本切り、点線ハの部分からの芽吹きを待つ
芽吹いたら２年枝になるまで待ち、その枝の先を切り落とし、C方向に伸ばす。芽吹かないときは、ニの部分の枝も切り、先端を少しの枝葉だけにするとよい

[絡み枝] 絡み枝には、枝と枝が絡んだように見えるものと、実際に絡み合ったり、こすれ合ったりしているものがあります。前者は絡んで見えると整然とした枝配りが見えにくくなり、見苦しい枝ぶりとなります。後者の場合は見苦しいだけでなく、木の生長に伴いこすれ合う部分が削れ、風雪などで折れやすくなります。

絡み枝を切る場合、どっちが絡み枝か判断に迷うことが少なくありません。図19の絡み枝は、異角度の主枝と正常な主枝との主枝同士の絡み枝なのでわかりやすいのですが、絡み合う枝が副主枝や側枝となる中透かしの場合は、どちらを切るかわかりにくくなるのです（53頁参照）。

❹徒長枝(トビ)の処理

極端に長く直線的に飛び出す枝です。強剪定すると養水分のハケグチがなくなるので、このような徒長枝が発生しやすくなります。切らずに放っておくと、二年目には小枝が発生し、内部の枝に光が入りにくくなるため、三～四年くらいで元の樹形を作っていた副主枝や側枝などが枯れてしまいます。

植木屋さんは、よく「徒長枝は元から全部切れ」などと言いますが、前述したように、この徒長枝を毎年同じ所で切っていくと、コブ状の枝となっていきます。樹体内の蓄積養分に余裕があるときに剪定し過ぎると、少なくなった枝・葉を多くしようとして、余裕のある養分を使って勢いよく伸び、徒長枝となるのです。したがって、徒長枝をいたずらにすべて切除すると、また、徒長枝が発生するのです。

徒長枝が出たら、逆に枝の数を増やせば良いのです。それには徒長枝を元から切らずに、かといってあまり長いと直線的な枝になり不自然なので、一〇～三〇センチくらい残して切るのです。翌年、切った所から新しい枝が角度を変えて出てくるので、不要なものは間引き、残す枝も再び切り戻していくと、三年もたつと自然な枝に見えるようになります。全部の徒長枝を、このように短く残して枝作りをする必要はありません。あくまで、ここに枝があったら樹形が良くなると思ったときに行なう方法です。

❺「胴吹き」「ヤゴ（ヒコバエ）」の処理

［胴吹き］図19のように、幹からたくさんの枝が密生している場合も大透かしの対象です。これは強剪定をしたり、移植をしたときなどに発生しやすく、樹皮に隠れていた芽（不定芽、潜芽）が伸びたものです。このような芽の出方を「胴吹き（幹吹き）」といいます。胴吹きが忌み枝になる理由は、幹に細かく枝が出ると幹の美観を損なうからです。

しかし、新たに主枝がほしい所に胴吹きが出た場合は、方向の良い二〜三本の胴吹き枝を残して、あとは切り取って新しい主枝を作ります。そのときは胴吹き枝に光がよく当たるように、上部の主枝の側枝を少し多めに切っておきます。そして生長するにつれ、残した二〜三本の枝を減らしてゆき、最終的には一本の主枝にします。最初に二〜三本残すのは、胴吹きの枝は弱いので途中で枯れることが多いからです。

胴吹きは、何年か放任すると図23のようになります。この場合、まずあまり細い弱小枝は切除しておき、螺旋《らせん》状に下から一定の間隔をもって上がりながら、角度の良い枝、幹から素直に外向きに出ている枝を選び、それ以外の枝は切り落と

［図22］徒長枝を活かした枝作り

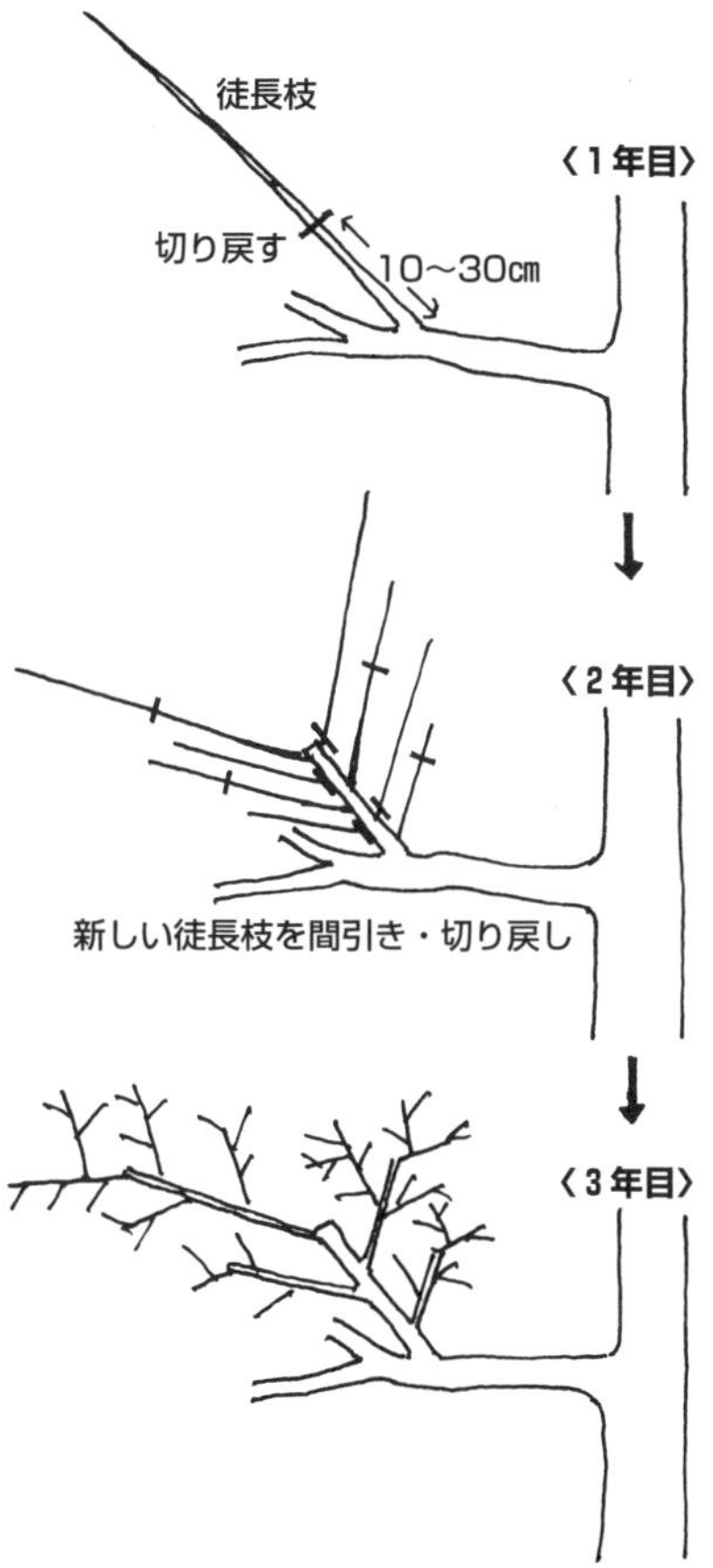
徒長枝
〈1年目〉
切り戻す
10〜30㎝
〈2年目〉
新しい徒長枝を間引き・切り戻し
〈3年目〉

［図23］胴吹き枝の間引き

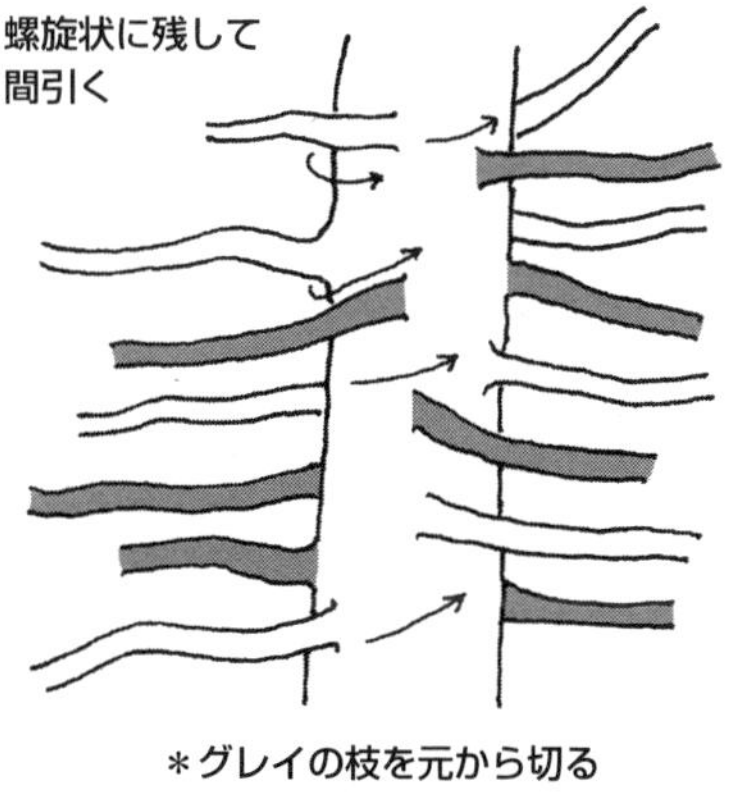
螺旋状に残して
間引く

＊グレイの枝を元から切る

します。

胴吹きは、移植したり強剪定をしたときによく発生しますが、そのどちらでもないときに発生した場合は、根に何らかの異常が発生し、スムースに養水分が運べなくなった元気のない兆候だと思ったほうがよいでしょう。

[ヤゴ（ヒコバエ）] なぜヤゴは忌み枝として切られなくてはいけないのか。通常の庭木の場合、ヤゴを放っておくと、一本の枝ではなく幹になってしまうのです。そして若いヤゴは樹勢も強いので、数年放っておくだけで本体の幹は養分をとられて衰弱し、やがて枯れてしまいます。また、接ぎ木した庭木のヤゴは、台木から発生することが多いため、上部とは別種な木になってしまうので、残さずに切り取ります。

しかし、シャラなどの株立ちの樹種は、このヤゴを使って幹を更新していくので、いたずらに切ってはいけません（84～85頁参照）。

❻車枝、閂枝《かんぬきえだ》、平行枝を互生になるように抜く

[車枝] 私は、幹の一カ所の円周上に三本以上の枝が発生しているものをこう呼んでいます。一カ所に密生しているために、全体を見るとその部分だけ濃く写り不自然なのです。放っておくと養水分が一カ所に集中するので、その下の幹までが太くなり、その上の幹は急に細くなりやすいのです。なるべく木が若いうちに切っておきたいものです。成熟期になってから切ると、樹形が変わるほど大きな穴があき、穴を埋めて元の樹冠に戻すには、何年も手間・ひまをかけなければならなくなります。

前述したように、幹の同じ高さの位置から出る枝は、一本で、上下の主枝と互い違いの方向（互生）に伸びていることが理想です。

図24の場合は、A、B、C、Dの四本の枝が出ています。これを一度に三本切ると、普通は大きな穴があいて見られなくなります。そこで、まず二本残して二本切ることにします。残す二本も残し方が悪いと、「閂枝」という忌み枝になります。この「閂枝」は幹を左右に貫いているように見え、遠目に見てもはっきりと不自然に見えます。ですから、AとBの枝を残すと、閂枝になるのでダメです。BとDの枝を残しても、枝同士が近すぎるので意味がありません。AとDか、AとCか、CとDか、BとCの組み合わせで残します。いずれの組み合わせを選ぶかは、この車枝の上、下の枝の関係をよく見て、残したい二本の枝が上と下に枝が重ならないようによく注意して決めます。

[閂枝] ほかの枝に支障はありませんが、左右の枝が幹を貫い

ているように見え、遠目に見てもはっきりわかる不自然な枝です。どちらの枝を切るかは、閂枝の上と下にある主枝に、より接近しているほうを切り落とします。

閂枝というのは普通、切りにくい枝なのです。それは車枝の枝抜きをし、残った二本が閂枝になってしまった場合が多々あるからです。もうこれ以上切れなくなった二本の大きな枝を、閂枝だからといって簡単に一本にすることはできません。切ると樹形さえ変わってしまうこともあります。このようなときは、片方の枝を多少下げながら横に曲げるように、シュロ縄で引くか竹でバチを当てるようにして矯正してやるとよいでしょう（誘引法は67頁参照）。左右の枝が不対称になれば自然に見えるからです。

［図24］車枝と閂枝の処理法

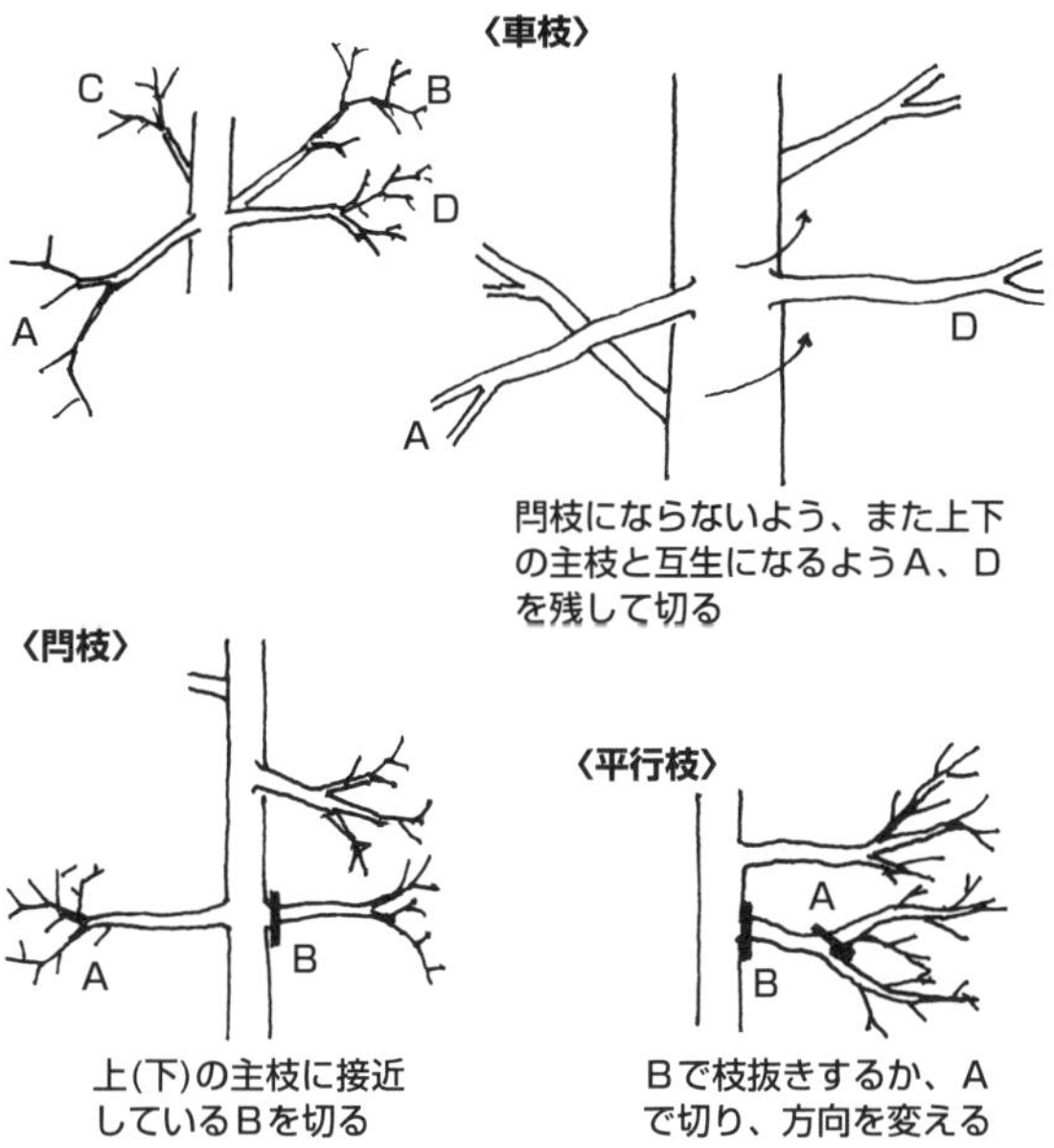
〈車枝〉
C
B
D
A
A
D
閂枝にならないよう、また上下の主枝と互生になるようA、Dを残して切る
〈閂枝〉
A
B
上(下)の主枝に接近しているBを切る
〈平行枝〉
A
B
Bで枝抜きするか、Aで切り、方向を変える

［平行枝］　上下二段に平行に重なった枝で、重なり枝とも呼ぶ人もいます。このままだと下の枝が濃い日陰になり、衰弱して枯れてきます。また、見た目にも二本の枝のラインが揃っているので不自然に見えます。二本のうちどちらを抜くか決めるには、二本の枝の上と下の枝をよく見て、その上下の枝の中間に位置する枝を残します。

しかし、主枝の数が少なくて切ると大きな穴があいてしまうときは、切るべき主枝を斜め下に竹でバチを当てるかシュロ縄で引いてやると、平行枝でなくなり自然な枝ぶりになります。もうひとつ平行枝を直す簡単な方法があります。平行に見えるのは、枝の大きさや長さが同じくらいで接近しているからなので、切り落としたい枝の中ほど（図24のAの部分）で切ると、重なり合う直線部分の距離が短くなり、切った所から新しい枝が曲がって伸びてゆくので目障りにならなくなります。ただし将来的にも、切らずに残した枝よりも常に少し小さめにしておくとよいでしょう。

❼幹の太さとアンバランスな主枝の処理

以上は角度や方向から見た忌み枝の大透かしですが、自然に見えるような枝ぶりにするには、主枝の太さのバランスも考えなければなりません。図25のAの枝をよく見ると、まっすぐ立っている幹よりも枝のほうが太く、その先端は「立ち枝」という忌み枝にもなっています。見た目にも悪く、放っておくともっと悪い結果になります。主枝が幹と同等かそれ以上太く、しかも立ち枝になっている場合は、年々主枝のほうが幹よりも優勢になって幹が弱体化し、最後には幹の部分が枯れて優勢に伸びた主枝が幹の代わりとなり、不自然に曲がった幹となってしまうのです。この時点でも、これだけ部分的に曲がった幹となって見苦しくなることがわかるのです。Aの枝は必ず元から切り取ります。このような枝は、幹の中間部分でも発生します。何年も切らずに残していると、若く太い枝のほうに養分が集中し、その上の幹が太くても枯れることがあります。

図25のBの主枝は、先端の小枝が出ている樹冠部の太さと比べて太く、不自然に見えます。このような主枝は、ほかの主枝よりも勢いがよく伸びるので、自然な樹形を乱してしまいます。すぐ上に枝もあり、切っても大きな穴もあかないので元から切り落とします。もし上か下に主枝がない場合は、異角度の枝の大透かしで説明した方法で行ないます。

Cの主枝先端部も、ほかの主枝と比べると太いのですが、C'の所に同一方向に伸びた副主枝が出ているので、そこから大きな枝のほうを切ります。これは中透かしになります。C'の所で切ると、元のほうに三割くらいの太い枝が残るだけで少し見栄えが落ちますが、元から切るよりは大穴もあかず自然形に近くなります。

[図25] 太すぎる枝は切る

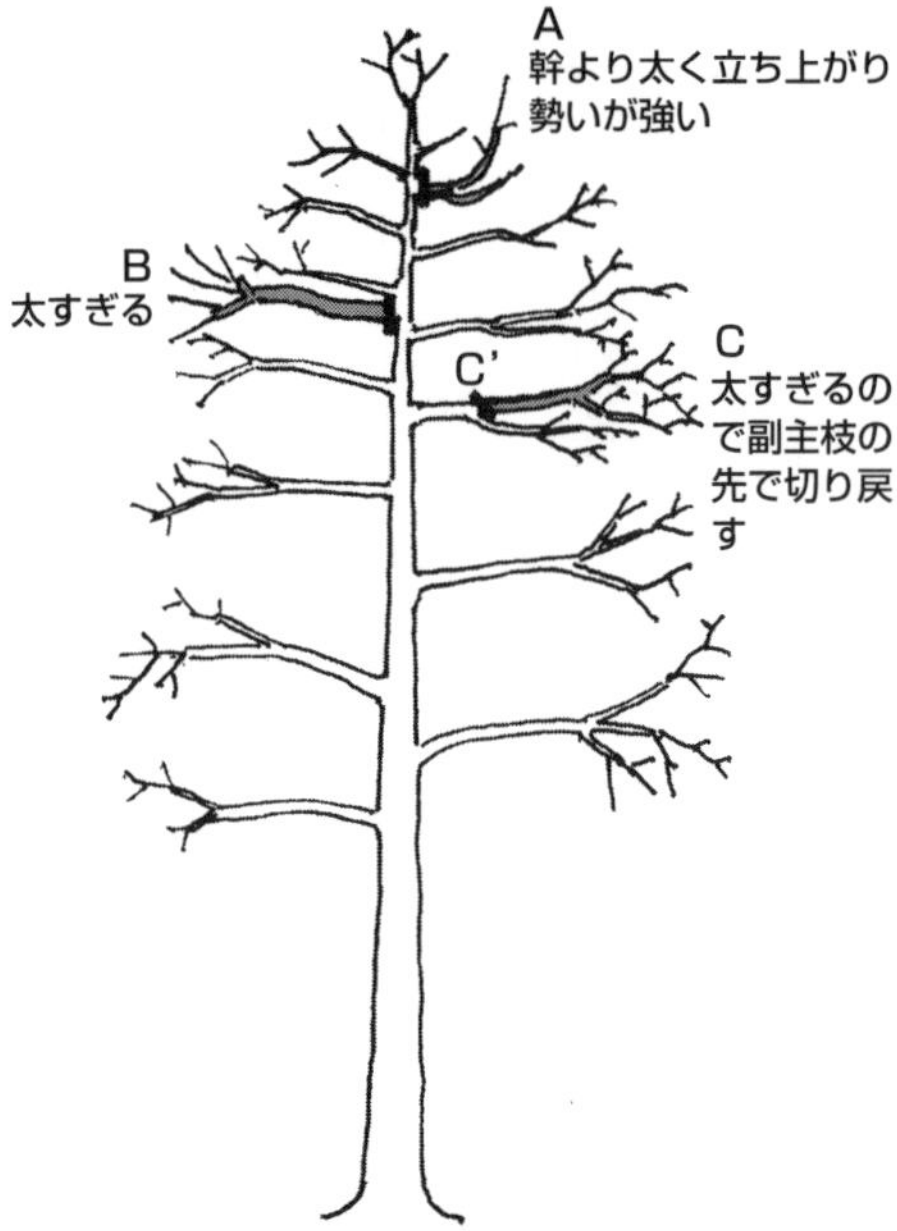
A
幹より太く立ち上がり勢いが強い
B
太すぎる
C
C'
太すぎるので副主枝の先で切り戻す

[図26] 株立ち樹形と主幹の配置

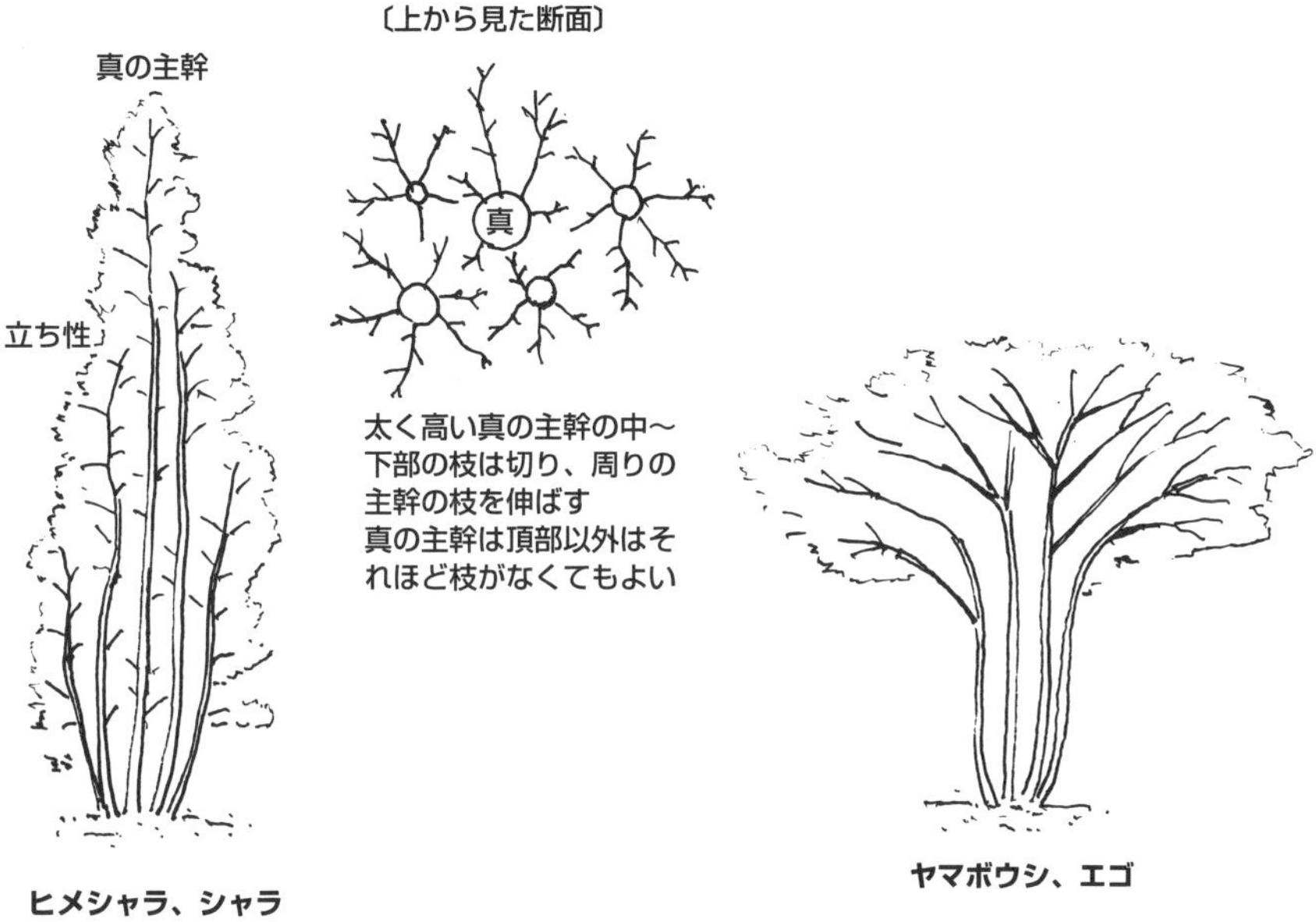
〔上から見た断面〕
真の主幹
真
立ち性
太く高い真の主幹の中～下部の枝は切り、周りの主幹の枝を伸ばす
真の主幹は頂部以外はそれほど枝がなくてもよい
ヒメシャラ、シャラ
ヤマボウシ、エゴ

❽「株立ち」の幹の配置法

株立ちの樹木には、シャラ、ヒメシャラなどのように細身で美しい樹形のものや、ヤマボウシ、エゴなどのように枝が横に広がるタイプのものもあります。この自然樹形を基本に、しなやかに枝が伸びる樹形をいつまでも維持したいものです。基本的な剪定法は、ほかの樹種と同様ですが、幹の配置や幹の更新法（84～85頁参照）が異なってきます。

株立ち樹種の自然樹形を見る場合に気を付けたいのは、何本か伸びる幹の配置です。最初に伸びる中央部の一本の幹は一番高くなり、この真となる幹の周りの幹は、真の幹の枝のように二番目、三番目という形で低くなっています。自然風剪定でも、このような自然樹形を模して、中心となる太い真の幹を決め、その周りにやや細い幹を徐々に樹高を低くして配置します。

それぞれの幹の主枝は、絡み枝にならないように真の幹を中心に「外芽」を残し、四方に配置します。したがって、中心の真の幹の下部の主枝は枝抜きし、上部に伸びるように透かします。株立ち全体を見て一本の木のような樹形にするわけです。

中透かしの手順 4

❶主枝・副主枝上の忌み枝を抜く

中透かしでも、大透かしと同じく、まず行なうことは不要な枝や忌み枝を抜くことです。副主枝、側枝などが絡み枝になっていたり、小枝が密集していると、どちらを残すか、どれを切るか判断に迷います。

私は、すぐに密集した枝の付け根から主枝の元までたどるように枝の流れを見ます。その主枝の発生している方向の流れにある副主枝、側枝などが残す枝です。図27の太線の二本の枝が絡み枝です。しかし、実際にはもっと乱雑に枝が絡まったり重なり合い、「どの枝をどうするという次元ではないな、適当に切ってみようか」となりがちです。しかし、どんな枝にも切る理由、残す理由があるのです。

言葉と図だけで表現するには限界がありますが、なるべくわかりやすく説明します。

[図27] 主枝上の忌み枝を切る

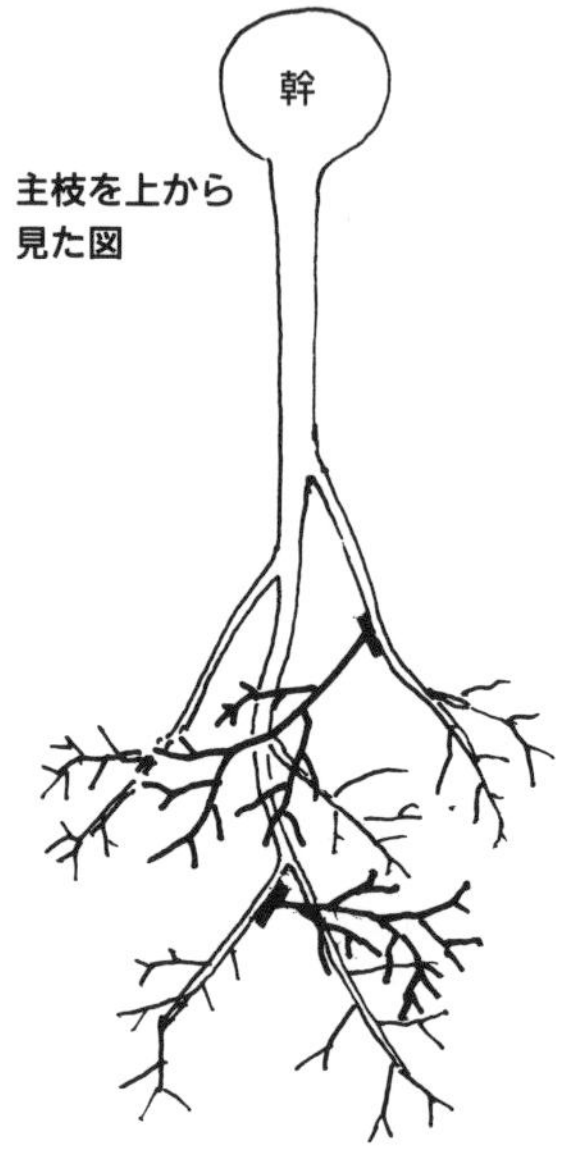

❷まず、元の樹冠の輪郭線を描く

忌み枝を抜くと、内部の主枝・副主枝が見やすくなってきますので、この主枝・副主枝の剪定に移ります。中透かしとは、主枝の中間部分の副主枝を切ったり、主枝を副主枝が分岐している付け根で切って、副主枝を新しい主枝の先端にしていることをいいます。自然風剪定ではこの「切り戻し更新」をすることをいいます。自然風剪定ではこの枝抜き・切り戻し更新が最も重要です。いつまでも一定の大きさに樹冠を保ち、樹冠内部まで光がよく入り込むようにするには、この中透かしが決め手です。

ここでもう一度、樹冠と前回剪定したときの輪郭をよく見ます。図28を見ると、それほど乱れていない自然樹形の輪郭Aが見えます。その木が生長過程でもっと大きくしたいときは、これくらいに透けていれば問題はありませんが、通常は庭の面積は限られているので、庭木は一定の大きさに維持していく必要があります。そこでAの現在の樹冠の輪郭線よりも、もっと奥に自然樹形の輪郭線になりうる枝のライン、つまり前回剪定したときの樹冠の輪郭線を探すわけです。そのラインが剪定後に作りたい樹冠の輪郭線Bです。いつまでも自然樹形で、しかも一定の大きさに維持するためには、この輪郭線Bを探し出すことが最も重要です。探し出せれば、誰にでも自然風剪定はできるのです。

[図28]樹冠と剪定ライン（輪郭線）を描く

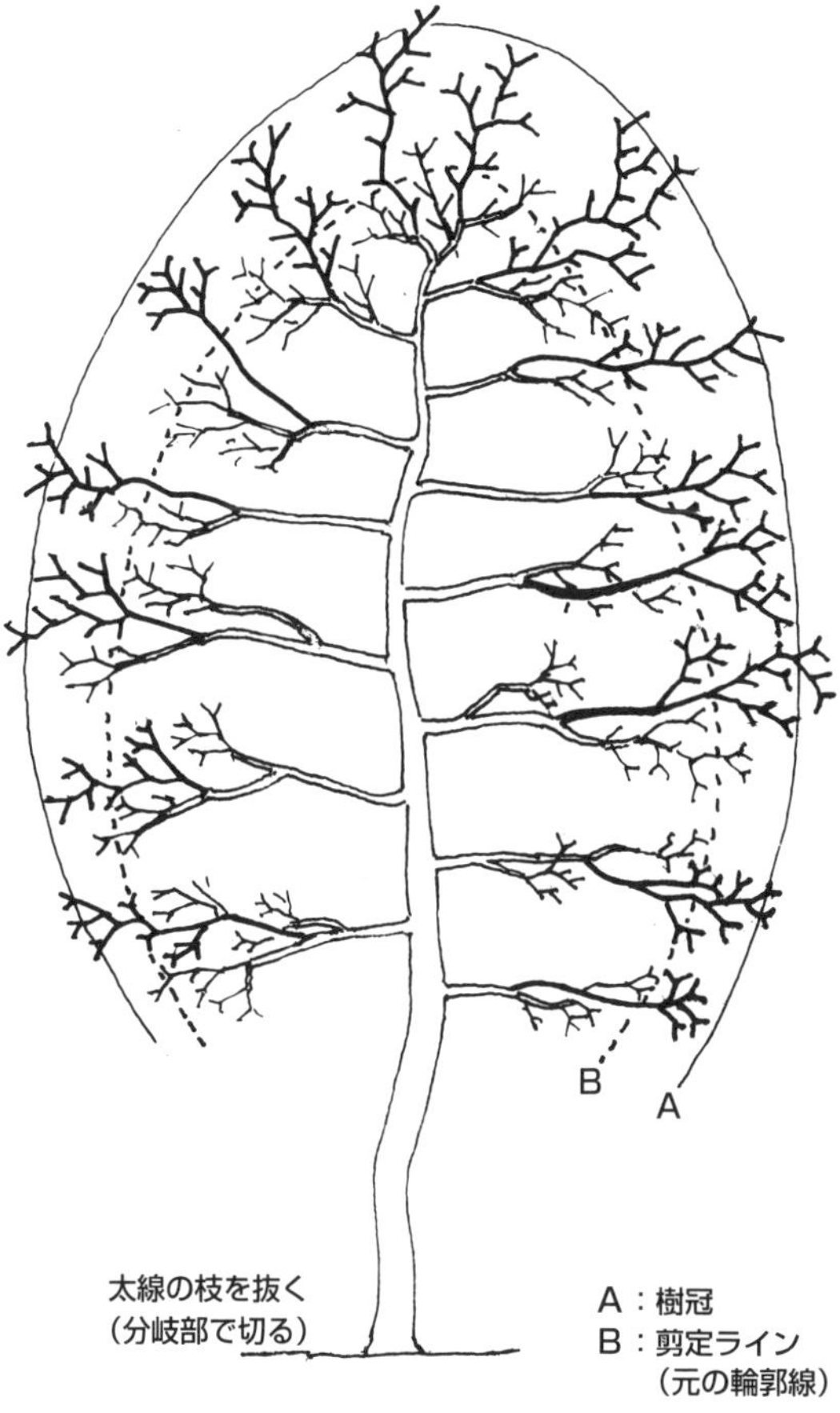
B
A
太線の枝を抜く
（分岐部で切る）
A：樹冠
B：剪定ライン
（元の輪郭線）

探し出すコツは、樹冠の輪郭（A）ばかりにとらわれずに、主枝から発生している副主枝に注目することです。図では一本の主枝に副主枝が一本くらいしか出ていませんが、実際は何本も出ているはずです。その副主枝の先端が集まっているライン、もしくは輪郭線Aの部分の次に枝葉が集まって濃い部分のラインを輪郭線B（剪定ライン）と決めます。

しかし、この輪郭線Bの位置で刈り込むように切ると、枝が風にそよぐ自然風樹形にはなりません。

図のようにもっとBよりも奥で、残す副主枝の分岐部で主枝を切らないと自然樹形にはならないのです。

この図では黒い太線の枝を抜くと剪定後の自然樹形となります。あまり輪郭線にこだわり過ぎて小枝の先までも切り揃えると、かえって不自然になるので切らないほうがよいでしょう。切るのであれば、枝葉が込んでいる部分の小枝を透かす程度（小透かし）にとどめます。

[図29] 主枝を切り戻して中透かし

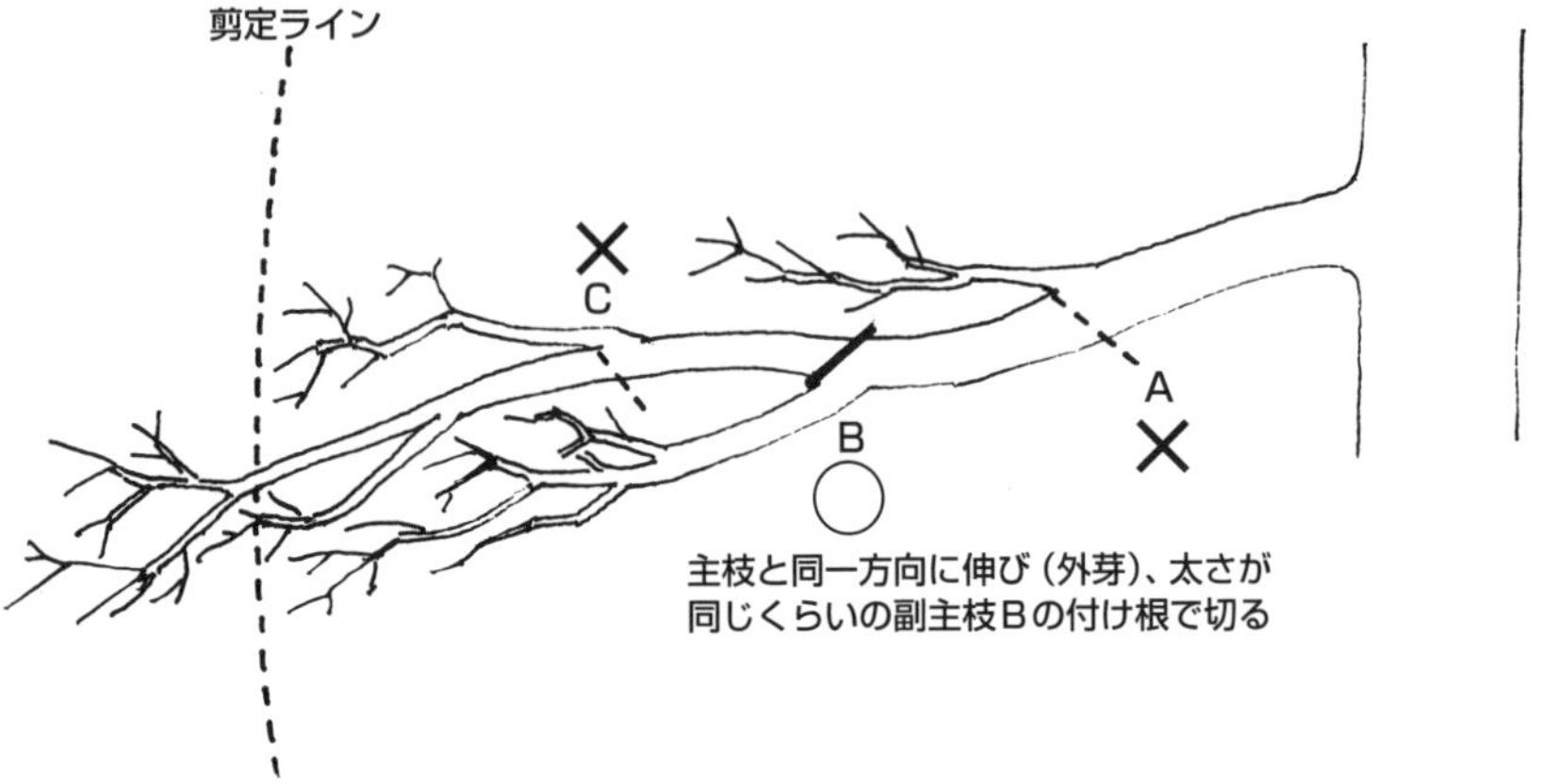
剪定ライン
C
A
B
主枝と同一方向に伸び（外芽）、太さが
同じくらいの副主枝Bの付け根で切る

❸残す枝の第一候補は、一番太い外枝の副主枝

普通は主枝上に何本もの副主枝があるので、どれを新しい主枝の先端部となる副主枝にしたら良いか迷います。どれでも良いということはありません。

新しい主枝とする副主枝の第一の条件は、主枝の次に太い副主枝、つまり一番太いものを第一候補とします。分岐部の主枝の太さに比べて副主枝があまりにも細いと、そこから主枝が急に細くなってしまい、不自然な姿になります。また、急に細くなると養水分の流れがスムースにいかなくなり、切り口部分からハケグチを作るように徒長枝が発生してきます。上図のA、またはCで切ると、徒長枝が出て樹形が乱れてしまいます。主枝として更新とする副主枝の第二の条件は、主枝と同一の方向に伸びている枝（外芽）であることです。内芽のCやAで切ると不自然で、すぐに上の主枝の絡み枝となってしまいます。

❹主枝・副主枝の「等太線」を描き、太さを揃える

中透かしで、もうひとつ気を付けなければならない重要な点があります。それは一本一本の主枝だけでなく、全体の主枝、副主枝を眺め、輪郭部の太さのバランスをとることです。

太い枝ほど勢いがあるため、ほかの枝と比べて太すぎる枝があると、樹形を乱す元になるからです。

図30のように樹冠の輪郭線に沿う形で、それよりも内側に太さが等しい枝部分をつなげた線、「等太線」を引いてみるのです。大半の枝の太さが揃っているはずですが、その中に太過ぎる枝AとBがあります。この枝は樹冠の輪郭線からみると問題はありませんが、枝の太さからみると目障りで、いずれ樹形を乱すことになります。そこで手前の副主枝を残し切り落とします。等太線上の細すぎる枝は、樹形を乱す心配はなく、目障りにもならないので残します。

この図30ではA、Bの両方の枝に副主枝があるので切り戻しができますが、もしも副主枝がない場合は、次頁の図31のように、樹冠の輪郭の少し内側に合わせて剪定していると、太い枝は養分の流通が多いので、必ず幹に近い部分から副主枝となりうる芽（胴吹き）や小枝が出てくるはずです。その芽や小枝の生長を促すために、その主枝の先端と上部の枝を少し多めに切り、光がその小枝によく当たるようにします。

そしてある程度小枝が生長したら、その主枝を小枝の部分で切り落とせばよいのです。


［図30］等太線を描き、主枝の太さを揃える

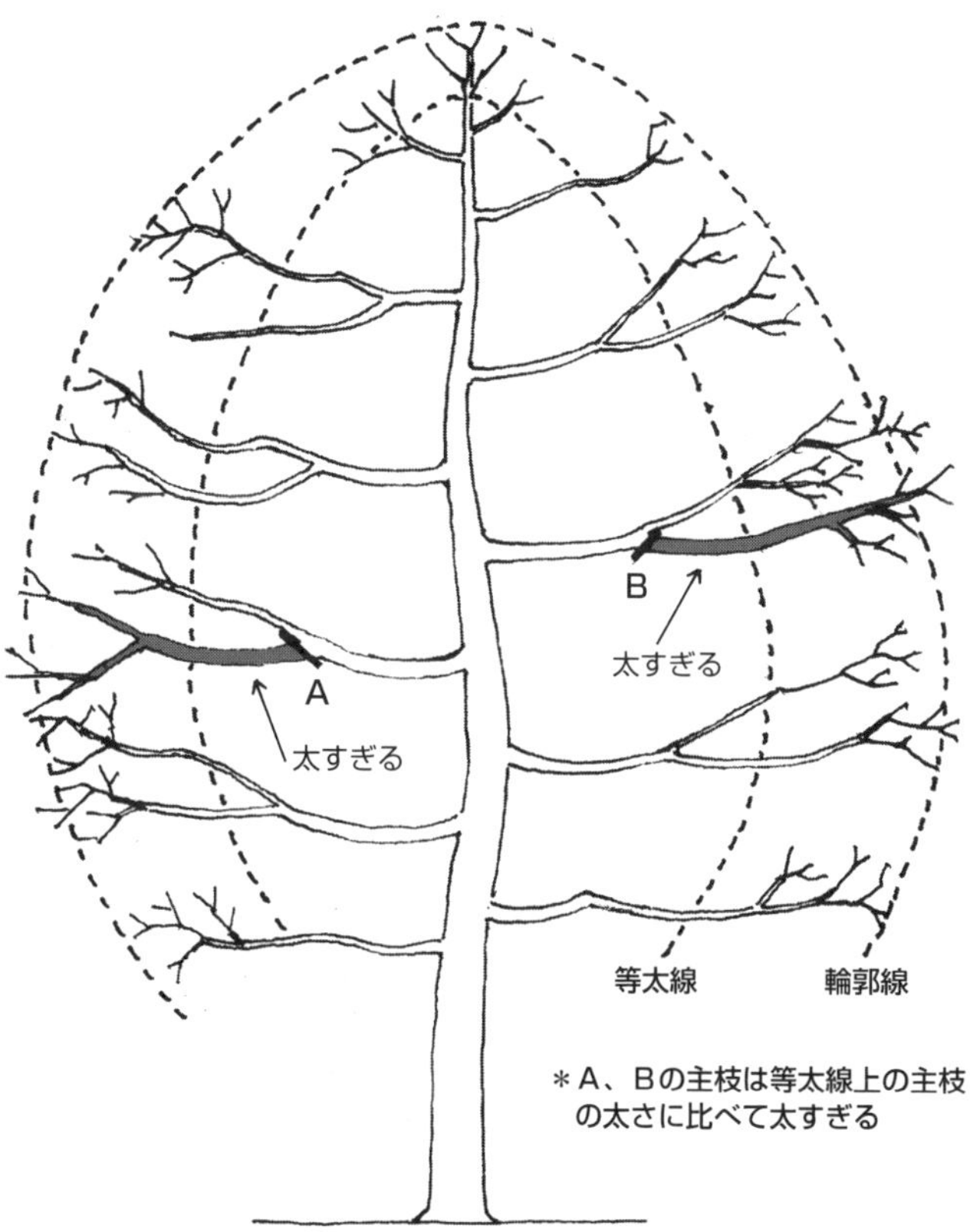
B
太すぎる
A
太すぎる
等太線
輪郭線
＊A、Bの主枝は等太線上の主枝の太さに比べて太すぎる

[図31] 更新する枝がないときの切り戻し法

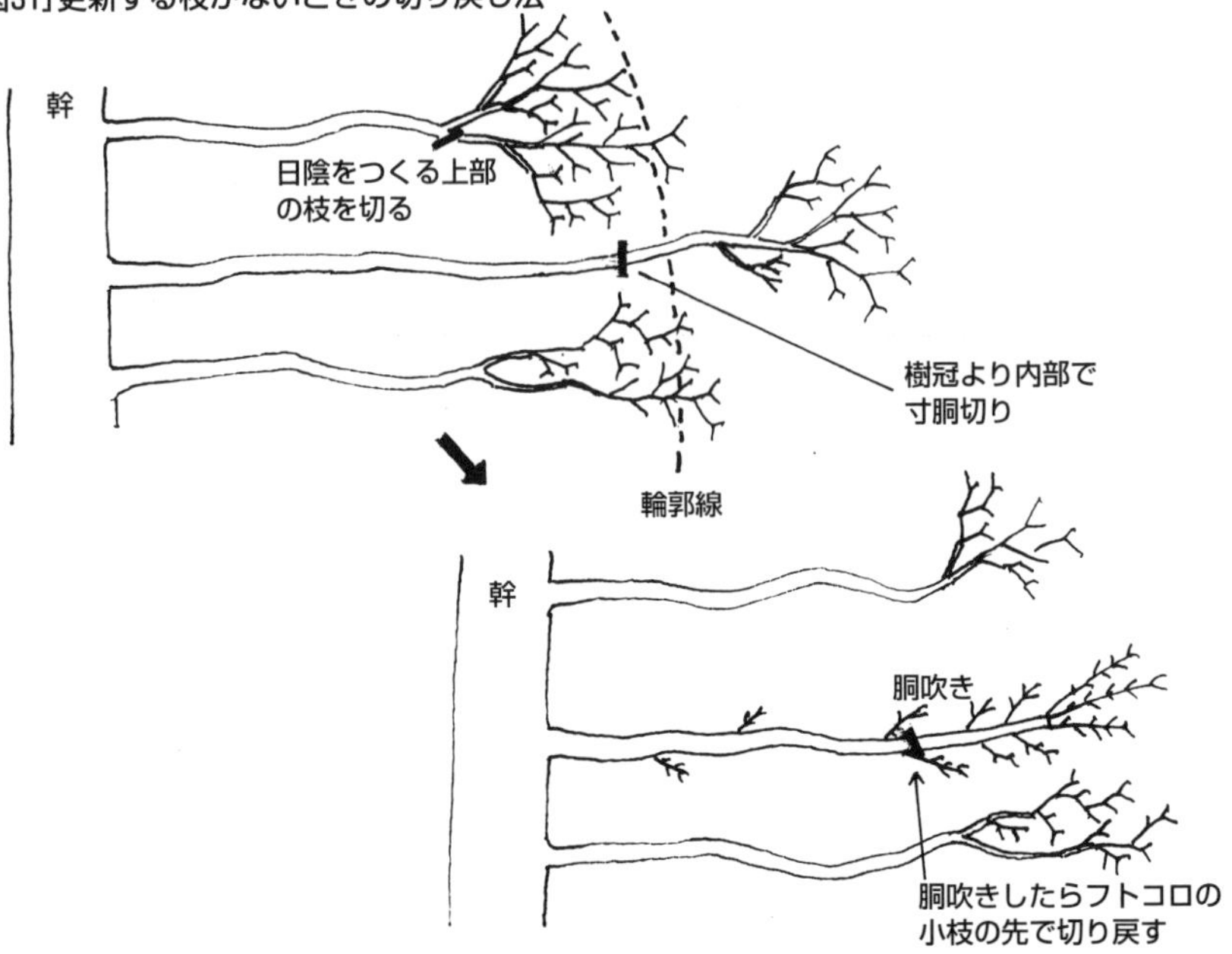
幹
日陰をつくる上部
の枝を切る
樹冠より内部で
寸胴切り
輪郭線
幹
胴吹き
胴吹きしたらフトコロの
小枝の先で切り戻す

❺内部に更新枝がないときは…

こういう庭木には、私自身よく出会います。フトコロの小枝を全部切り取ってしまって、樹冠の周りにしか主枝の枝葉が残っていない木です。

これは、透かし剪定の方法がわからず、毎年、主枝の小枝の先端を全部切り詰め、切りやすい副主枝を穴がひどくあかない程度まで切り取り、フトコロの幹吹き・枝吹き芽はすべて切り取ってきた結果です。

私は、こういう木は施主にお願いし、一年間手を入れずに放っておいてから剪定します。左頁の図のように一年後、伸びた枝葉の剪定にかかるのですが、まだ主枝の小枝も小さく、中透かしができる状態にはなりません。吹いた小枝の中から角度や方向の良いものを残し、悪いものは切り取ります。そして主枝の先端の小枝は多めに透かし、輪郭だけ整えます。そして、その翌年、主枝に出た小枝が大きくなるので、ここで必要な大きさに切り戻し更新します。

全部の主枝に更新可能な小枝ができていれば、一度に更新してもかまいませんが、今の樹形を保ちつつ一年に三割くらいの主枝を更新して、三年後に自然樹形の庭木にしていくほうが確実です。

[図32] 内部に更新枝がないとき

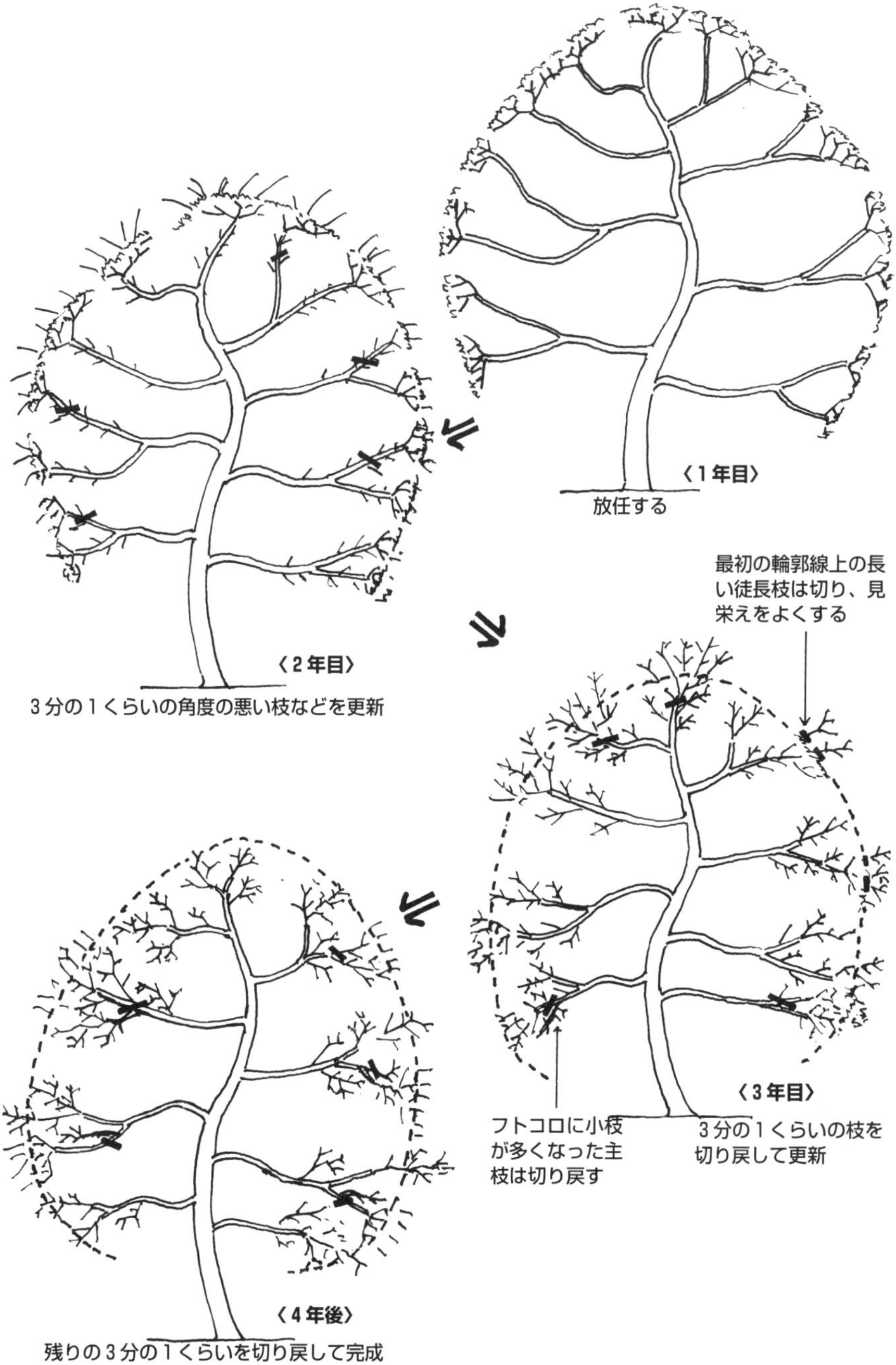
〈1年目〉
放任する
〈2年目〉
3分の1くらいの角度の悪い枝などを更新
最初の輪郭線上の長い徒長枝は切り、見栄えをよくする
〈3年目〉
フトコロに小枝が多くなった主枝は切り戻す
3分の1くらいの枝を切り戻して更新
〈4年後〉
残りの3分の1くらいを切り戻して完成

透かし剪定でフトコロ枝が多い木

❻更新枝に日がよく当たるよう上や左右の枝を透かす

中透かし剪定の最後の大切なポイントは、前述したように次に更新枝とする副主枝や幹寄りの小枝が育つように、上の枝や先端部の小枝を切って、光を中までよく入るようにすることです。これは次に述べる「小透かし」のポイントにもなりますが、写真のように樹冠を外から見たとき、内部の幹、枝がチラチラと見えるくらいにします。数年おきに主枝を更新していくためには、主枝の長さの中ほどよりも幹寄りの部分に発生した小枝を常に育てていくわけです。常に数年先を考えて中透かしをするのです。

仕立て木風剪定で先端部のみ小枝が密生し、フトコロ枝がなくなった木

❼込み合った主枝の中透かしの手順

以上、中透かしのポイントを述べましたが、実際にはどの枝を切ったら良いか、判断しにくいことが多いのです。図33を見てください。一見どうしようか困ったなという感じですが、主枝の元のほうから少しずつ見ていけばよいと考えると気も楽になります。

最初に、幹元に車枝状のAとBとCの枝があります。この

[図33-①]込み合った主枝の中透かし-1

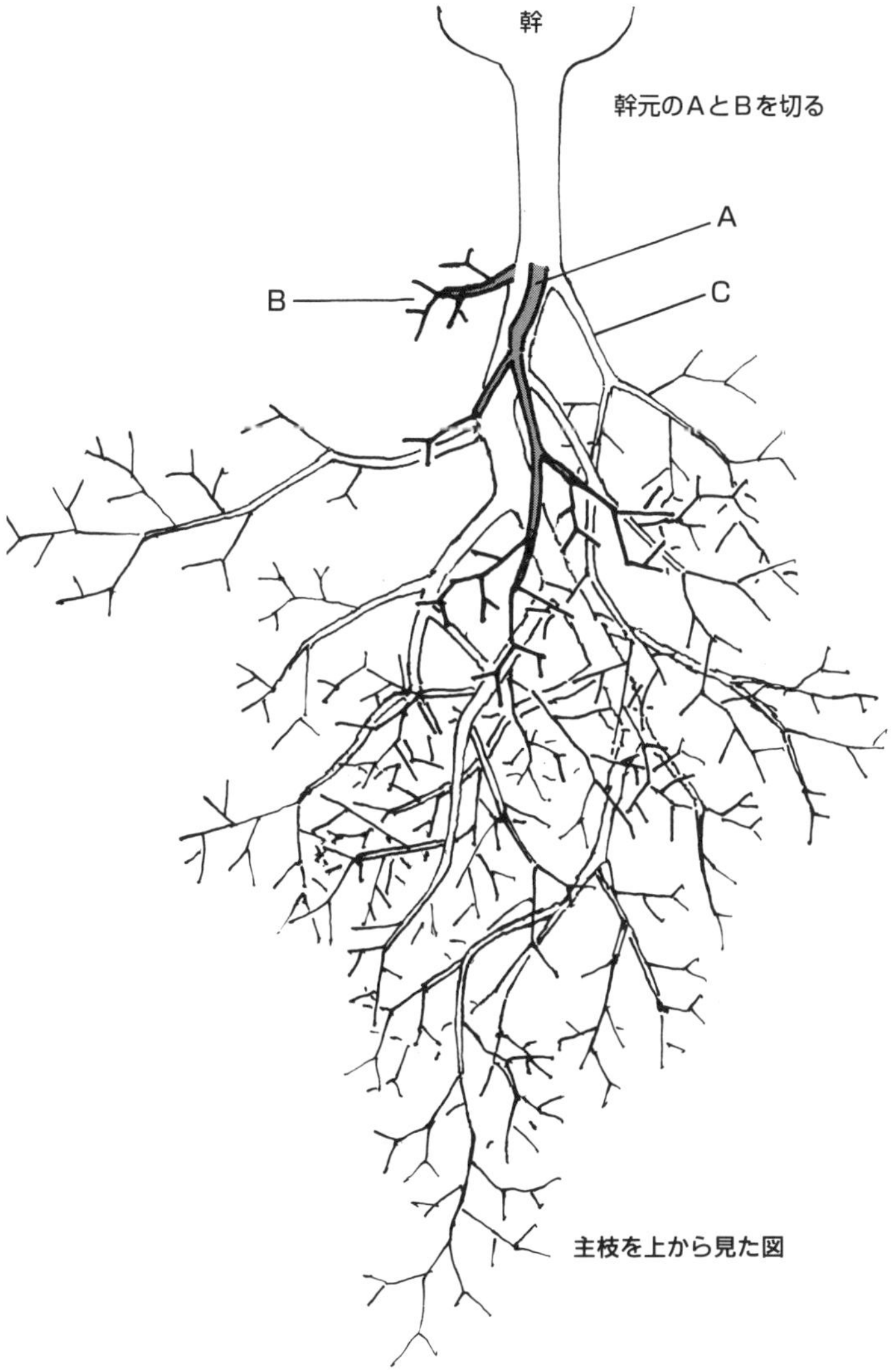
幹
幹元のAとBを切る
A
B
C
主枝を上から見た図

なかで主枝と重なっているAは、「重なり枝」とも呼ばれる忌み枝です。同一の枝から同一方向に伸びた平行枝のようなもので、ほかの枝の生長の妨げになるので、まずこれを切ります。次に左右のB、C枝は対生となっているので、どちらかを切って互生にします。Bの枝は曲の凹部から出た弱小枝なのでこれを切ります。枝数が多いときは、互生に切っていくことが原則です。

[図33-②]込み合った主枝の中透かし-2

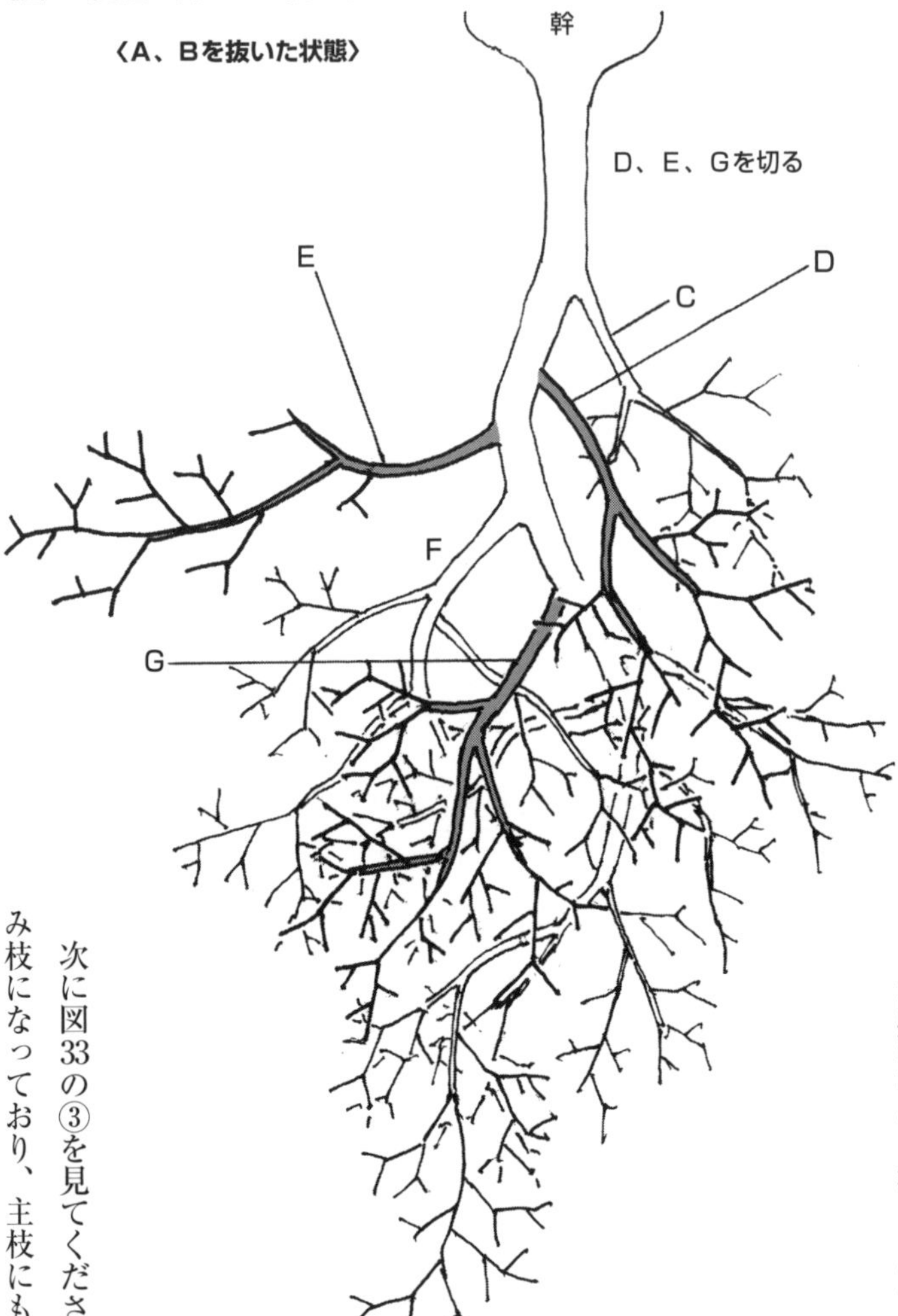
〈A、Bを抜いた状態〉
幹
D、E、Gを切る
E
D
C
F
G

次に主枝の中間部の枝を見ます。Dの枝は残したC枝や主枝と平行枝のように（添うように）伸びているので切り取ります。Eの枝は、ほかの枝と比べ異角度に出ていて見苦しいので切り取ります。

また主枝の付け根から見てくると、主枝の右側にはCの枝一本があるだけで、主枝の左側にはFとGが連続してあります。FとGのどちらかを切って互生にしたいのですが、右側の二本目の枝までの長さを考えると、Fを切ってGを残すとCとの距離があき過ぎるので、Fを残しGを切るのです。

次に図33の③を見てください。F'の側枝はHの副主枝と絡み枝になっており、主枝にも絡んでいるので、これを一番に

［図33-③］込み合った主枝の中透かし-3

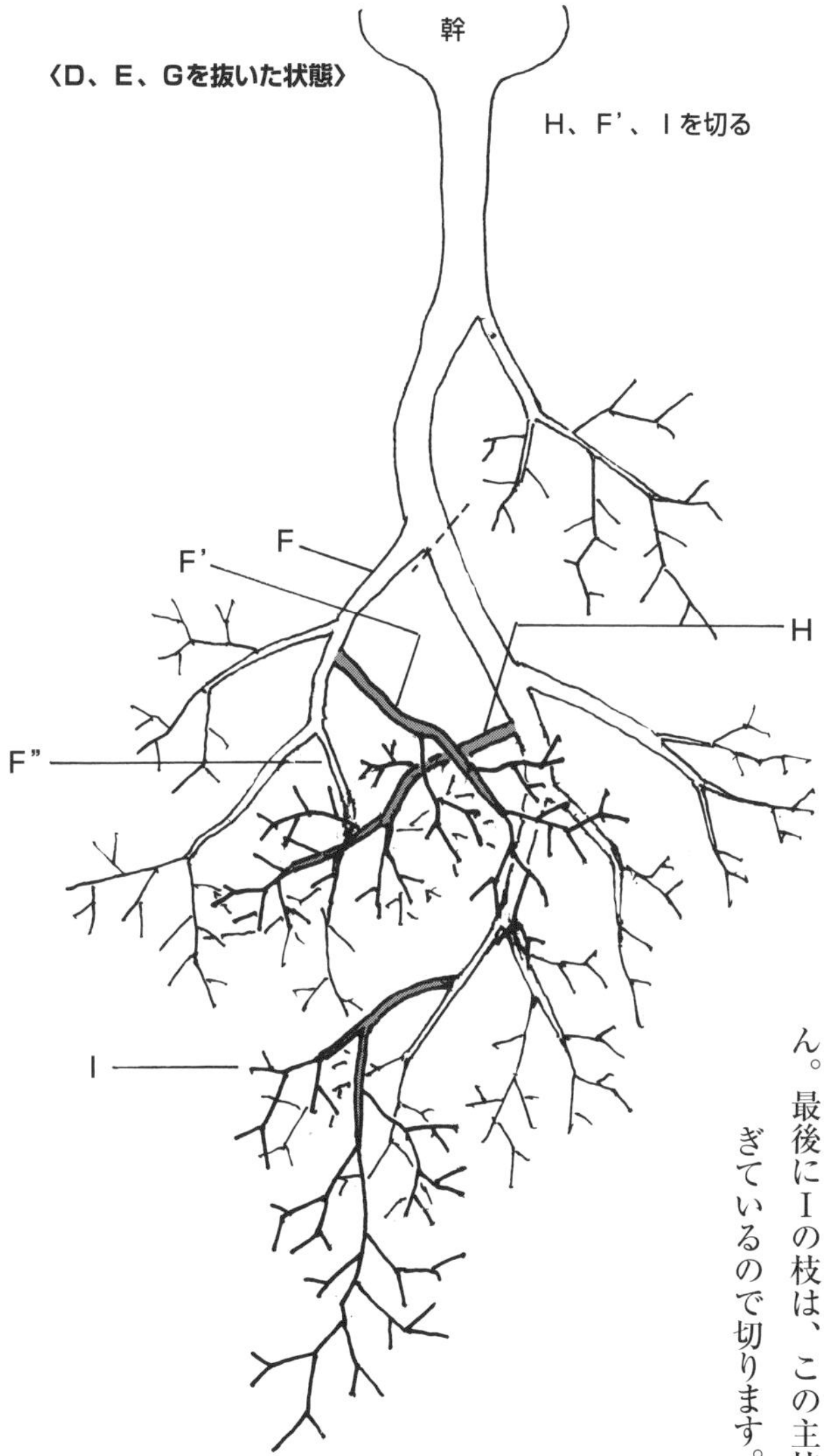
幹
〈D、E、Gを抜いた状態〉
H、F'、Ｉを切る
F
F'
H
F"
I

切ります。Hの枝はF"の枝と絡んでいます。HかF"か、どちらかを切る必要があります。この図ではHの枝を切ることにしましたが、F"の枝を切ってHを残しても良いのです。こういう場面はよくあります。ここでHを切った理由は、Fの副主枝は主枝との分岐部の太さや伸びる方向を見ると、将来点線部で切り戻し剪定をすると、新しい主枝となる最適な枝だからです。将来の主枝候補のF枝によく光が当たるよう、Hを切ったわけです。

このように剪定後の樹景は、常に通過点に過ぎないのです。いつも将来を考えて剪定をしないと、上手な剪定はできません。最後にIの枝は、この主枝の輪郭から飛び出し過ぎているので切ります。

これで中透かしが終了です。左の図は剪定後のすっきりとした姿です。以上のように、どんな枝であっても残したり切ったりする理由、目的があります。ハサミを入れる前に少しだけ考えるようにしてください。

[図33-④]込み合った主枝の中透かし-4

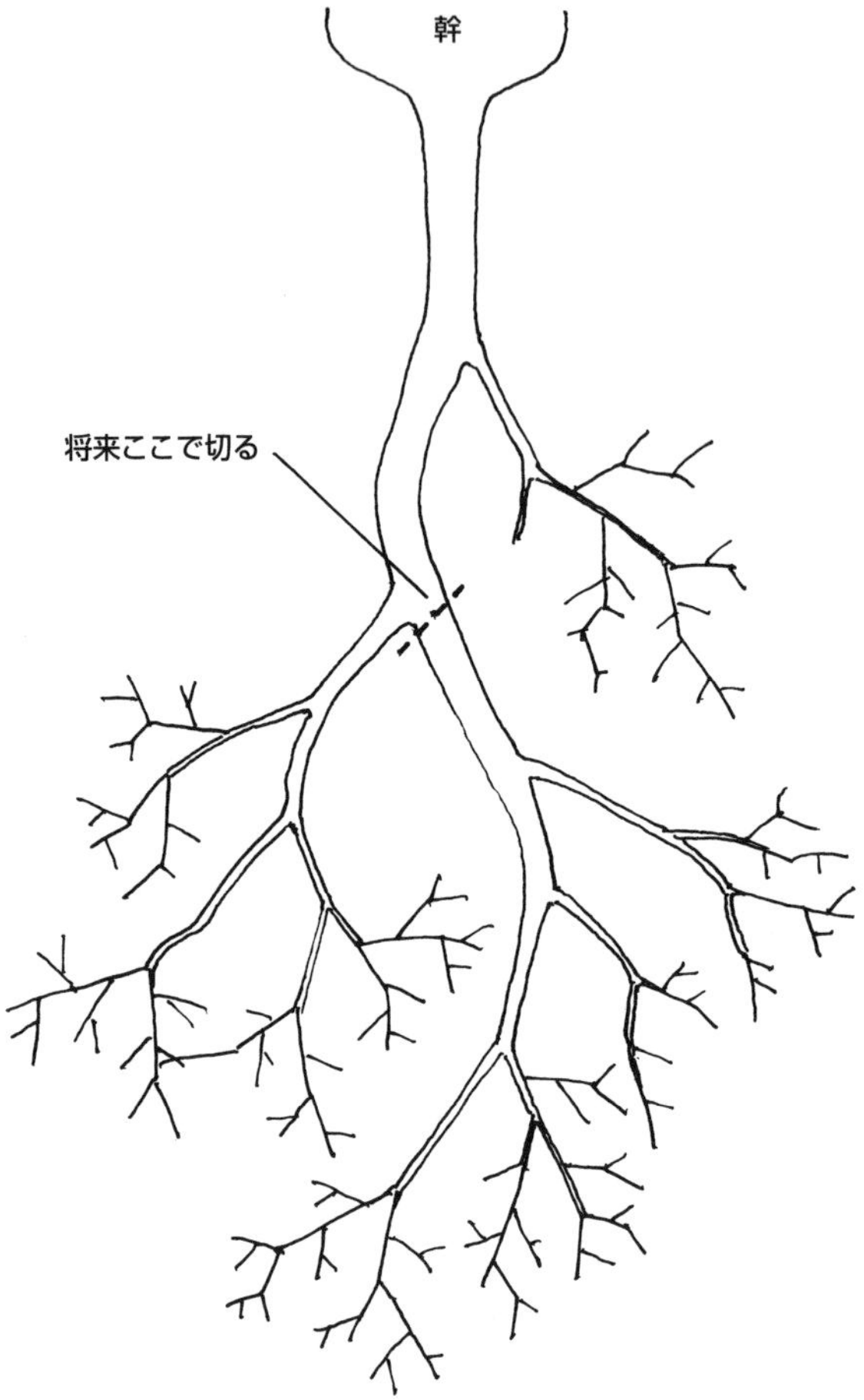

〈中透かし終了の主枝〉

5 小透かしの手順

❶主枝・副主枝の領域からはみ出る側枝を抜く

「小透かし」は主枝、副主枝などの先端である樹冠部の側枝や小枝を、木バサミで透かしていく剪定です。自然風剪定で「大透かし」「中透かし」をきちんとやれば、樹冠の大きさはほぼ元の輪郭線になってくるので、小さく切り詰めるのではなく、内部のフトコロ枝まで均一に光が入るようにすることが、小透かしの第一の目的になります。

落葉広葉樹のシャラやヤマボウシなどの雑木は、枝が立ち性でよく内部まで光が入るので中透かしをする程度で、ほとんど小透かしする必要はありません。

必要な樹種は、今までの庭木の主流であったマツやモッコクなどの常緑樹です。また、一度小透かしをすると、先端部に小枝が多くなったり伸びが良くなるので、毎年小透かしが必要になりがちです。

樹冠部は一番枝数が多いので、どの枝を切ったらいいか、わかりにくい部分です。また、枝数が多いので一番手間もかかります。

やり方の基本は、中透かしと同様ですが、基本的なやり方から説明します。

まず、最初にその主枝の伸びる領域を決めます。幹からどういう角度で、どういう方向に伸びているか、さらにその主枝の上下、左右の主枝の伸び方も同様によく見て、その主枝が樹冠内で枝を広げてよい領域を決めるのです。その際には中透かしと同様に、主枝や副主枝の先からでなく、元から見ていくと枝葉が少ないので枝が見えやすく、元から剪定を始めると、枝を一本切るたびに乱雑な枝の部分が透けてよく見えてきます。

太く大きい主枝ほど、その領域も大きくなりますが、その主枝が近い将来の大透かしをして抜いてしまう予定であったり、切り戻し更新をする予定であるときは、現時点の領域を今から狭めていく必要があります。

いずれにしても、まず現時点での領域を見きわめたうえで、その領域を広げるか狭めるかは、その木の全体を見て決めるほかありません。

その主枝の領域が決まったら、領域から出ている副主枝や側枝、さらに上下、左右の主枝から入り込んでいる側枝を切っていきます。

[図34]主枝ごとの領域を見定め、はみ出る枝を切る

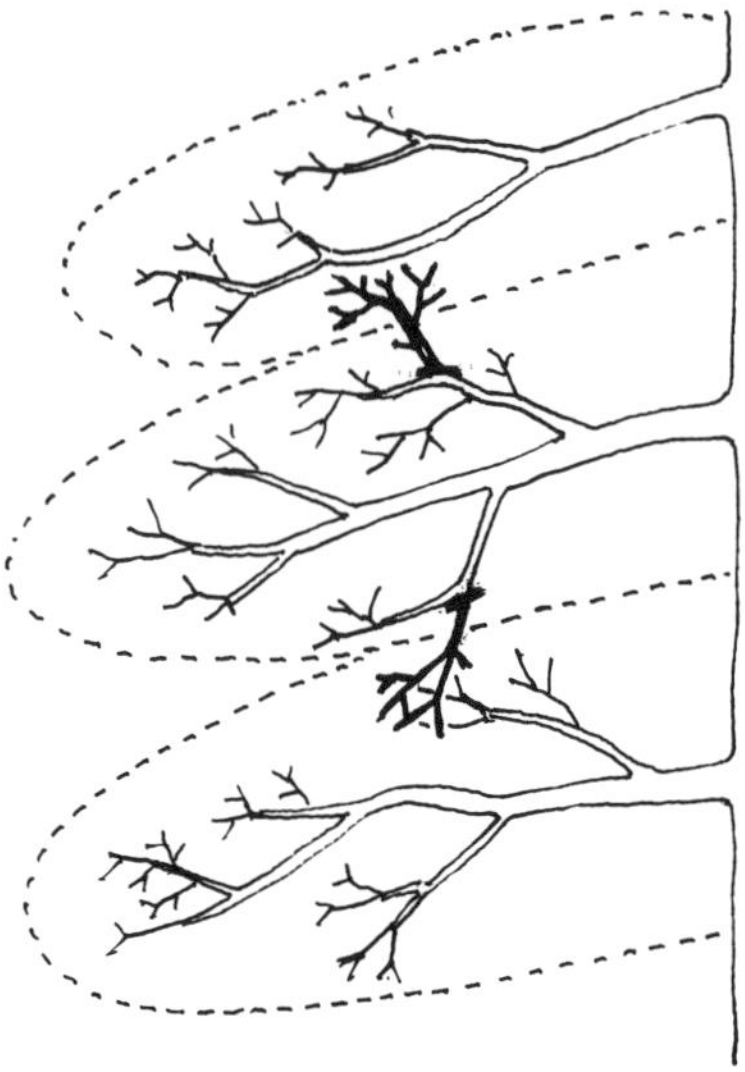

図34の場合、太線の枝が領域からはみ出た切る枝です。乱雑に入り組んだ枝の場合は、まず領域からはみ出したわかりやすい枝から抜いていかないと、どの枝を切ったら良いか判断することができません。まず領域から出入りした枝を抜くと、少し枝が見えるようになってきます。

❷枝・葉の濃淡をならし、内部の枝がチラチラ見える程度に透かす

自然風剪定の小透かしは、樹冠の輪郭線上を一律に刈り込む剪定は禁物です。あくまで、外芽の先や外向きの小枝の先で切り、多少出入りのある輪郭線にすることが原則です。透かす程度は、25頁の写真ように樹冠内部の主枝、副主枝、側枝がチラチラと透けて見えるくらいが目安です。

枝の抜き方は、樹種によって枝の出方が異なるので違いますが、小透かしの対象となるのは小枝なので、枝ぶりはあまり問題になりません。一番問題になるのは枝葉の濃淡です。葉の量、小枝の量を考えながら、均等に透けるようにするのが目安です。この均等の透かしが小透かしの命です。小枝同士の絡み枝など多少の忌み枝であっても、見てもわからず気になりません。あくまで透かし具合で剪定量を決めたほうが無難です。

小透かしで注意したいのは、むしろ切り過ぎです。木は葉が生命線ですから、葉を落とし過ぎると樹勢が弱るか、徒長枝が出て樹形を乱す元になるからです。また、場所・方位から見た日当たりによっても、日陰の方向にある枝は伸長も鈍いので濃いめにし、日当たりの良い方向の枝は薄く透かします。日当たりの良い側を多く透かせば、日陰の側にも日がよく入ります。

❸ミツを抜き、先端を二枝ずつ伸ばす

最初に切れるのは、ミツの枝部分です。ミツとは小枝が三本以上に分かれている部分のことですが、頂芽優勢で中心の

枝に養分が集まりやすく、放っておくと一番伸びて生長が早く樹形を乱しやすいので、この中心の枝を間引きます。これを「ミツを抜く」といいます。この中心枝を切れば、樹勢は左右の枝に等分に分散されるため、中心枝を付けておくよりも伸びが抑制できます。

[図35]先端はミツを抜き、2本ずつ残し、将来の更新枝を作る

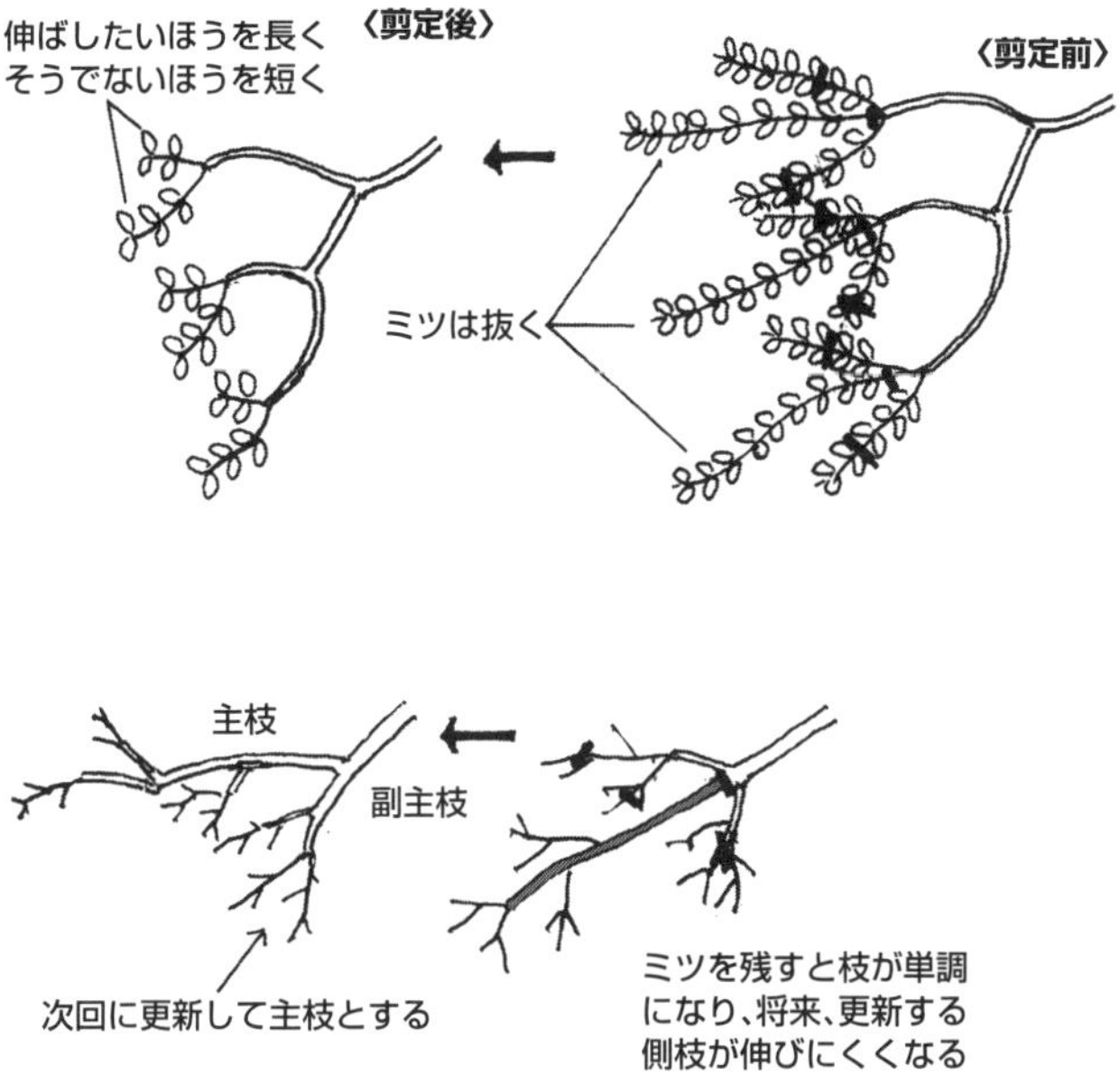
〈剪定後〉
〈剪定前〉
伸ばしたいほうを長く
そうでないほうを短く
ミツは抜く
主枝
副主枝
次回に更新して主枝とする
ミツを残すと枝が単調になり、将来、更新する側枝が伸びにくくなる

車枝のように四本以上に枝分かれしている場合は、それぞれの枝の勢いや方向を見て間引きます。

勢いの良い枝を間引き、伸びる方向が異なるように残すことが基本ですが、二本にすると透かし過ぎる場合は、三本残してもかまいません。

次に図35のように、残した左右の枝を同じ長さにならないように切り詰めます。幹から見て外芽にあたる枝を長く、内芽にあたる枝を短く切ります。それぞれの切る位置は、中透かしと同様に「外芽」の先が基本ですが、枝葉が常に対生に伸びるものは、外芽・内芽に関係なく適当な長さで切ってもかまいません。

このように、先端部の長さを変えることによって、輪郭線をぼかして、小透かしをしても自然に見えるようにするのです。

❹込み合った枝の小透かし法

小透かしする部分は樹冠の輪郭に沿った枝の先端部分なので、樹体の中で一番枝葉が多く、ハサミを入れる数も一番多くなります。そのため、どの枝を切るか、残すかも一番わかりにくいのではないかと思います。ここでいくつかの小透かしの方法を紹介します。

図36の①は二〜三年放任した枝の先端部です。植物は頂芽優勢という性質があり、先端にある頂芽が一番伸びるのですが、この図の枝は元は頂芽であったD、E、F枝が伸びず、側枝であったA、B、Cなどがより伸長しています。元の枝の頂芽に何らかの異変があり、養分の流れが側芽に移行したものと考えられます。実際にこのような状態の枝はかなり多いのです。あと一〜二年放っておくと、主枝の流れに伸びた元頂芽の枝が枯れてしまいます。そこで、まず養分の流れが変わって大きくなったA、B、Cの枝を切ります。

A、B、Cの三本の枝を切ったら、次にDの枝を元で切ります。これは、枝先が三本に分かれていたときは中心の枝を取る「ミツを切る」という、小透かしの基本です。ミツを切

[図36]2〜3年放任した枝先の小透かし

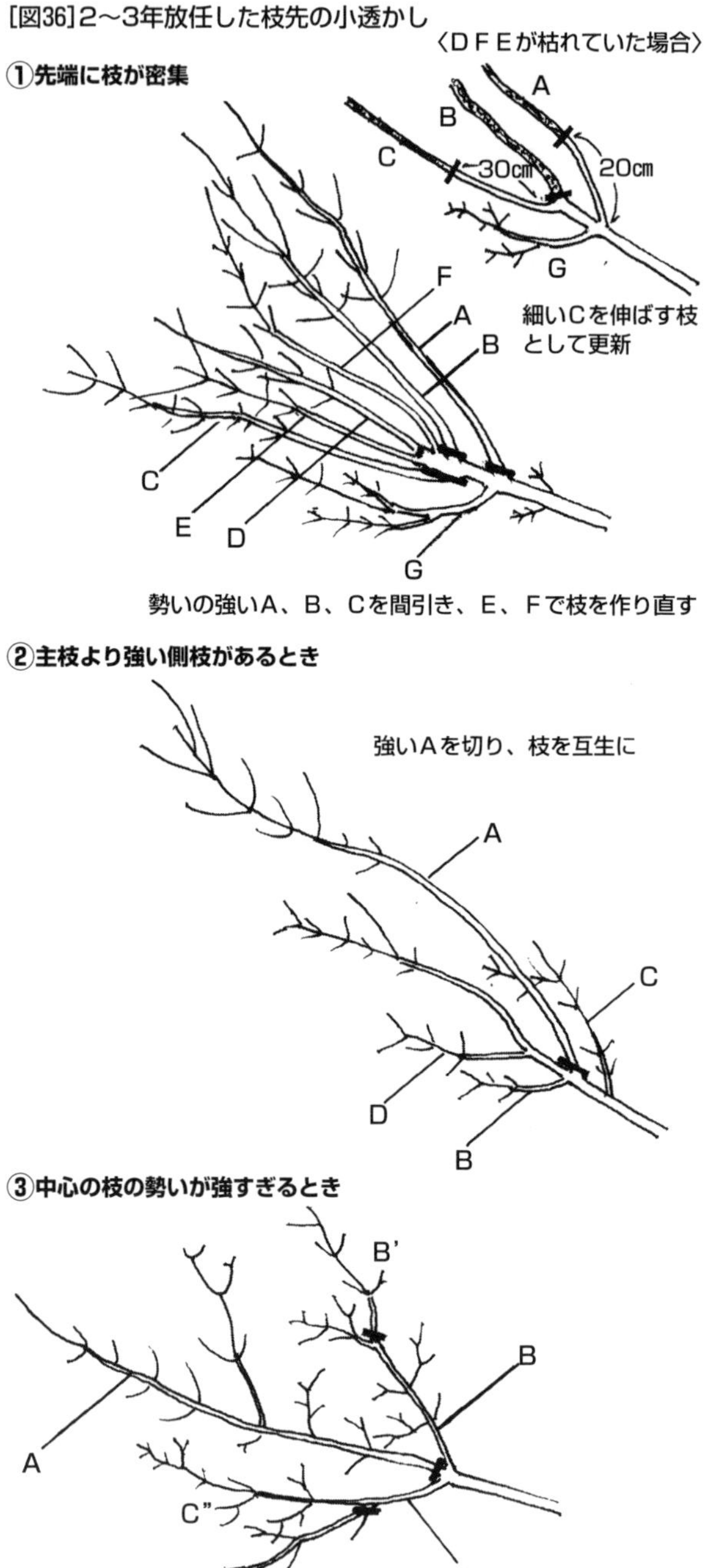

〈DFEが枯れていた場合〉
①先端に枝が密集
A
B
C
30cm
20cm
G
細いCを伸ばす枝
として更新
F
A
B
C
E
D
G
勢いの強いA、B、Cを間引き、E、Fで枝を作り直す
②主枝より強い側枝があるとき
強いAを切り、枝を互生に
A
C
D
B
③中心の枝の勢いが強すぎるとき
B'
B
A
C"
C
C'

って養分の流れをEとFの枝に分散させるのです。ミツを切ると枝の間隔があき、透いた状態になります。あまり透き過ぎると不自然になるので、Gの枝は残しておきます。

もし中心のD、E、Fの枝が枯れ、A、B、Cの枝しかない場合(図36①の右上の枝)は、Bを元で切り、Aを二〇センチほどの長さで切り、Cを三〇センチほど残して、いずれも外芽の先で切ります。こうすると次の年に主枝の流れに伸びる枝が吹いてきて、自然な枝ぶりに近くなっていきます。

図36の②の場合は、主枝よりも太く大きく立ちぎみに伸びたAの枝は、①図のA、B、C枝と同様の理由で元から切ります。これだけで枝の濃淡が濃過ぎず薄過ぎずちょうど良ければ、残りの枝は切る必要はありません。しかし、もう少し薄くしたいときには、Bの枝を切ります。それはBとDの枝は平行枝であること、互生となっているCの枝との間隔をあけるためには、D枝を残したほうが良いからです。

小透かしの場合は、枝数が多いので忌み枝の発生も多く、またかなりの忌み枝を安心して切ることができます。しかし忌み枝を全部切ることが目的ではありません。あくまで樹冠の輪郭と枝葉の濃淡を適正にすることが、最優先であることをいつも念頭において剪定します。切り過ぎることほど不自然なことはありません。

図36の③の場合は、最初に主枝の流れにあるAの枝を元から切ります。この枝はA、B、C枝の基部がミツになっているので、中心のAの枝ばかりがいつまでも徒長し、樹形を乱します。A枝を切り、養分の流れをBとCの枝に分散させ伸長を抑えるのです。そして左右に広がるBとCの枝の悪さを直し、A枝方向に伸びる新しい主枝を育てなければなりません。そこでCの枝はC'の側枝を切り、C''の枝を新しい主枝の先とするのです。Bの枝もB'の側枝が立ちぎみで外に出過ぎているので切り取ります。

図37は、単純な枝配りの枝の小透かし方法です。側枝が整然と並び過ぎて不自然なので、まずAのような形に剪定をします。本当はBのように互生に切るのが良いのですが、そう

[図37]基本的な小透かしの小枝の処理法

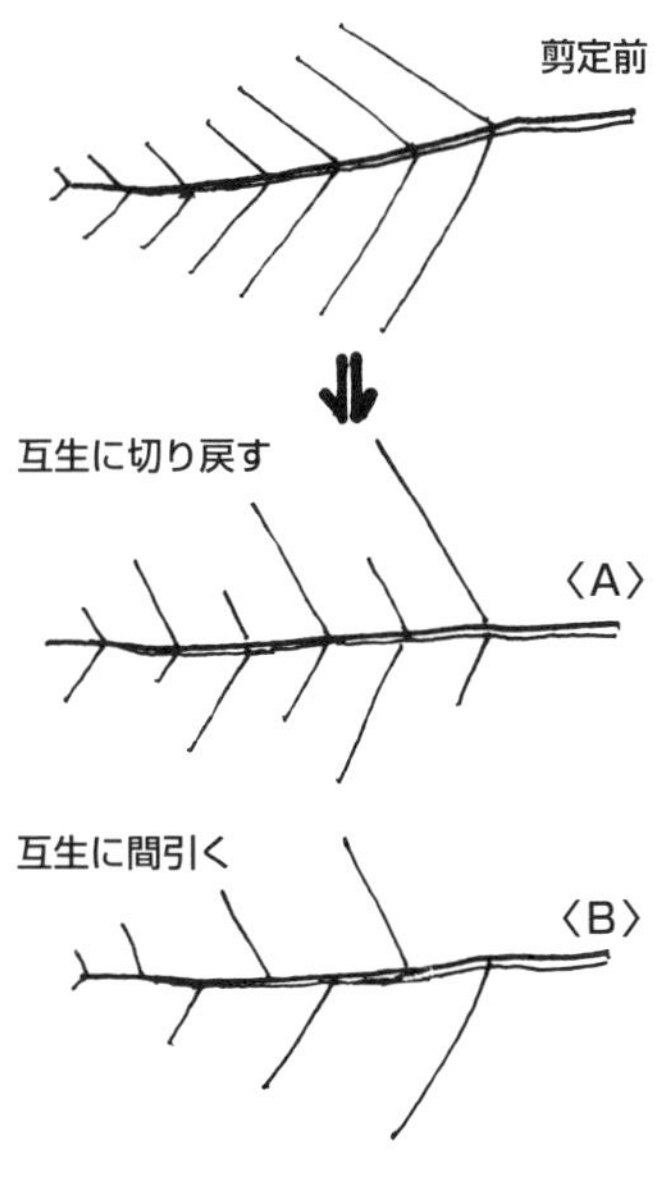

[図38] マツのミドリ摘みと古葉のもみあげ

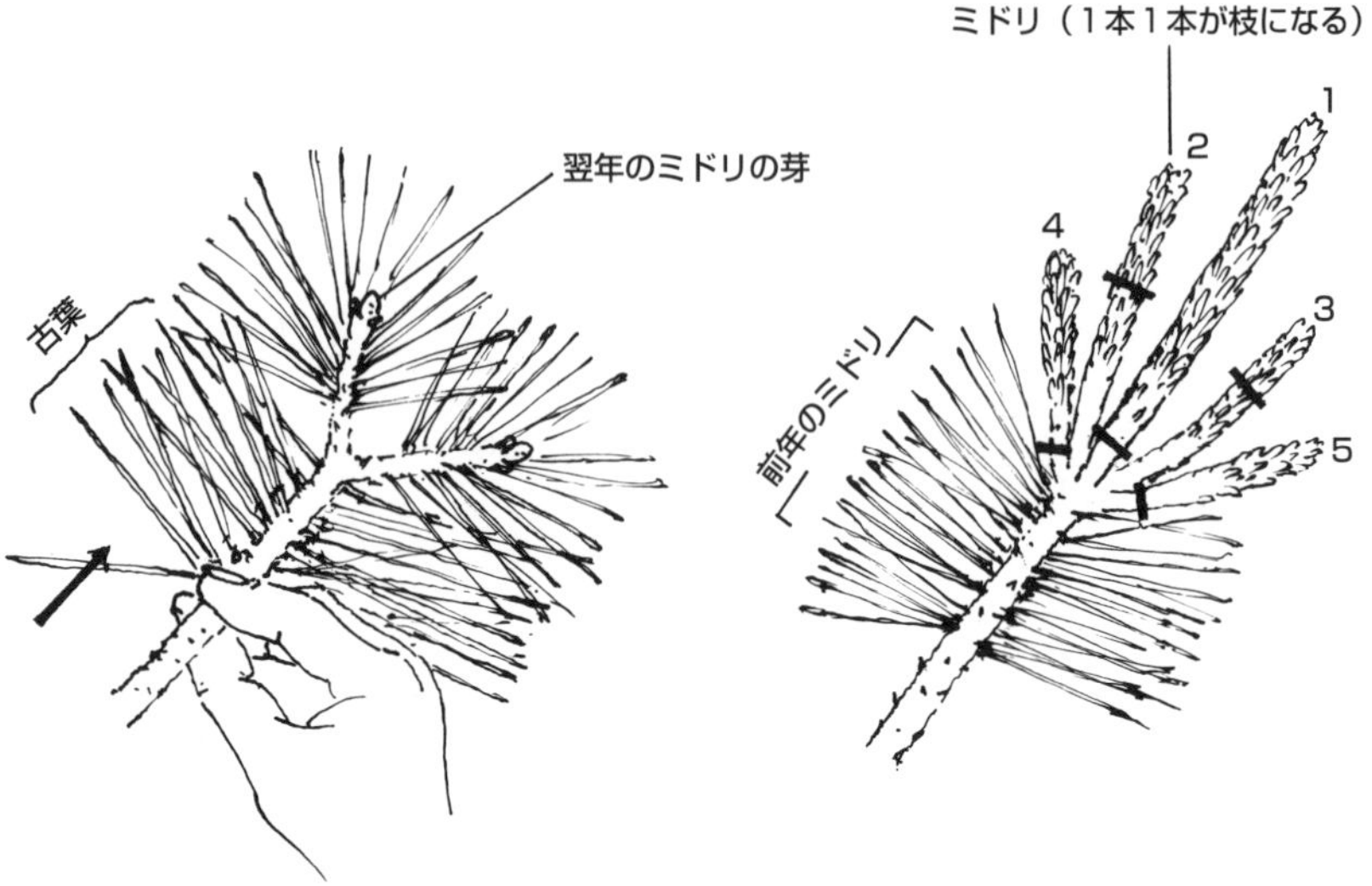
翌年のミドリの芽
古葉
ミドリ（1本1本が枝になる）
1
2
3
4
5
前年のミドリ

〈古葉のもみあげ/12月〉　〈ミドリ摘み/5月〉

するとこの枝の場合、透け過ぎて不自然になるので、Aのように切って枝葉の濃淡を調整し、自然な感じに近づけるのです。数年して小枝が多くなったときに、改めて互生に透かしていきます。

❺ミドリ摘み、古葉のもみあげ、三ツ葉透かし、爪透かし

これらの方法は、小透かし作業後に特定の樹種にだけ行なうものです。葉数を少なくすることによって、見栄えをすっきりさせ、また、枝の勢いをおとなしくさせて樹形を保つのが目的です。日本の伝統的な技法で、必ずしも自然風剪定とはいえませんが紹介します。

[ミドリ摘み] 春に伸長したマツ類のロウソク状の若芽（ミドリと呼ぶ）を、まだやわらかいうちに余分なものは指で折り取って間引き、残すミドリも中途で折り取り、枝の節間が詰まった古木感のある枝ぶりにする作業です。

[古葉のもみあげ] マツなどの古葉を秋、雑木の落葉が始まるころから冬に古葉をすべて取り除き、中によく日が当たるように葉だけを透かす作業のことです。

[三ツ葉透かし] 私の場合、主にモチノキで行ないます。ただし、この透かし法は、冬に最低気温が連日零下になる地域で

小透かし後、先端に 3 枚残して「三ツ葉透かし」

三ツ葉透かし後のモチの木

剪定前のモチの木

[図39] 三ツ葉透かし

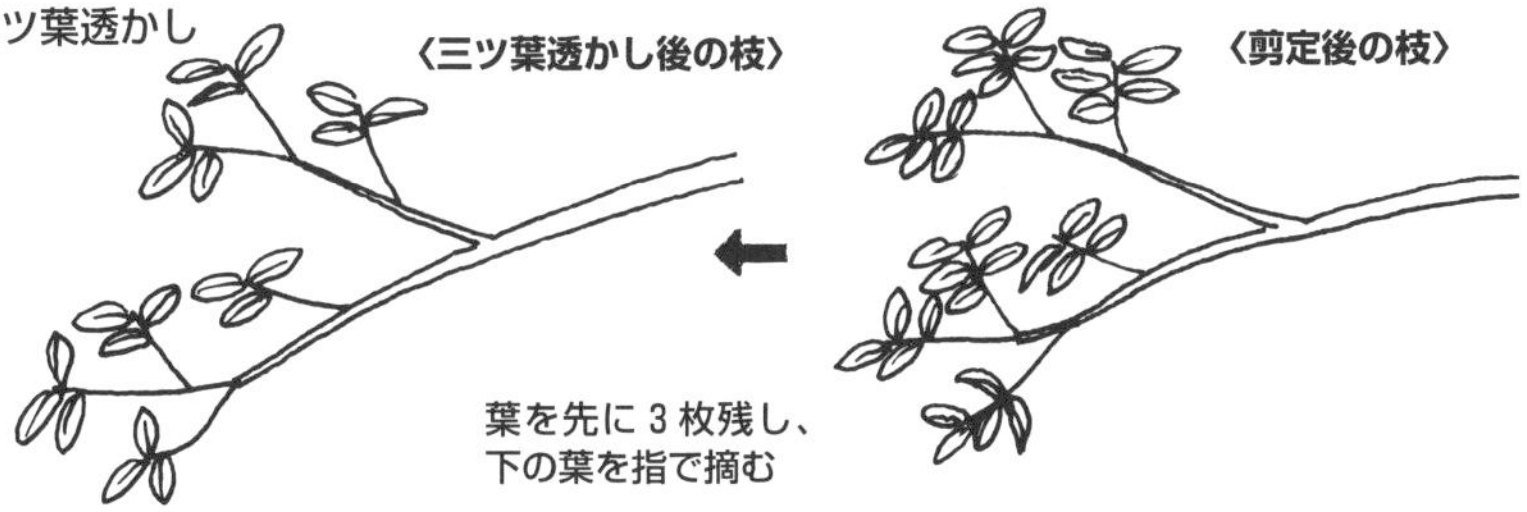
〈三ツ葉透かし後の枝〉
〈剪定後の枝〉
葉を先に 3 枚残し、
下の葉を指で摘む

は枯れる恐れがあるのでしないほうがよいでしょう。

三ツ葉透かしの手順は、通常の小透かし剪定を行なってから、一本一本の小枝の元から葉を摘み取っていき、先端に三枚前後の葉を残します。これを全部の小枝で行ないます。枝数の多い部分は濃淡を均一にするため、残す葉を二枚にしたり、反対に枝数の少ない部分は、残す葉を四枚にしたりして透かしてゆきます。

三ツ葉透かしをすると、かなり葉が少なくなるので樹体には負担になると思いますが、仕上がると実に美しいものです。お酒にたとえるならば大吟醸のような洗練され磨かれた味になります。

[爪透かし] 主にチャボヒバとかイブキ類に行ないます。小透かし後、枝先の葉を爪先で摘み取る透かし法です。しかし、爪先だけでは透けるほど葉を摘み取ることはできません。それに爪で摘み取れる葉の長さは、枝先の三センチくらいまでで、それ以上はハサミでないと切れません。

爪で摘む理由は、葉の短いチャボヒバなどの針葉樹は、先端部をハサミで切ると切り口が赤茶色に枯れて見苦しくなるからです。

この爪透かしは、木バサミで小透かしをしてから、最後に樹冠の輪郭を整えるために行なう仕上げの作業なのです。

自然風剪定の作業技術

1 正しい枝の切り方

❶切り口の癒合を良くする切り方

自然風剪定では、大透かし、中透かしなどで比較的太い枝を切ることが多くなります。太いほど切り口が大きくなるので、正しい切り方をしないと切り口から腐朽菌が侵入したり雨水が入って、生きた枝や幹の内部まで腐って木の寿命を短くする結果になります。正しい切り方をすると、数年で切り口の周囲の樹皮が盛り上がるようにして切り口をふさぎ、小さなコブを作ります。こうなれば、内部が腐ることはありません。面倒でも正しく切ってほしいものです。

図40の①の切り方だと、切り残しの飛び出した部分は樹皮ごと枯れてしまうので、切り口をふさぐことは不可能です。残った枝は腐り、それがしだいに幹の内部まで広がっていきます。幹に空洞ができるのは、これが原因です。③の場合だと枯れ残りは出ませんが、深く切り過ぎているために傷口の治りも遅いので同様に腐りやすく、また、強風や大雪で折れやすくなります。②の切り方が正しい切り方です。傷口も小さく、切り残しもなく、それほど年数もかからずに傷口もふさがるでしょう。

正しく切るには、切る位置が重要なのです。幹なり主枝から枝分かれをする付け根をよく見てください。少し盛り上がってから、図41のように分かれた枝の太さになっています。正しく切る位置は、その盛り上がりがなくなる境目です。この位置で切ると、傷は最小ですみ、盛り上がった樹皮がすぐに切り口をふさぐように肥大してきます。つまり、盛り上がった部分の樹皮は幹の部分で、その先が枝の樹皮なのです。できるだけ切る枝の樹皮は残さず、元の樹皮は傷つけないように切ることが、正しい切り方ということになります。

[図40] 正しい枝の切り方

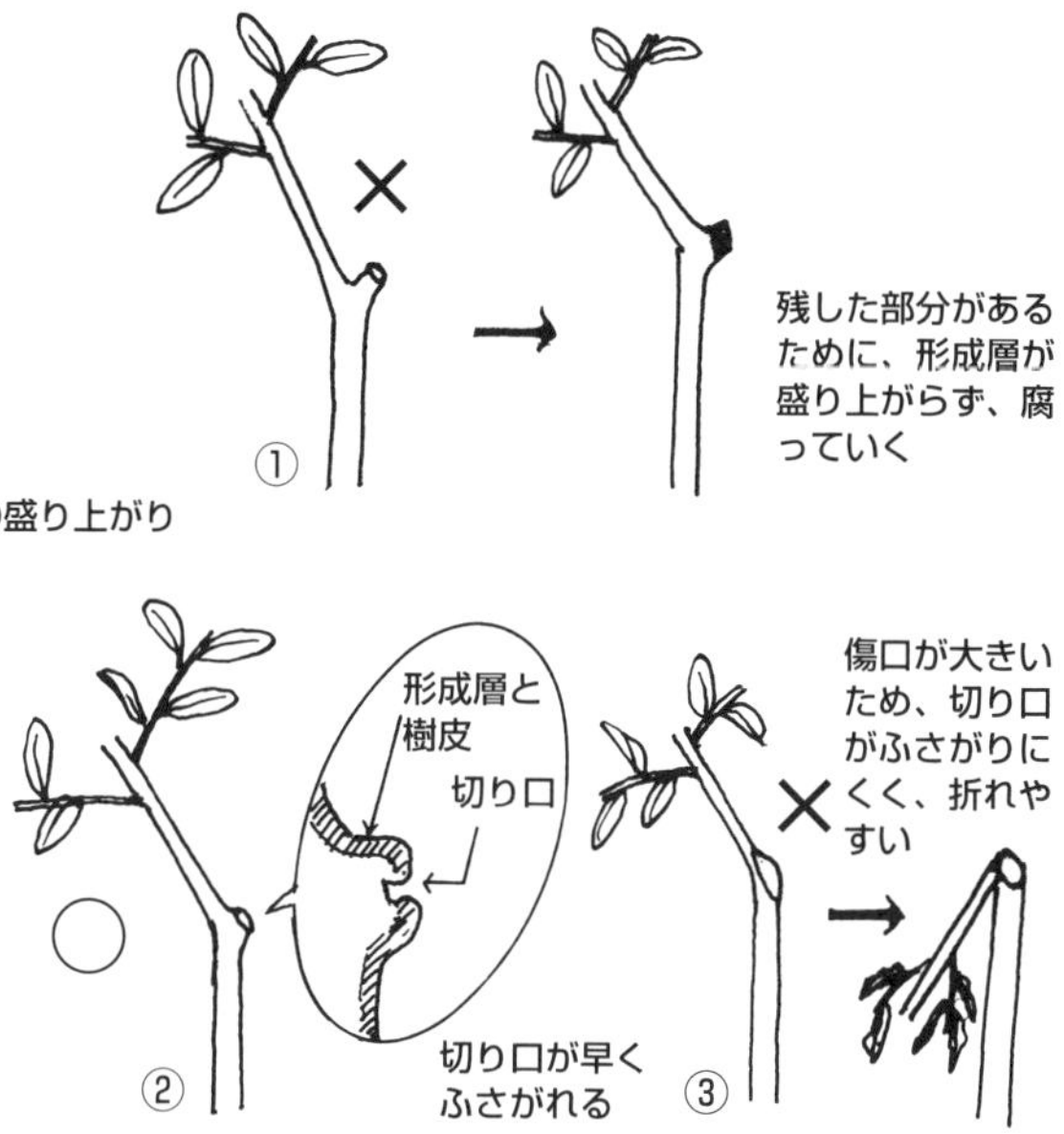

[図41] 正しい切り位置の見分け方

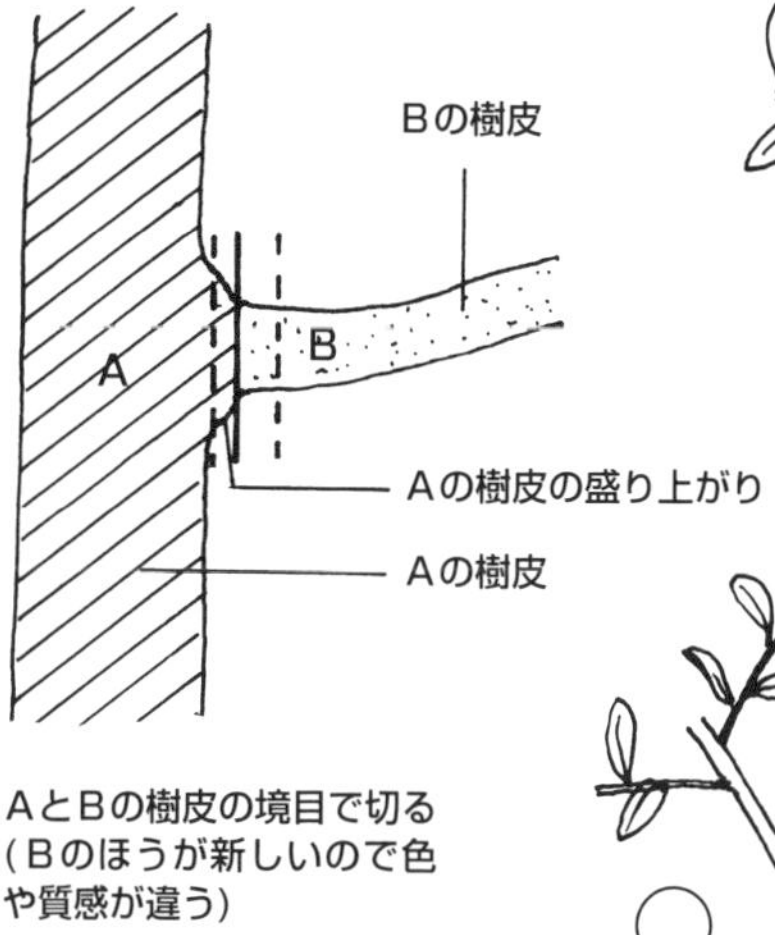

養水分を運ぶ形成層は、死んだ組織である木部と新しい生きた細胞である表皮の間にあり、表皮が傷つくと、その周りの形成層が生長して傷口をふさぐ役目もしています。枝を切る場合は、残す枝や幹の形成層をできるだけ傷つけないことが大切です。

❷ハサミで切る小枝の切り方

中透かしや小透かしなどで、剪定バサミか木バサミを使って枝を切る場合、残したい枝を裂いたり、折ったりしないように、ハサミの入れる向きに注意したいものです。太い枝から小枝を切り落とす場合は問題はないのですが、太い枝を切って小枝を残したり、切る枝が残す枝と同じくらいの太さのときは注意が必要です。次頁の図42のBのようにハサミの刃先を残す枝の分岐部に向けて切ると、切り口が裂けて残す枝が折れたりしやすくなります。Aのように、残す枝先の方向に刃先を向けて切ります。この方向だと裂けやすいのは切り取る枝の切り口となるからです。

しかし、幹に登って中から剪定をするときは、Aの方向にハサミを入れ、やりやすいのですが、脚立を使って外から剪定するときは、Bの方向のほうがやりやすくなります。全部の枝をAの方向から切れといっているわけではありません。

脚立の剪定で細枝を残す場合は、片手で枝を切りやすい方向に曲げて、ハサミを持った手を少し回し込んで切るようにします。

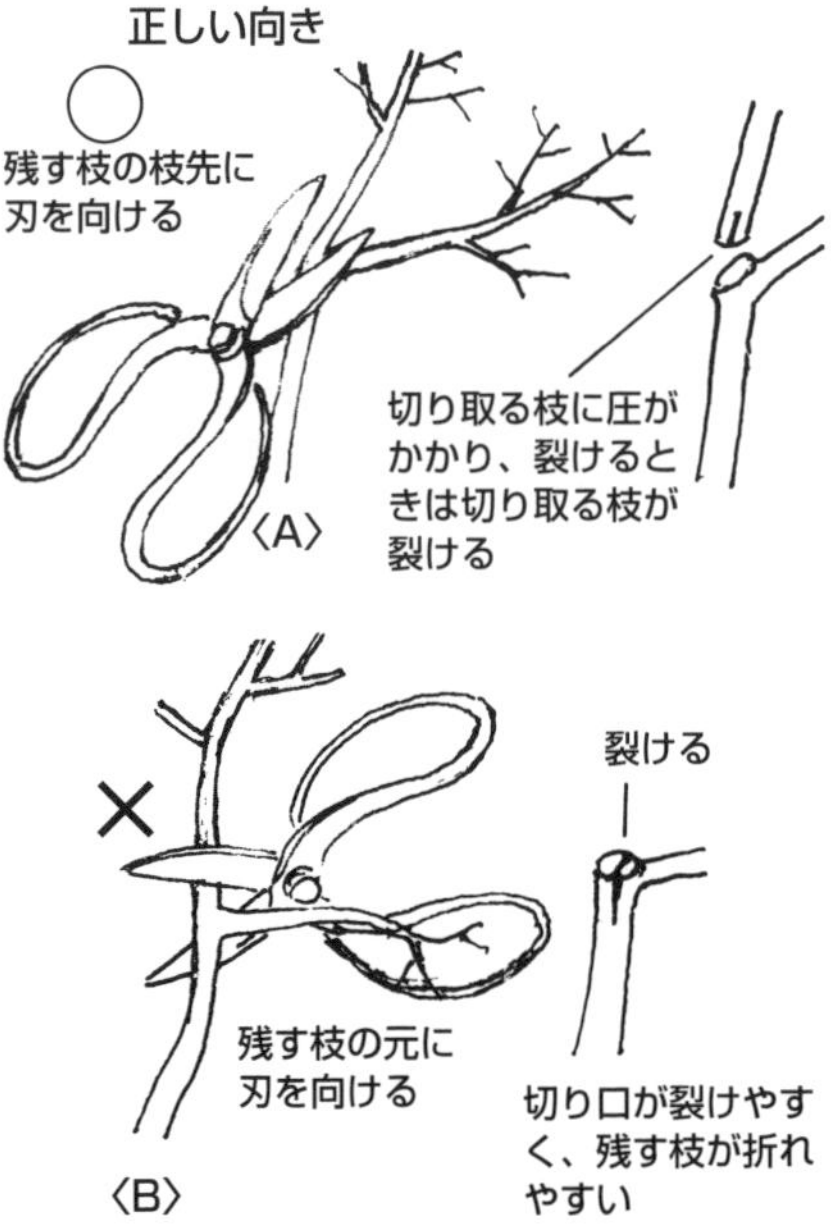
残す枝の枝先に
刃を向ける
切り取る枝に圧がかかり、裂けるときは切り取る枝が裂ける
〈A〉
×
裂ける
残す枝の元に
刃を向ける
切り口が裂けやすく、残す枝が折れやすい
〈B〉
[図42] 小枝を切るときのハサミの正しい向き

❸大枝の切り方

大枝をノコギリを用いて切る場合、とくに気を付けなければならないことは、切り終わる直前に、切り落とす枝の重みで切り口が裂けないようにすることです。切り口が裂けると、残す枝や幹の樹皮、その内部まで裂け、大きな傷となってしまうことが多いからです。

そのためには、まず図43のように切る枝のAの位置で下から上に向かって、枝直径の三分の一くらいまで切れ込みを入れます。このとき、それ以上ノコギリを入れると、枝の重み

[図43] 大きな枝の切り方

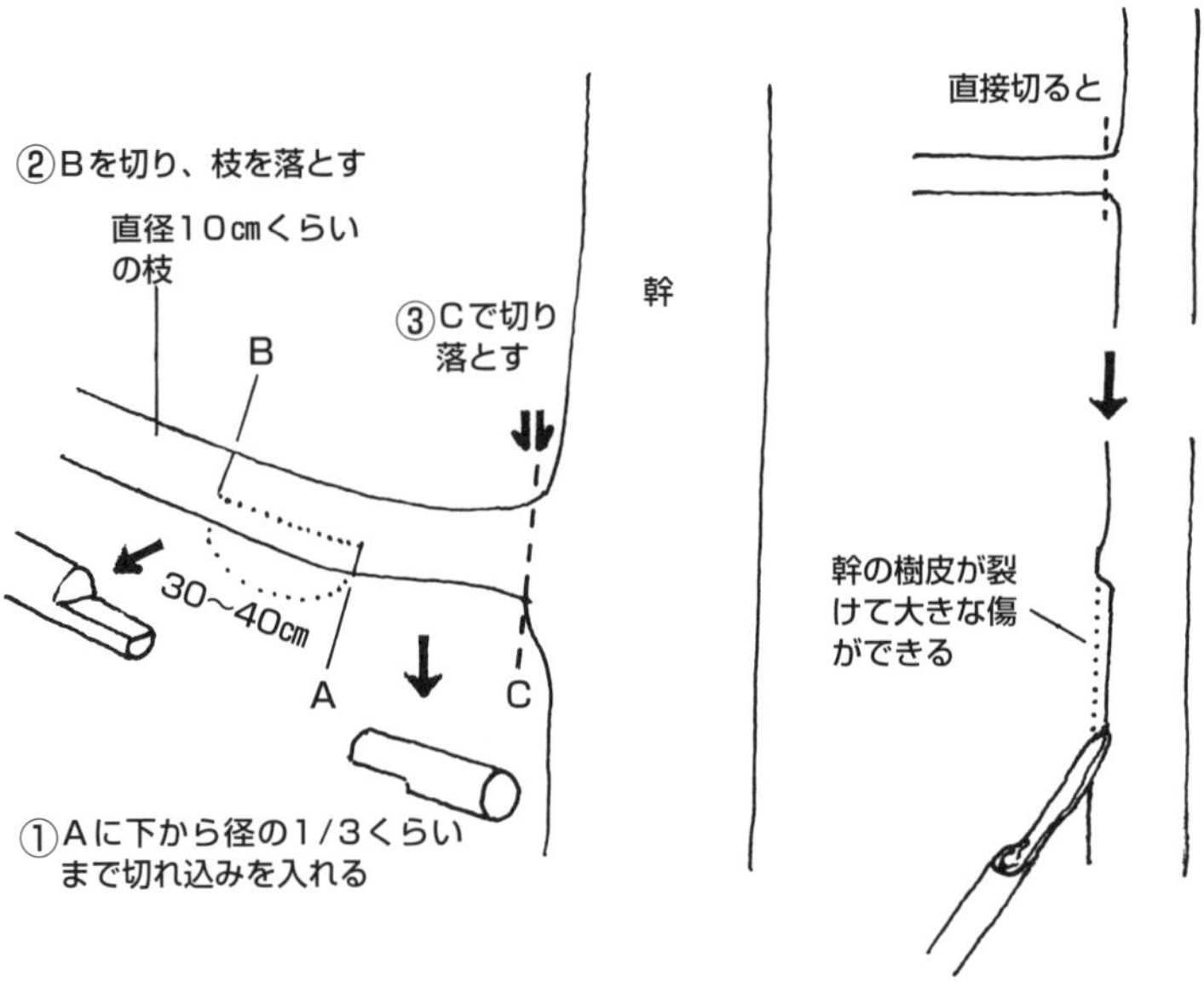
②Bを切り、枝を落とす
直径10cmくらいの枝
B
③Cで切り落とす
幹
30〜40cm
A
C
①Aに下から径の1/3くらいまで切れ込みを入れる
直接切ると
幹の樹皮が裂けて大きな傷ができる

でノコギリがしまり動かなくなってしまうので気を付けてください。次に枝のBの位置で上から切り落とします。このときは、あまり時間をかけずに切ります。Aの切り込みは三分の一しか入っていないので、枝の重みで切れ込みの入っていない部分から裂け、正しい切り位置であるCを越えて幹の樹皮まで裂ける危険があります。こうなるとAの切り込みを入れた意味がなくなります。ですからBを切るときは、なるべく時間をかけずに一気に切ることがコツです。枝の重みで自然にA部まで裂けて切り落ちます。

もうひとつのポイントは、AとBの間隔です。これはだいたいの目安ですが、直径五センチくらいの枝なら二〇～三〇センチ、直径一〇センチくらいの枝で三〇～四〇センチくらいとれば良いと思います。ただし樹種や枝の状態によってもAとBの間隔を考えます。ユリノキなど折れやすい樹種の場合には裂けにくいので、AとBの間隔は狭めでかまいません。ケヤキなどの折れにくい樹種は反対に裂けやすいので、間隔は広めにとったほうが安全でしょう。季節では、冬季は裂けにくいのですが、夏期は裂けやすいので広くとります。

また、手の入っていない自然樹は、枝の先端部が重いので間隔を広く、剪定したことのある木は手前に枝が多いのでやや狭くてもかまいません。そのほか、樹体に傷や腐れはないか、落葉樹なら葉が付いているかどうか（葉が付いていると重い）などを判断し、裂けやすい条件のときほど間隔を広くします。Bからノコギリを入れた場合、重い枝、とくに先端部が重い枝ほど早く裂け始めるので、AとBの間隔を広めにとって安全性を高めておくわけです。

最後に、前述した正しい切り位置であるCの位置で切り、残ったB～C部を切り落とします。AとCの間隔は、Aに切り込みを入れるときにCの位置を確認し、このA～C間の枝を手で保持できるくらいの重さになるように決めます。C部は上から切るので、下手をすると最後に裂けて幹の皮をむく心配があります。C部を切り落とす最後のときは、必ず片手で支えて裂けないようにすることが大切です。このA～C間があまり短いと、B部を切断中にAの切り込みの上から裂けることがあるので、ある程度の長さが必要です。C部を下からノコギリを入れて切れば裂ける心配はありませんが、下からだと、なかなか上手にCのライン通りに切ることができません。

❹大枝の吊り切り法

これは前述の❸の方法では、最後に落とす枝を片手で支えることができないほどの大枝を切る場合の切り方です。一般

[図44]大きな枝の吊り切り法

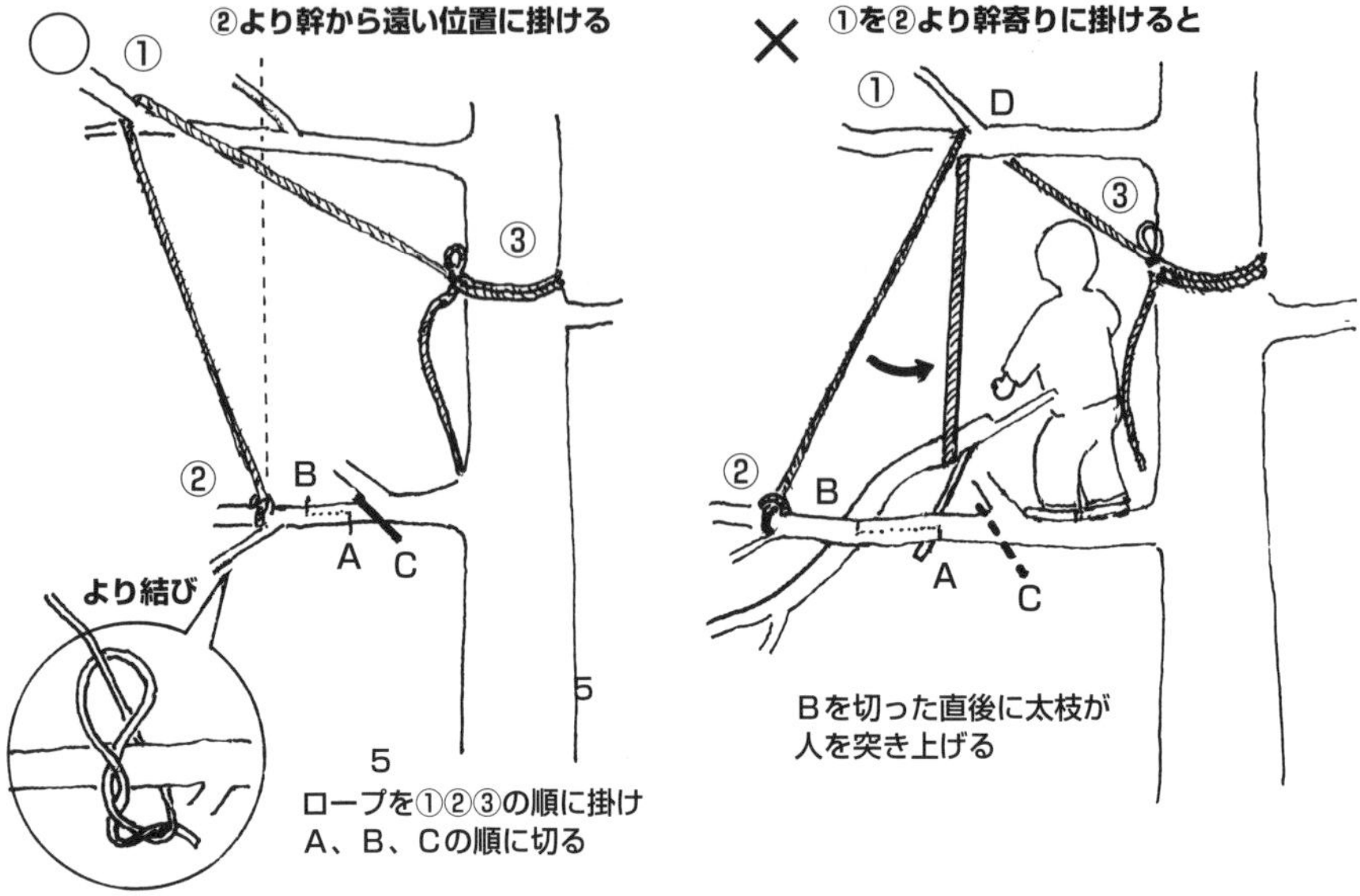
②より幹から遠い位置に掛ける
①
③
②
B
A
C
より結び
5
5
ロープを①②③の順に掛け
A、B、Cの順に切る
①を②より幹寄りに掛けると
①
D
③
②
B
A
C
Bを切った直後に太枝が
人を突き上げる

に直径五センチ以上の枝は、この方法でないと危険です。通常は木の上部から切ってきますが、吊り切り法を行なうときは、一番下枝から剪定しながら上に上がっていきます。上から切ってくると、このような大枝は下枝に引っ掛かり、下に落とせなくなったり、重みで下枝が折れてしまう危険があるからです。この方法は作業をする人にも危険が伴うので、よほどのことがない限り本職に任せたほうがよいでしょう。

まず切る枝が決まったら、吊るロープを掛ける位置を考えます。掛ける枝は、切り落とす枝と、切断後落下しないように支える上部の枝です。どちらも切る人から、できるだけ離れた位置に掛けたいのですが、枝先ほど掛ける作業が困難でなかなかそういうわけにもいきません。

切る枝に掛ける位置（②）は、図44のように切り落とすB位置から離れた、できるだけ枝分かれした部分です。この部分に図44のようにロープの端を「より結び」でしばります。支える上部の枝は、切られたときの反動を考えて、切り落とす枝の全重の何倍もの重みに耐えられる太い枝を選ばなければなりません。この支える枝に掛ける位置（①）も、この切る枝に掛けた位置よりも外側の枝分かれした部分を選びます。支える枝に掛けたロープの一端は、幹か太い枝に支える枝よりも低い位置（③）に二度巻きして仮止めします。

ロープを掛ける正しい順序は、①→②→③の順です。このロープ掛けができたら、前述の太枝の切り方の方法で、A→B→Cの順に切っていきます。Bを切ると先端部のほうが長く重いので、下にズドンと落ちて支える枝を弓なりに引き下げ、その反動で幹もかなり揺らします。枝が裂けて落ちる瞬間にすばやく幹にしっかりつかまらないと危険です。その後、仮止めの③部をほどいてゆっくり枝を下ろします。

この吊り切り法で最も大切なことは、①の位置を②の位置よりも幹から遠い外側にすることです。図44の右図のように幹に近いDの位置に掛けてBの位置で切ると、切断した瞬間に、切った枝が振り子になって幹につかまっている人を突き上げるからです。実際にこのパターンで大ケガとなった事故が多いのです。

吊り切りするときは、切る枝の重量、ロープを掛ける位置、切り離したときの枝の動きなどを十分に予測して、作業に取りかかることが重要です。

枝の誘引法 2

枝の方向や角度を、シュロ縄、竹、丸太などを用いて理想的な位置や角度に引っ張って矯正することを「誘引」といいます。細い枝の場合は、シュロ縄だけで誘引することが多いのですが、細い枝でももっと伸ばしたいときや太い枝の場合は、枝よりも長く太い竹を使って誘引します。一般に誘引してから元に戻らなくなるまでには、樹種や樹齢によってかなり違いますが、若木で三〜五年、古木になると一〇〜一五年かかる場合があるので、シュロ縄や竹などを何度か替えて誘引し直します。

[シュロ縄誘引] シュロ縄で引く場合は、引く枝の結束部分の縄が枝の生長・肥大で食い込まないようにすることが大切です。そのためには、次頁の図45のように枝に回したシュロ縄を「より」部分に三回ほど挟み込み、輪を作って掛けます。この「より結び」だと、枝に掛かった支点と支点が均等に引かれると「より」が締まって抜けなくなります。また、図に示した「もやい結び」で輪を作る方法もあります。

シュロ縄誘引のポイントは、結束する位置です。引く枝の結束部は、枝分かれしたところでないとずれる心配があります。シュロ縄を引っ張って固定する部分は、下枝があっても枝では決して行ないません。下枝で固定すると、その下枝が持ち上がったり角度がゆがめられてしまうからです。必ず幹に、幹でも下の主枝の分岐部で固定します。この固定部分の

[図45] シュロ縄による枝の誘引法

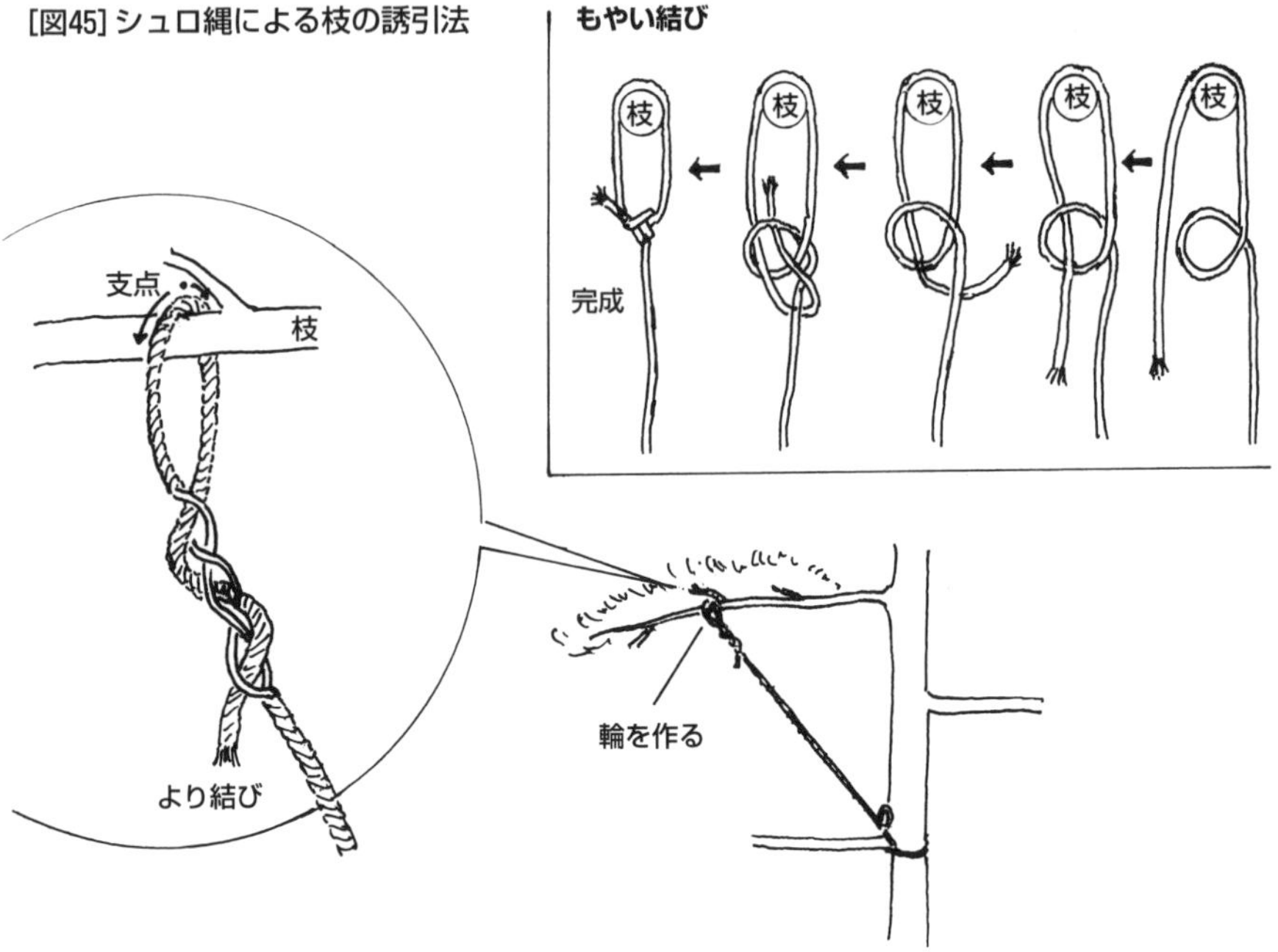
もやい結び
枝
枝
枝
枝
枝
完成
支点
枝
より結び
輪を作る

結束方法は、グルグル巻くと食い込みしやすいので、一回巻いてしっかり結束します。下の主枝に引っ掛かるので、これだけでずれることはありません。

さらに、大切なことは、矯正したい方向・角度よりも強く誘引して固定することです。二〜三年も誘引していると、結束部がゆるんだり、シュロ縄自体も伸びるからです。途中でゆるんだら、再度やり直します。

[竹・丸太誘引] 竹で誘引することを「バチを当てる（バチ当て）」とも呼んでいます。バチ当ては、シュロ縄で引く場合よりも太い枝のときに行ないます。竹でも曲がってしまう場合は丸太を使いますが、やり方は同様です。

竹でも丸太でも、枝を矯正したい角度・方向に向けて幹に固定し、誘引する枝の基部に結束し、枝先を結束して矯正します。竹・丸太は、誘引する枝よりも太いものを使い、竹の場合は、幹に固定する竹の元の部分は節部で切った節止めとします。末端は節止めでなくてもかまいません。ポイントは図46のように、左に曲げたいときは幹の右に竹（または丸太）を固定し、右に曲げたいときは幹の左に竹をしっかり固定することです。

曲げる方向・角度が決まったら、まず曲げたい枝のできるだけ元部（A）部分を、シュロ縄二本を使い二回巻き（枝が細いときは一回巻きでも可）し、通常はイボ結びでしっかり固定します。次に竹（丸太）の元部を方向・角度を考えて幹に固定しますが、曲げたい方向・角度の五割増しになるように固定する箇所（B）を決めてしっかり結束します。これは予定以上の角度・方向にしないと、竹（丸太）が誘引する枝の力で、どんなに強く結束しても戻ってしまうからです。

竹（丸太）を幹にしっかり結束したら、支点となるAの結束部の先のC、D部を枝が折れない程度にシュロ縄でしばって竹（丸太）に近づけて結束します。枝が長い場合は、何カ所も結束します。

竹の場合は三～五年もすると弱くなってくるので、そのつど取り替えて誘引し直し、枝がその角度・方向に固まるまで誘引を続けます。

[図46]竹（丸太）による誘引法

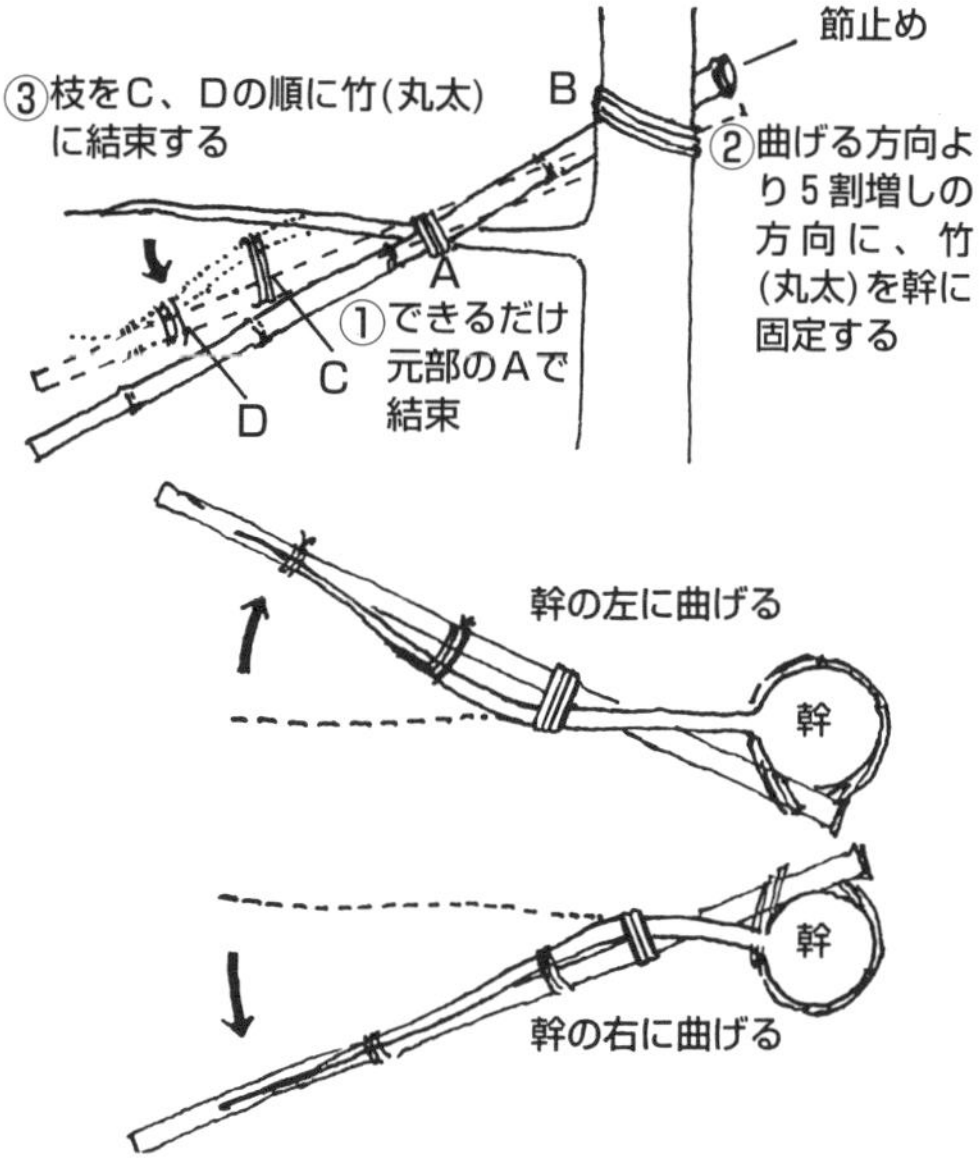
節止め
B
③枝をC、Dの順に竹（丸太）に結束する
②曲げる方向より５割増しの方向に、竹（丸太）を幹に固定する
A
①できるだけ元部のAで結束
C
D
幹の左に曲げる
幹
幹
幹の右に曲げる

[図47]イボ結び

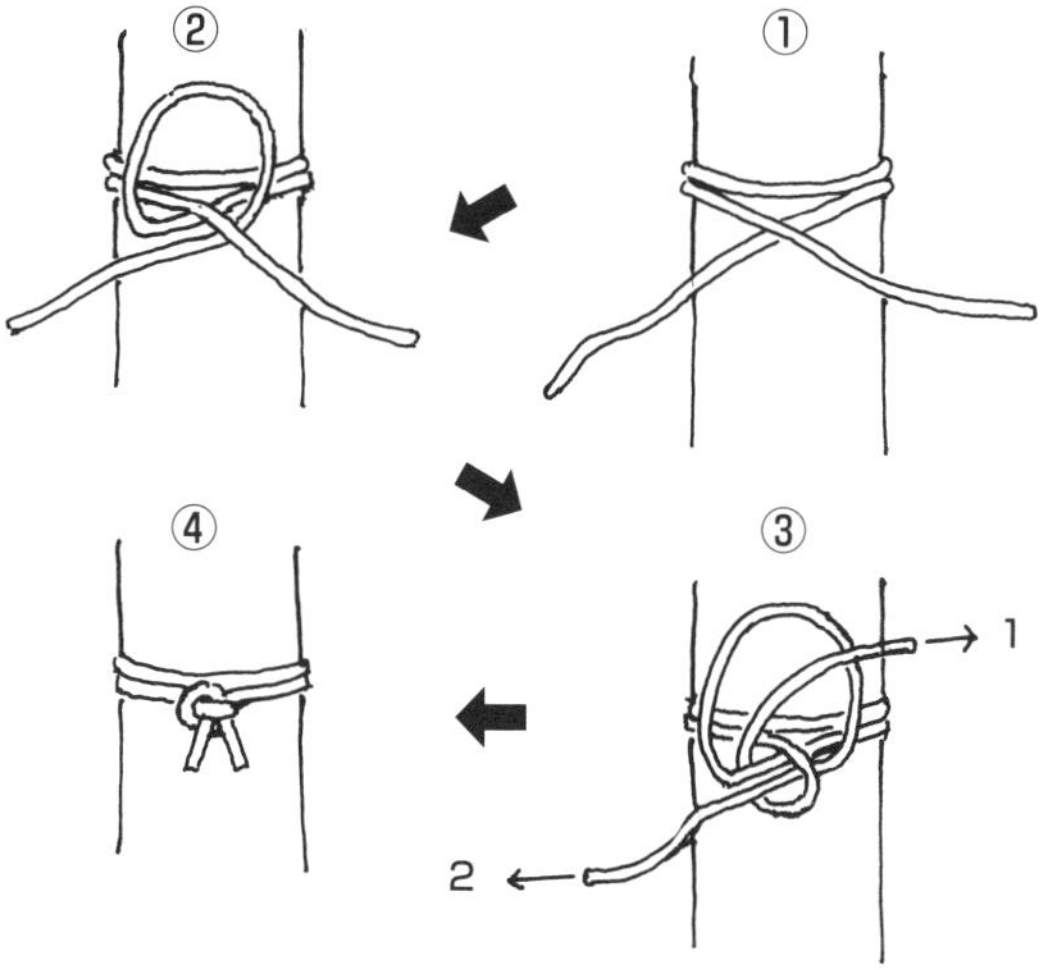
②
①
④
③
1
2

＊結び方が見えにくいので竹は省略

玉作り・生け垣など刈り込み樹形の剪定法

3

まず、長く徒長した枝を元から抜く

一律に先端部を刈り込みバサミで刈る刈り込み剪定は、自然風剪定ではありませんが、自然風庭園にも生け垣や玉作りが点在することによって、自然風樹形も引き立ちます。

刈り込み剪定のコツは、凹凸を作らずにきれいに仕上げることです。しかもできるだけ剪定後に徒長枝が出ないようにすることです。春にきれいに仕上げても、すぐ徒長枝が出て見苦しくなることが多いものです。この徒長枝を再び刈り込むと、さらに強く伸びてきます。徒長枝は前述したように、太い枝を寸胴切りすると発生し、何回も同じところで刈り込んでいるとコブになり、年々太くなっていくからです。

刈り込み剪定を始める前に、まず行なうことは、枯れ枝の除去と、この徒長枝が出る枝の処理です。刈り込み樹は樹冠に小枝が密集しているので内部の枝が見えにくいのですが、よく見ると徒長枝が出る枝は、図48のように樹冠部の多くの枝の太さと比べて太く立ちぎみの枝です。徒長枝の発生をできるだけ少なくするには、中透かしで説明した「等太線」の樹冠にすることです。先端部が太く徒長枝が出る枝は、その枝が出ている分岐部で残さず切って枝抜きします。二〜三センチでも残すと、また立ちぎみの勢いの良い徒長枝が発生します。ハサミやノコギリが入りにくく面倒ですが、付け根いっぱいに切らないと意味がありません。

[図48] 刈り込む前に徒長枝の出た太枝を切る

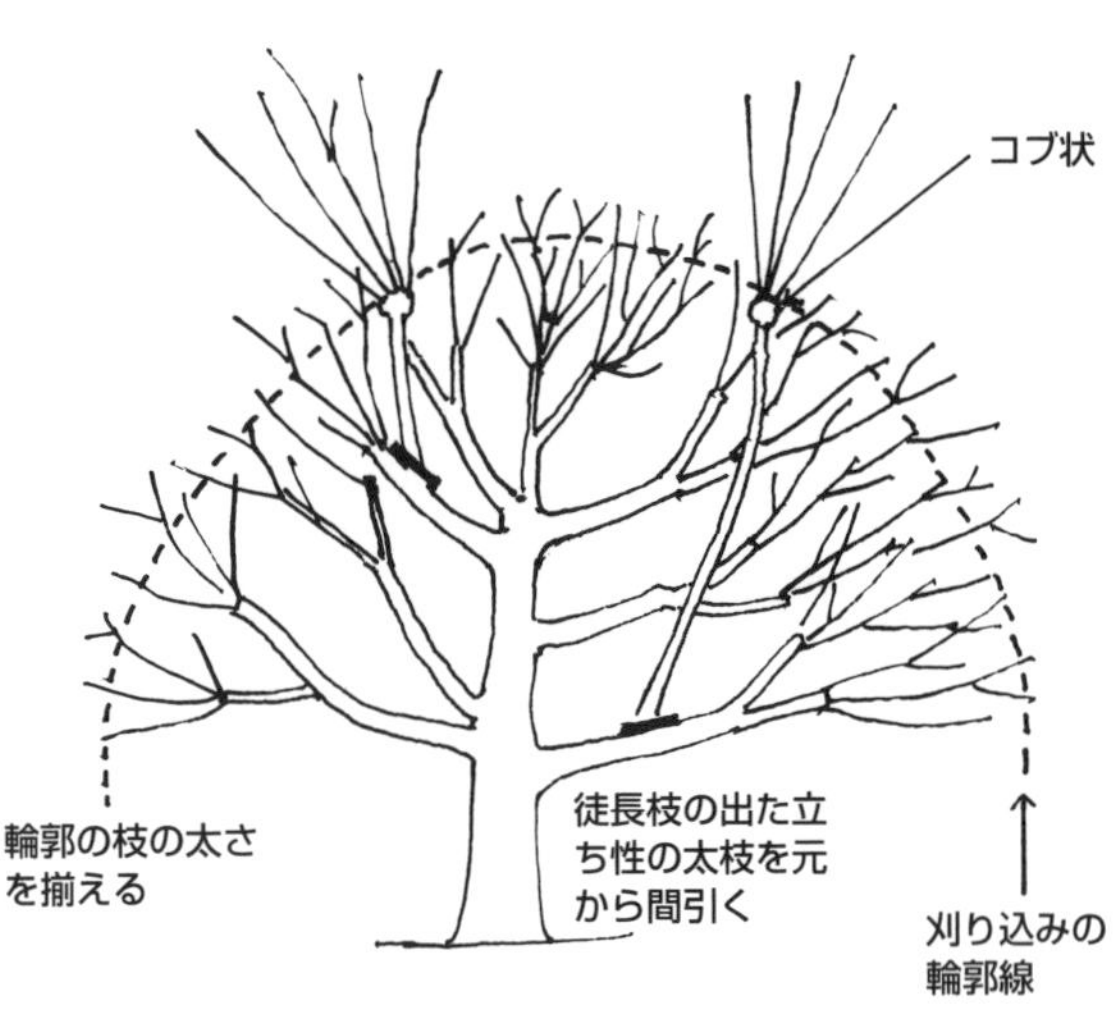
コブ状
輪郭の枝の太さを揃える
徒長枝の出た立ち性の太枝を元から間引く
刈り込みの輪郭線

［図49］玉作りと生け垣の刈り込み手順

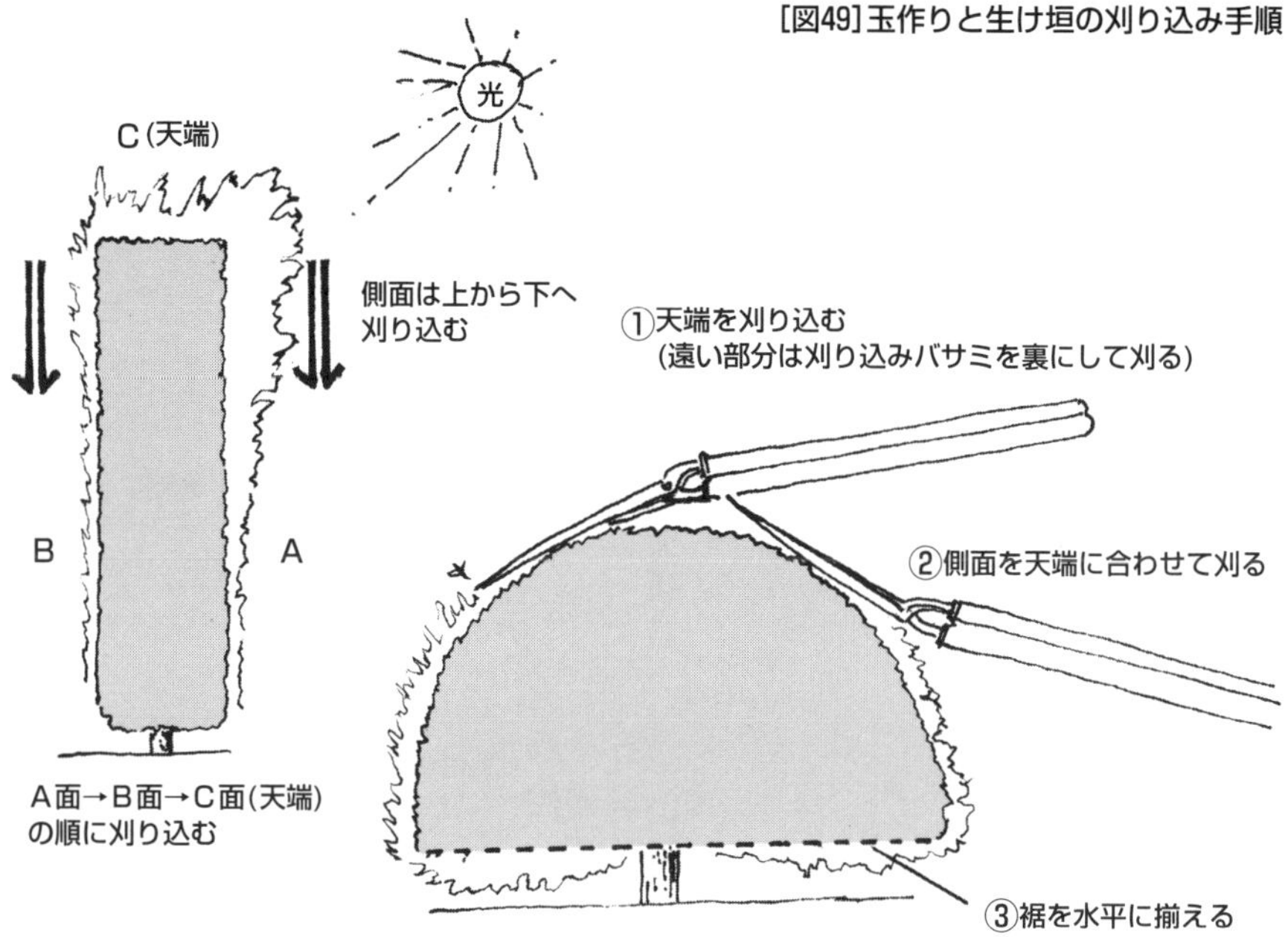
光
C（天端）
側面は上から下へ
刈り込む
B
A
A面→B面→C面（天端）
の順に刈り込む
①天端を刈り込む
（遠い部分は刈り込みバサミを裏にして刈る）
②側面を天端に合わせて刈る
③裾を水平に揃える

生け垣は側面上部から、玉作りは天端《てんば》から刈り込み

きれいに刈り込むには、一番基準となる部分・面から始めます。玉作りの場合は、丸くなった頂点部分の天端です。天端部分は一番伸びているので、一番強く刈り込む必要があるからです。まず天端を刈り込み、この天端の曲線に合わせて下のほうに刈り下がります。刈り込みバサミの刃には角度がついているので、図49の①のように遠い曲線を刈る場合には、刈り込みバサミを裏にして刈るときれいに刈れます。また、玉作りをきれいに仕上げるには、図49の③のように下枝の裾を水平に切り揃えることがコツです。これだけで玉物がすっきりときれいに見えます。

生け垣を刈り込む場合も、一番伸びやすい側面の上端から刈り込みます。上部をできるだけ切り詰め、その面に合わせて刈り込みバサミの届く範囲ごとに上から下へ垂直に刈っていくのです。

この逆で、下から上に刈り込むと必ず上部が出っ張ってしまいます。それは、下の枝は樹勢も弱く枝も細く密度も薄いので深く切り過ぎやすいために、これを基準にするとどうしても上部が切り詰められなくなるからです。実際に上部から刈り込むと、下の部分は刈り込むほど伸びず、枝葉をならす

[図50]刈り込みバサミの選び方・使い方

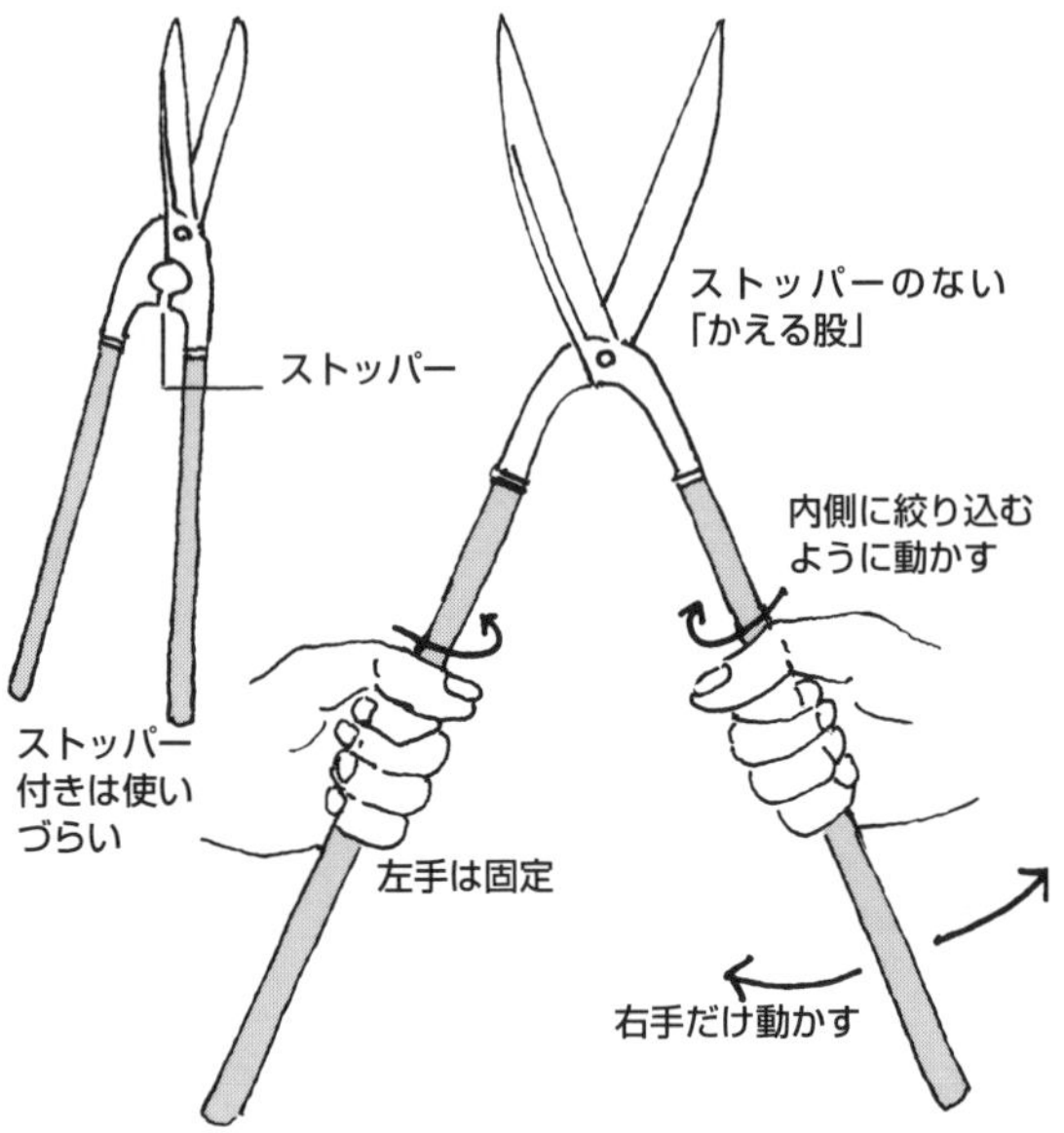
ストッパー
ストッパー付きは使いづらい
ストッパーのない「かえる股」
内側に絞り込むように動かす
左手は固定
右手だけ動かす

程度ですみます。

刈り込みバサミは左手は動かさず、右手だけ動かす

　刈り込みバサミは図50のように、柄の中ほどを軽く持ち、雑巾を軽くしぼる要領で両手で内側に力を入れ、左手は動かさずに右手だけ動かして刈り込むのが、きれいに刈るコツです。軽く内側に力を入れるのは、刃と刃のかみ合わせをよくするためです。左手を動かさないほうが良いのは、両手を動かすと切るたびにハサミが上下に踊り、刈り込み位置が安定せずトラ刈りになりやすいからです。左手の刃を刈り込み位置に入れて固定すれば、刈り込み位置がブレにくくなるのです。この刈り方を習得すれば、素人でも本職のように一度でまっすぐきれいに仕上がります。

　生け垣の側面を刈る場合は、動かすほうの右手を上にしたほうが腕も動かしやすく楽なので、右から左に移動しながら進みます。左利きの方は逆のほうが良いかもしれません。

　また、刈り込みバサミには、刈ったときに手と手がぶつからないようにストッパーの付いているものがありますが、これはおすすめできません。刈り込むにはリズミカルに動かす必要がありますが、ストッパーが付いていると当たるつどリズムが止まってしまい、刈りにくいうえに肩や腕が疲れるからです。ストッパーの付いていない「かえる股」と呼ばれている刈り込みバサミがおすすめです。

「刈り込みマーキング」で生け垣の天端を水平に

　生け垣の側面を刈り終えると天端に移りますが、先に両側面を刈り込むと図51のように天端を前回刈った位置がよく見えるようになり、全体を眺めて低い部分は少し高めに、高い

[図51]生け垣の天端を水平に刈るコツ

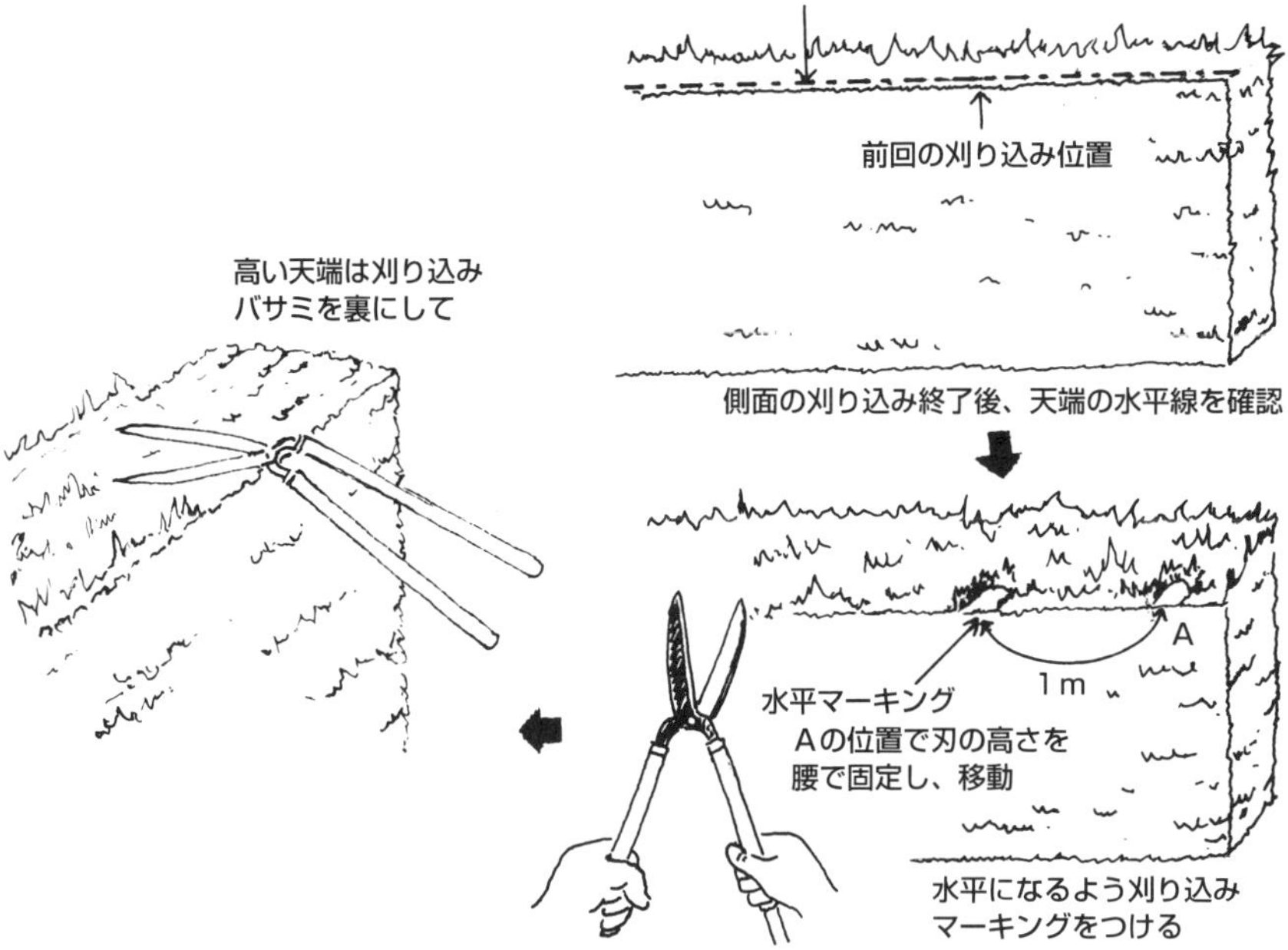
水平線
前回の刈り込み位置
側面の刈り込み終了後、天端の水平線を確認
水平マーキング
Aの位置で刃の高さを
腰で固定し、移動
A
1m
水平になるよう刈り込み
マーキングをつける
高い天端は刈り込み
バサミを裏にして

部分は低めにという、刈り込み位置の目安がつきやすくなります。また、側面を刈り込んだ分、生け垣の近くで作業ができるようになります。

生け垣は天端をいかに水平に刈るかで、上手、下手が一目瞭然にわかるので一番神経を使います。水平に刈るには水糸を張ると確かですが、私の場合は近くの建物の窓枠の横線やブロック塀の天端線などに合わせて刈ることが多いです。しかし、このような水平を計る目安があっても、それが生け垣と平行になっていないと天端が斜めに傾斜してしまいます。

水平を計る目安になるものがないときは、自分自身の体を使って刈る高さを出します。まず、右端の天端の角を前回の刈り位置か、新しい予定の高さにハサミを入れてマーキングするように少し枝を刈ります。そして両手をそのままの高さに固定し、腕もハサミも動かさずに一メートルくらいずつ移動し、同様にそのまま少し刈り込みマーキングをしていくのです。マーキングが終わったら、その高さを目安に刈り込んでいくと、まっすぐ水平に仕上がります。しかし、この方法も生け垣の地盤が水平でないと使えません。心配なときはマーキングが終わったら、少し距離をおいてマーキング同士を目で眺めて修正し、それから刈り込みを始めるようにしています。

また、天端が胸よりも高いときは、図51のように刈り込みバサミの刃を下向きにして刈ると楽に平らに刈れます。上向きだとどうしても刃が上がり、天端の奥の部分が高くなりやすいのです。

4 脚立・はしごの設置法

三本脚の脚立がおすすめ

剪定作業では、脚立やはしごを上手に正しく安全に設置する技術も大切です。

脚立には、四本脚（両方から登れるもの）と三本脚（一方のみから登るもの）とがありますが、庭の剪定には三本脚のものがおすすめです。庭は起伏があったり地盤が軟弱な場合が多いために、四本脚では安定して設置しにくからです。安定するように脚の設置場所を探すだけでも時間がかかります。設置できても四本の脚の一本が少し深く地面にめり込むと、反対側が浮き上がり倒れやすいのです。三本脚のものはどれか一本の脚が急に地面にめり込んでも、ほかの二本には影響がないため倒れにくいのです。

三脚脚立の設置法は、平坦な場所では脚が二等辺三角形になるよう、はしごを支える足をはしご部の中央に設置します。

傾斜地の場合は、はしご部を高所に向けて設置しないと危険です。低所に向けて設置すると、支える脚の一点に重みが集まるため、左右どちらかにねじれて倒れてしまいます。また、はしご部の脚を水平に設置できないときは、脚立の重心が三本の脚で作る三角形の中心になるよう支える脚を設置し

[図52]脚立の選び方と設置

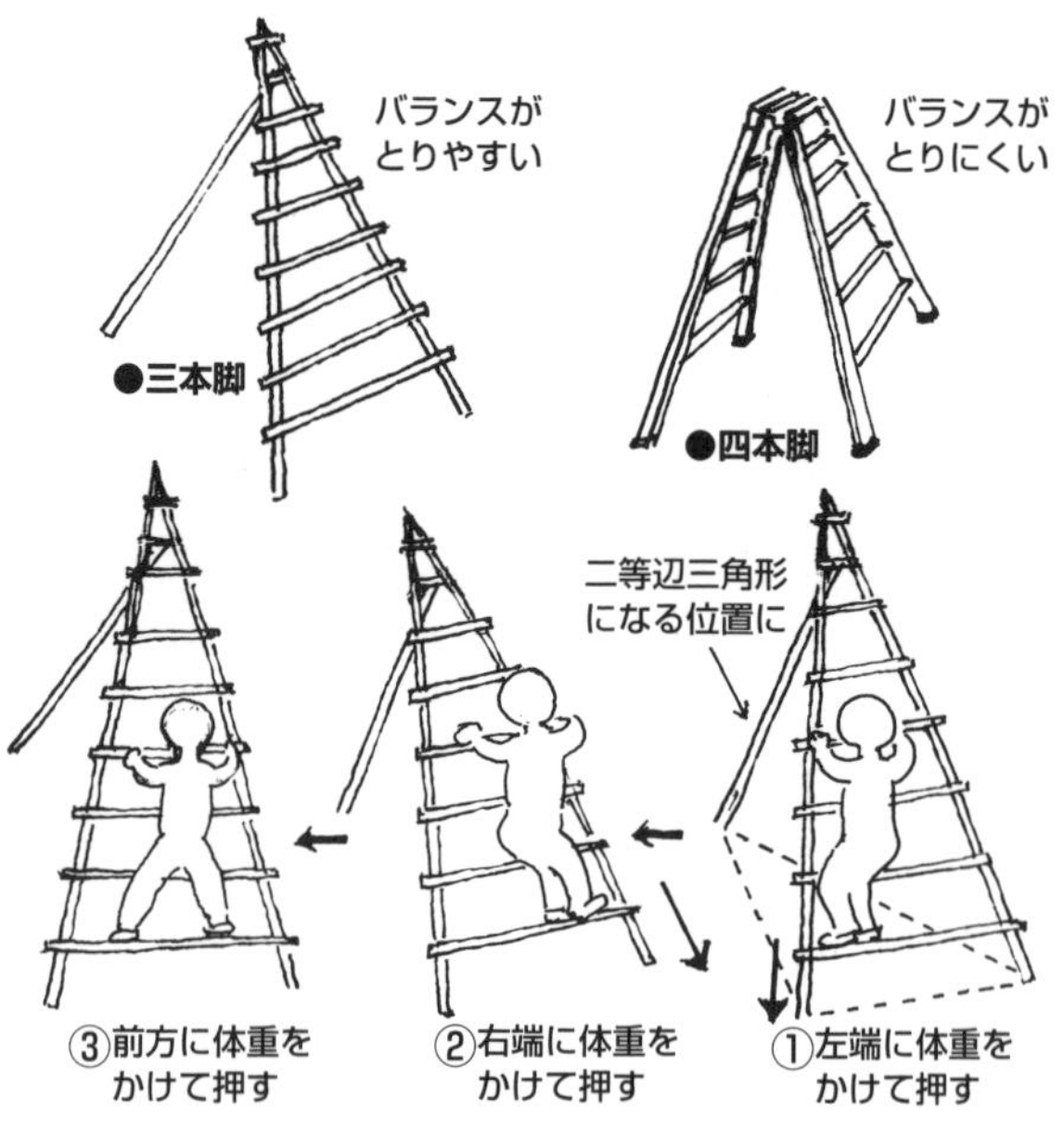
バランスが
とりやすい
●三本脚
バランスが
とりにくい
●四本脚
二等辺三角形
になる位置に
③前方に体重を
かけて押す
②右端に体重を
かけて押す
①左端に体重を
かけて押す

［図53］傾斜地での脚立の設置法

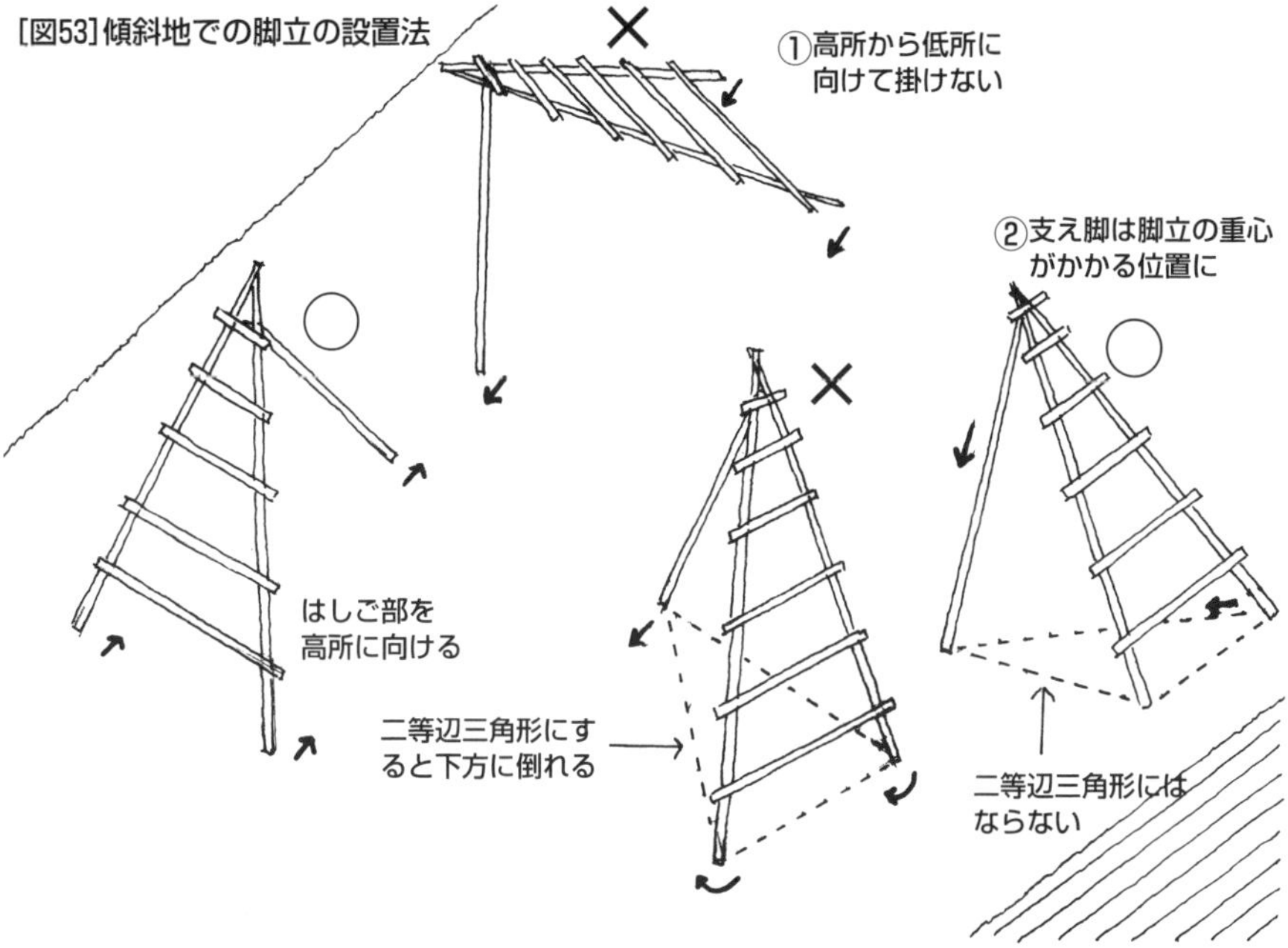
①高所から低所に
向けて掛けない
②支え脚は脚立の重心
がかかる位置に
はしご部を
高所に向ける
二等辺三角形にす
ると下方に倒れる
二等辺三角形には
ならない

ます。この場合は、不等辺三角形になります。

脚を設置したら、はしごの一段目の右端と左端に乗り、体重をかけて一脚ごとに地面に沈み込ませ、支える脚にも手で体重をかけて押して沈み込みを確認します。必ずもうこれ以上沈み込まないことを確認してから、はしごに登ります。この確認は、脚立を移動するたびに行ないます。乗ってからめり込み、バランスを崩すと手遅れです。

脚立作業中にしてはならない行為

脚立に乗ってからは、次のような行為は禁物です。

①一人以上乗らない（どんな脚立も一人用）

②作業時に枝葉を引っ張り込まない

無理に遠くの枝を引き寄せて剪定しようとすると、逆に脚立が枝に引き込まれて倒れることがあります。

③脚立から木に乗り移らない

乗り移るときに足で脚立を蹴るので、脚立が倒れる危険があります。

④脚立のはしご面に背を向けて作業しない

この姿勢では、脚立に触れて体を支える部分が足の裏だけなので、バランスを崩しやすく、崩したときにつかまるものがなく危険です。

[図54] 樹冠と正しいはしごの位置と移動

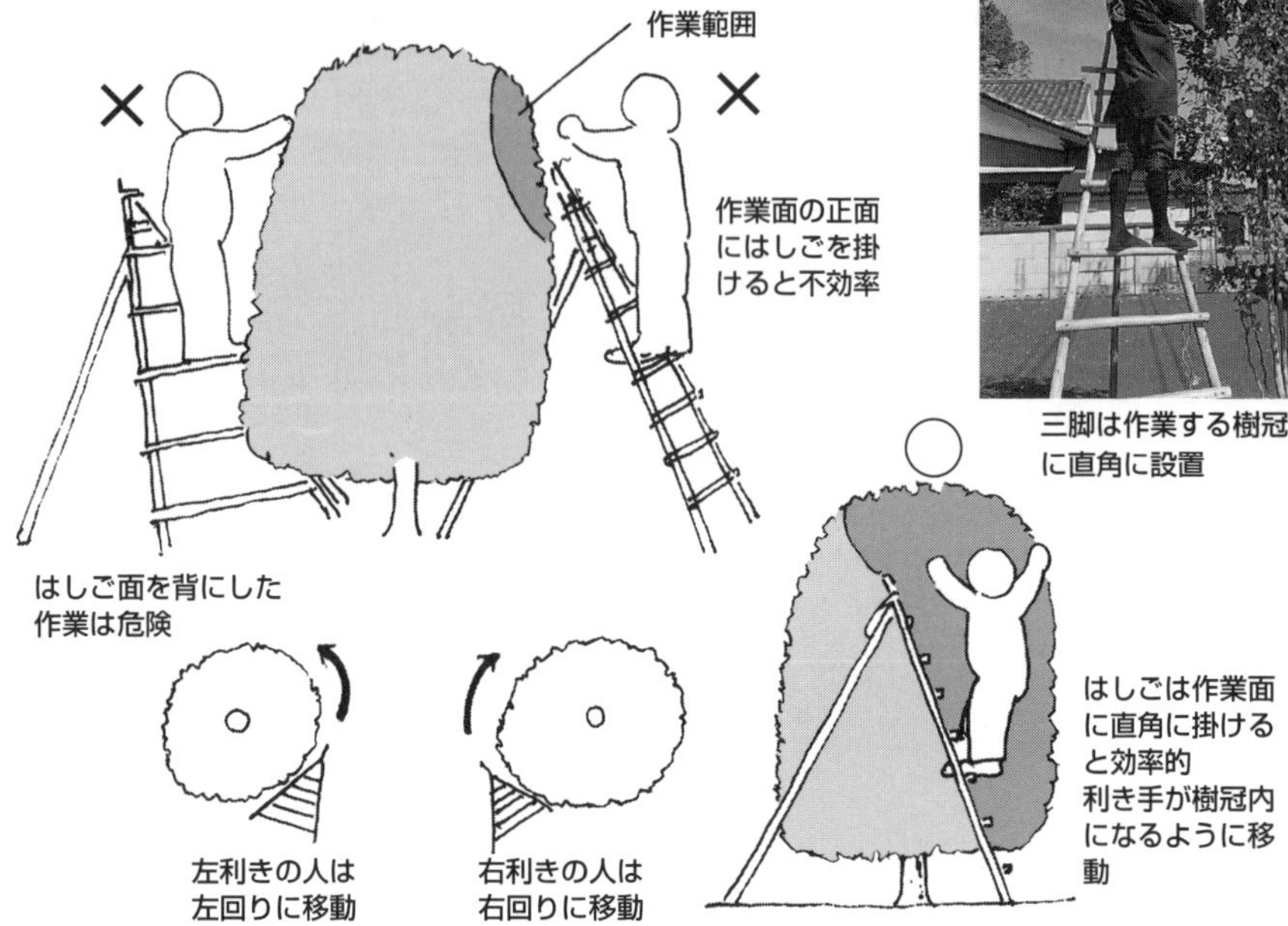

作業範囲
×
×
作業面の正面にはしごを掛けると不効率
はしご面を背にした作業は危険
左利きの人は左回りに移動
右利きの人は右回りに移動
はしごは作業面に直角に掛けると効率的
利き手が樹冠内になるように移動

三脚は作業する樹冠に直角に設置

脚立は樹冠に対して横に設置し、時計回りで移動

図54のように、脚立を樹冠と正面になるように設置すると、はしご段を降りるつど樹冠から遠くなり、作業ができる範囲が小さくなるので効率的ではありません。はしご面と樹冠が直角になるよう脚立を横に設置すると、一回の設置で作業できる面が広くなり効率的です。

右利きの場合は、樹冠を時計回り（右回り）に移動したほうがやりやすいでしょう。右回りに脚立を設置すると、ハサミを持つ右手が樹冠側になり、作業がしやすく手の届く範囲も広がるからです。左回りだと体をよじって作業することになり、体にも負担がかかり作業能率が落ちます。逆に左利きの方は左回りのほうが効率的です。

高い木の樹冠を剪定する「はしご」設置法

六～七メートルくらいの高い木になると、脚立では上部の樹冠に手が届きません。幹に登り、主枝に足を掛けて剪定できれば良いのですが、できないときは長いはしごが必要になります。しかし、はしごを樹冠に近い細い枝に直接掛けると折れてしまいます。そこで、はしごを脚立のように樹冠から離して設置する方法を紹介します。

[図55]樹冠にはしごを設置する方法

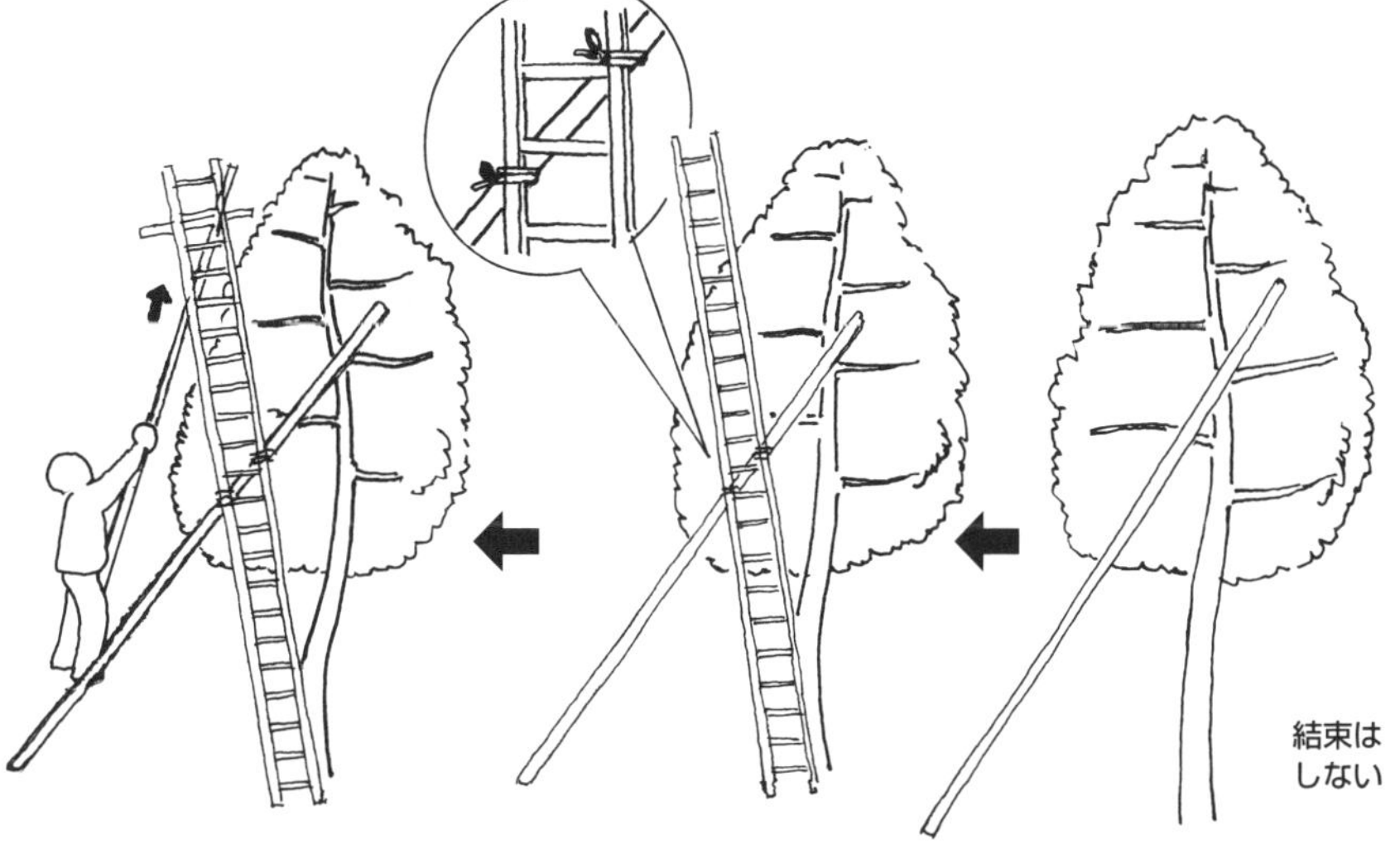
結束は
しない
③横木を先端につけた丸太をはしご上段に差し込む
②樹高の半分くらいの高さに丸太と接するようにはしごを掛け2カ所を結束
①丸太を主枝の幹元に斜めに掛ける

[図56]はしごを支える脚となる丸太の作り方、設置法

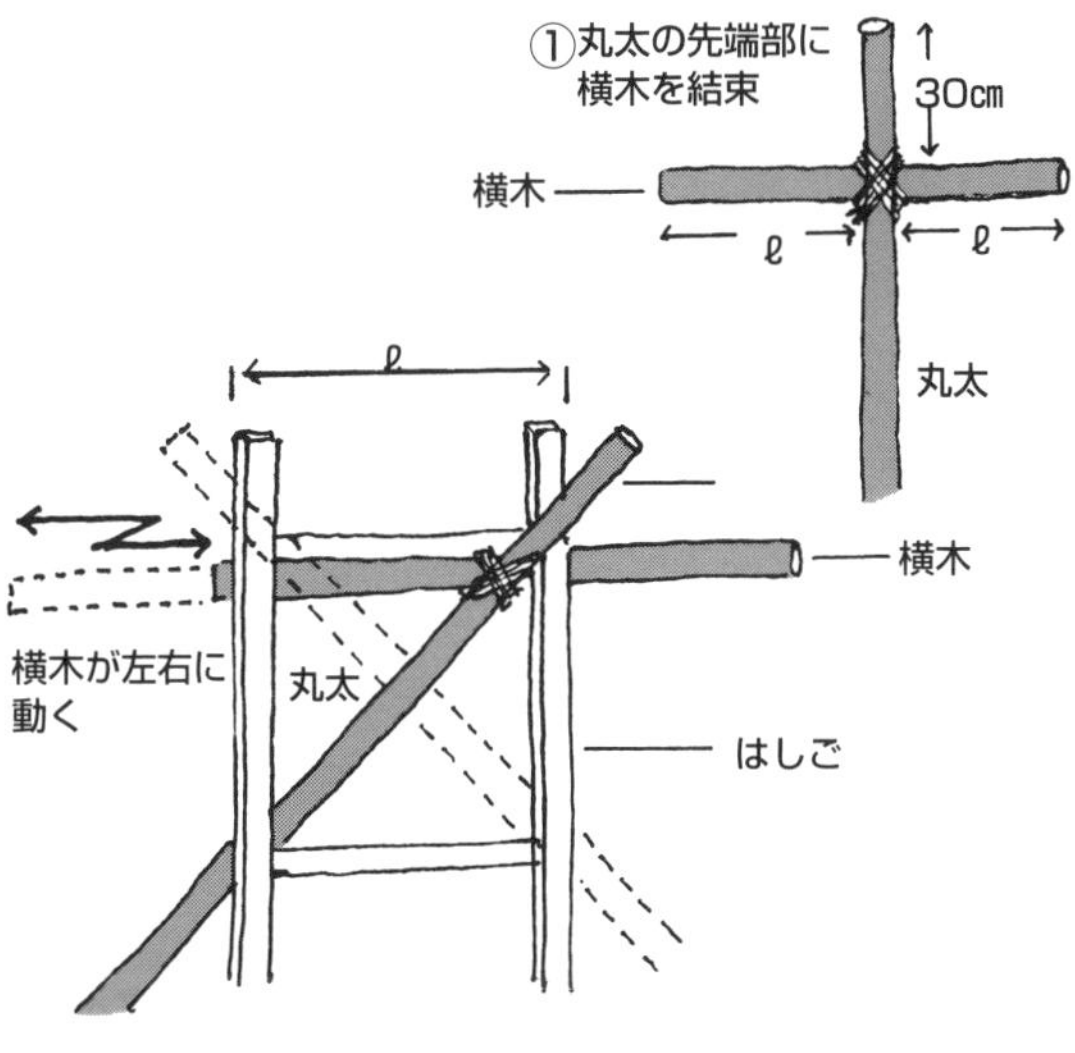
①丸太の先端部に横木を結束
30cm
横木
ℓ
ℓ
丸太
ℓ
横木
横木が左右に動く
丸太
はしご
②横木をつけた丸太をはしごの上段に入れ、横木で支える

はしごを支えるために、はしごと同程度の長さのヒノキ丸太二本（先端の太さが四～五センチ、元部は太くないほうが作業しやすい）と、六〇センチくらいの短い丸太一本（はしご幅が三〇センチ以下の場合）、それに結束用のロープを用意します。図55のように長い一本の丸太は、木の幹と枝の分岐部に掛け、はしご中央部に結束して固定するもので、もう一本は脚立の支え脚になります。短い丸太は、この支え脚に

なる丸太を、はしごの上部の踏み段に差し込んで固定する横木です。

まず、図56（前頁）のように支え、丸太の先端から三〇センチ下に、この横木の中央部を十文字にしっかり結束します。この横木は、はしごの踏み段に差し込んでもはしごの幅だけ左右に動くので、はしごの幅の二倍以上ないとずれて抜けてしまいます。次にもう一方の長い丸太を斜めに、幹の上部の主枝との分岐部に乗せるように掛けます。この掛けた部分は結束しません。そして、はしごを剪定する樹冠にできるだけ近づけ、この丸太に平行に立て掛けるように掛けます。そしてバランスをとりながらはしごに登って、丸太とはしごが重なる部分を二カ所、しっかり結束します。このあと十文字に横棒を取り付けた支え丸太の突き出た先端部を、はしごの上部の踏み段と踏み段の間に差し込むように立てて固定します。支え丸太は、はしご面と直角になるようにします。これで設置完了です。

このはしごに登って作業すると、横木が左右に動いてだいぶん横揺れしますが、安全性は高いです。高い樹冠部も枝を損傷することなく楽に剪定できます。このはしごの場合も右回りに移動させながら行ないますが、そのたびに設置し直すのに時間がかかることが難点です。

5 腐朽部の処置法

塗布剤は有効か

木は形成層の内部の材部まで露出すると、腐朽菌が入り込み腐り始めます。腐朽部は通常、腐った部分を削り取り、塗布剤を塗布して腐朽菌が侵入しないように治療せよと言われています。また、太い枝を切ったときは、切り口に塗布剤を塗ると腐りにくいと言われています。

しかし、その塗布剤は永久に薬効が続くわけではなく、二〜三年でヒビ割れなどが出て、腐朽菌や雨水の侵入を完璧に防ぐことができなくなります。塗布部に水が侵入すると、塗らないときよりも乾きにくくなるので、かえって早く腐朽するようになります。ですから、塗布する場合は数年おきに塗り直さないと、逆に腐りやすくなり寿命を縮めます。実際に塗布剤を塗ったのに腐ってしまう場合が多いのです。

私は樹木医でないので詳しくはわかりませんが、樹木は傷口から腐朽菌が侵入すると、腐朽菌に対する抵抗性物質をその周りにバリケードのように集積させ、硬い層を作るといわれています。塗布剤を塗布すると、このバリケード層ができにくくなるので、逆効果だという説もあります。私の経験でも、主枝が幹の分岐部から幹をえぐるように裂けて何年か経った庭木をたまに見ますが、傷口部は何ら腐る様子はなく、木質部が硬くなっていました。

一番良くないのは、幹の中の空洞など、すべての腐朽部に塗布剤が塗布できず、できる部分だけ塗布する場合です。この場合は、塗布できなかった部分から水や腐朽菌が侵入するので、最初から塗布剤が劣化しヒビ割れた状態と同じ最悪の状態になるからです。

水がたまらないように処置することが重要

私は、三〜五年間くらいで形成層が巻き込んでふさがるような場合（普通、切り口の径が三センチ以内のもの）は、塗布剤を塗布したほうが有効だと思いますが、それ以上に大きな傷口の場合は数年ごとに塗らないと逆効果になることが多いと思います。塗布剤にはユゴーザイA、ケアヘルス、トップジンMペーストなどがあります。

しかし、切り口が腐朽し、腐朽部が穴状になり水がたまってジュクジュクしているような状態になると最悪です。水がたまり湿気っているとどんどん幹の内部まで腐ってきます。

このときは、腐った部分を削り取り、殺菌消毒をし、ウレタン樹脂を充填したり、ワイヤーメッシュを入れたモルタルで傷口をふたをするようにふさぎます。しかし、これも三年に一度くらいは点検しないと、劣化して逆効果になっていることが多いのです。

私は水がたまるような腐朽部は、図57のように、腐朽部の一番低い部分から少し低い位置まで幹をノミで割って削り、水がたまらないようにします。幹の傷口を広げる荒療治のようですが、水はけが良くなり乾くので、三〜五年くらいでは何ともありません。

[図57] 洞穴状になった腐朽部の処置

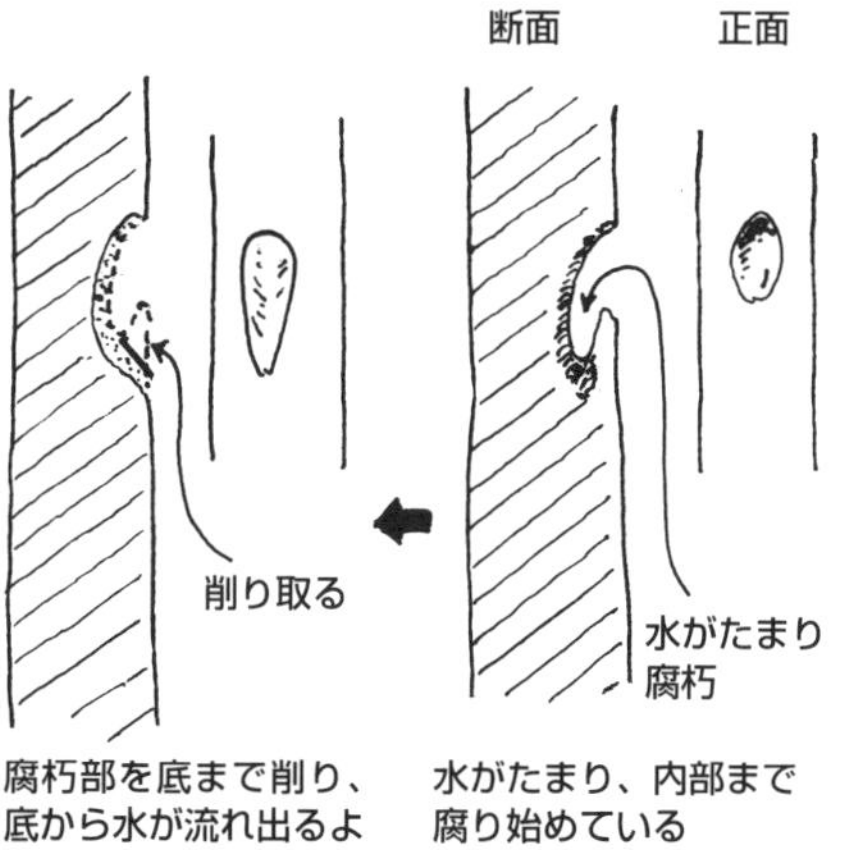
断面
正面
削り取る
水がたまり
腐朽
腐朽部を底まで削り、底から水が流れ出るようにする
水がたまり、内部まで腐り始めている

剪定用具の選び方

6

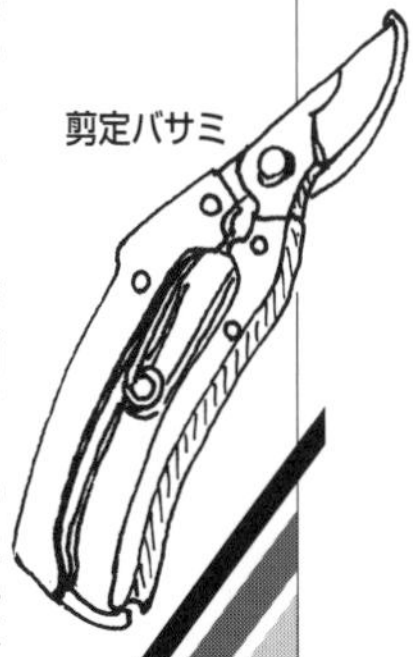
剪定バサミ

剪定用具は消耗品なので、そんなに高価なものは必要ありません。かといって、あまり安物だとすぐに切れ味が悪くなったり刃が曲がってしまい作業に差し支えるので、中ぐらいの値段のものが良いでしょう。必要な剪定用具は、ノコギリ、剪定バサミ、木バサミ、刈り込みバサミくらいです。

刈り込みバサミは、前述したようにストッパーのない「かえる股」と呼ばれるものがおすすめです。できれば二つ買い、ひとつは柄を半分くらいに切って短くし、「玉散らし」（枝ごとに玉作りした樹形）などの刈り込みに使うと体に柄が当たらず作業がしやすくなります。最近では、刈り込み剪定バサミという、剪定バサミよりも刃が二〜三倍も長く細刃で、片手で刈り込めるものも市販されています。このハサミのほうが値段が安いので、刈り込みバサミを二つ買うよりも「玉散らし」にはこれを使うのも良いかと思います。

剪定バサミは、人によって手の平の大きさが違うので、手に合った大きさのものを選ぶことが大事です。

木バサミは「植木バサミ」とか「なんばん」などと呼ばれていますが、昔はハサミといえば刈り込みバサミ以外には木バサミしかなく、かなりの太い枝もこの木バサミで剪定していました。今は太い枝は力が入る剪定バサミを使い、木バサミは小透かしや縄・わらを切るときに使っています。

木バサミを選ぶときは、刃があまり長くないほうが良く、ブリキバサミのように刃がぶ厚いものも枝の分岐部に入りにくいので避けたほうがよいでしょう。材質も鋳物やステンレスなどがありますが、鉄製で鍛冶が打ったものが一番です。

木バサミは図58のように、人差し指を「わらびて（握る部分）」の上に掛けて使うと、ハサミが開きやすくリズミカルに剪定できます。太い枝を切る場合だけは指を全部入れ、力を入れて切ります。

ノコギリは、刃渡りが二〇〜三〇センチ以内のへの字型の剪定用を選べば、問題はないでしょう。

[図58] 木バサミの持ち方

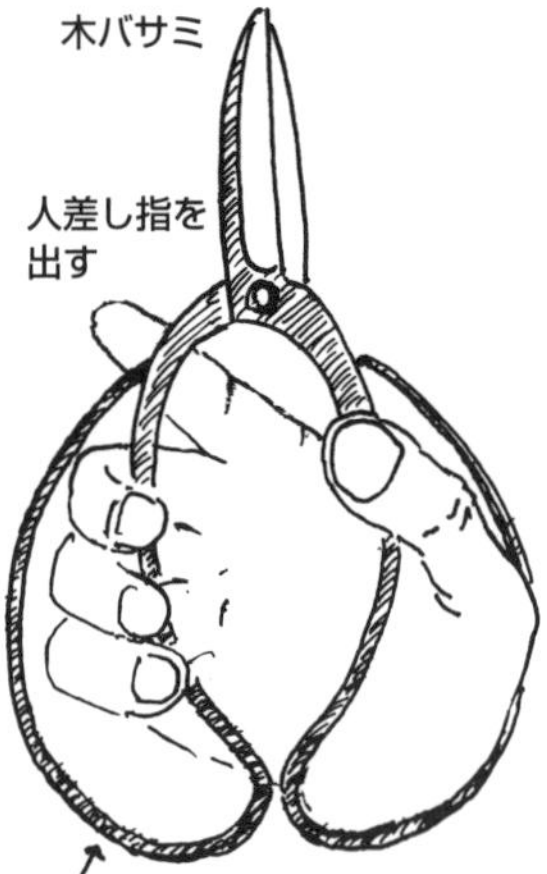
木バサミ
人差し指を出す
にぎり部分を「わらびて」という

自然風樹形の作り方・更新改作法

1 幼木からの仕立て方

植える場所によって仕立てる自然樹形が変わる

小さい苗木からどのような自然樹形に仕立てるかは、その木を庭のどのような場所に植えるかによって変わってきます。樹種も庭の場所によって選びます。山から里の景観を醸し出す自然風庭園では、その環境によって同じ樹種でも自然樹形も異なってくるからです。

自然風庭園の構成は、たいていの場合、奥の部分に多少土盛りした山の植栽部分と、植栽が少なくグラウンドカバー的な材料だけでまとめる平坦な里部分で構成されます。そこでの自然樹形は、「里の広い部分にシンボル的に一本立ちする木」、「山と里の境界部分に里にせり出すような樹形の木」、

[図59] 自然風庭園の構成と樹形

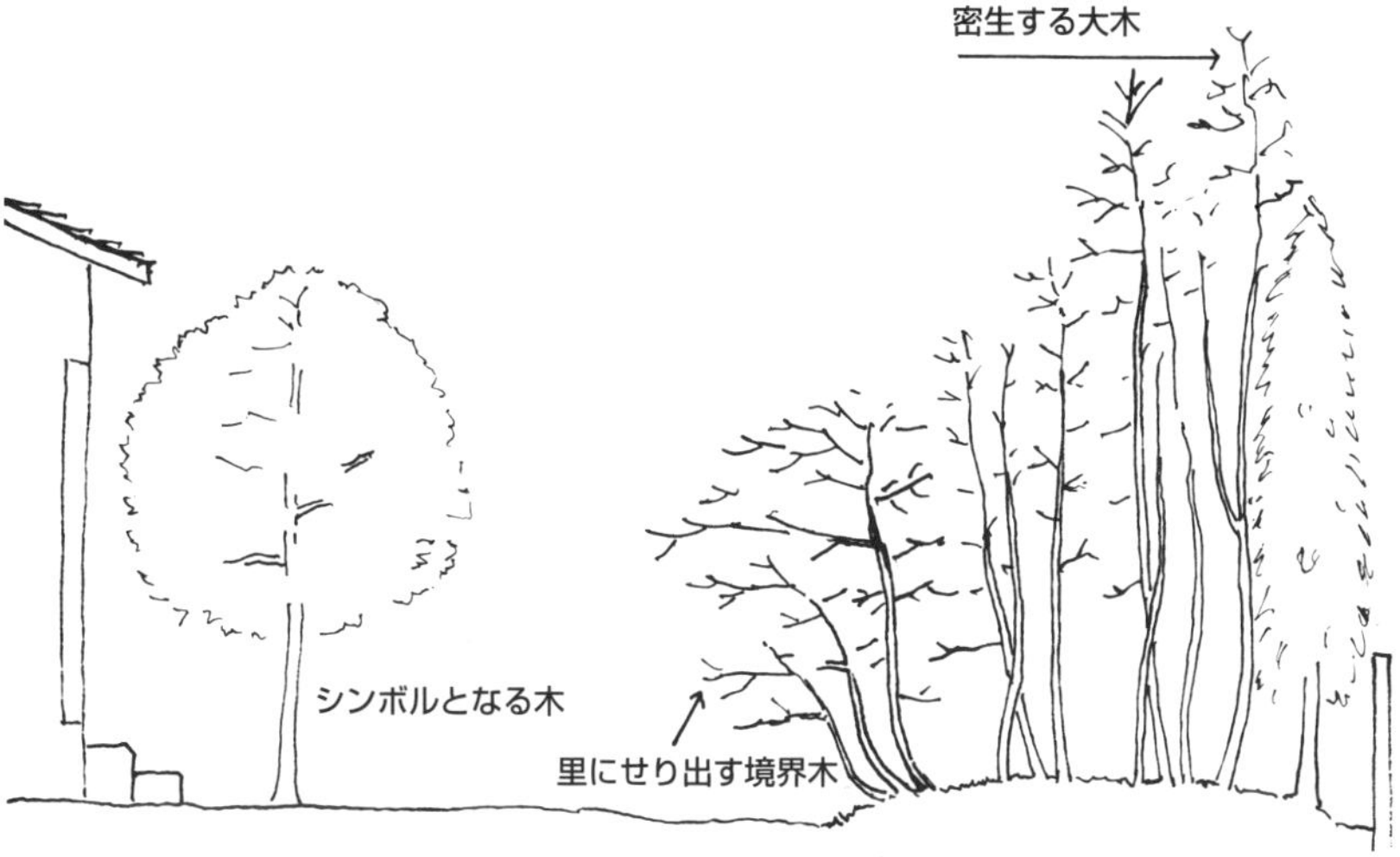
密生する大木
シンボルとなる木
里にせり出す境界木
家
里
境
山

「山の中で密生して高く大きな樹形になる木」と三つのタイプに分けられます。

里に植えるシンボル樹はのびのびおおらかに

まず、里に植えるシンボル的な大きな木は、家屋のすぐ近くの軒先に植えて遠景と遠近感を強く出すものと、玄関先や門の脇に植える四方から見ても形が良く家を引き立てるような樹形に仕立てる必要があります。このようなシンボル的な木は、広く日当たりの良い場所に幼木を植え、のびのびとおおらかな自然樹形に仕立てます。剪定もあまり強くせず、絡み枝、車枝、平行枝などを幹の付け根で切り取るくらいにして、そのほかの枝はそのままに、幹の曲がりも自然にまかせておきます。

幼木から仕立てると、理想的な互生の枝ぶりにすることができます。植栽する庭の場所の環境を考え、仕立てる過程で枝張りや下枝の高さなどを調整します。たとえば早めに高くしたいときは、同じくらいの苗木を込ませて植えるか、その木の周りに大きな木を植え、幼木の上空だけから日が差すようにします。そうすると枝が横に伸びられず、光を求めて競って上に早く伸びてきます。ただし、樹高が二～三メートルになったら、周りの木を除くか離れた場所に移植しないと、枝がほとんど枯れてしまうので注意します。

山と里の境界部は「曲《きょく》」を付け、手前に泳ぐような樹形に

自然樹形で最も大事なものは幹の「曲」、曲がりです。「曲」はどんな木にもあるわけではありません。平坦な林の中の木にはあまり曲は出ていません。里山の境界にある木は、あまり細く痩身で立ち上がった樹形のものはなく、里に向かって幹が曲がり、前傾姿勢で枝を広げて泳いでいるような樹形になります。

「曲」は傾斜の強い所か、林が切れて里に向かって開けた部分の樹木によく見られる幹模様なのです。このような場所では、幹や枝が一方から当たる光を求めて曲がって伸びたり、土砂や風雪で押し曲げられたり、幹の頂芽が虫害などで枯れて、先端の芽や枝が立ち上がり新しい幹となったりして、「曲」ができます。

このような曲のある樹形に苗木から仕立てるには、図60のように最初から斜めに植えます。斜めに植えてから一～二年すると先端部が起き上がって伸びるので、幹に大きな曲がりができます。細かい曲がりをさらに付けたいときは、枝分かれした頂芽を中央のミツで切り、曲げたい側の側芽を新し

[図60] 曲ができ傾いた境界木樹形の作り方

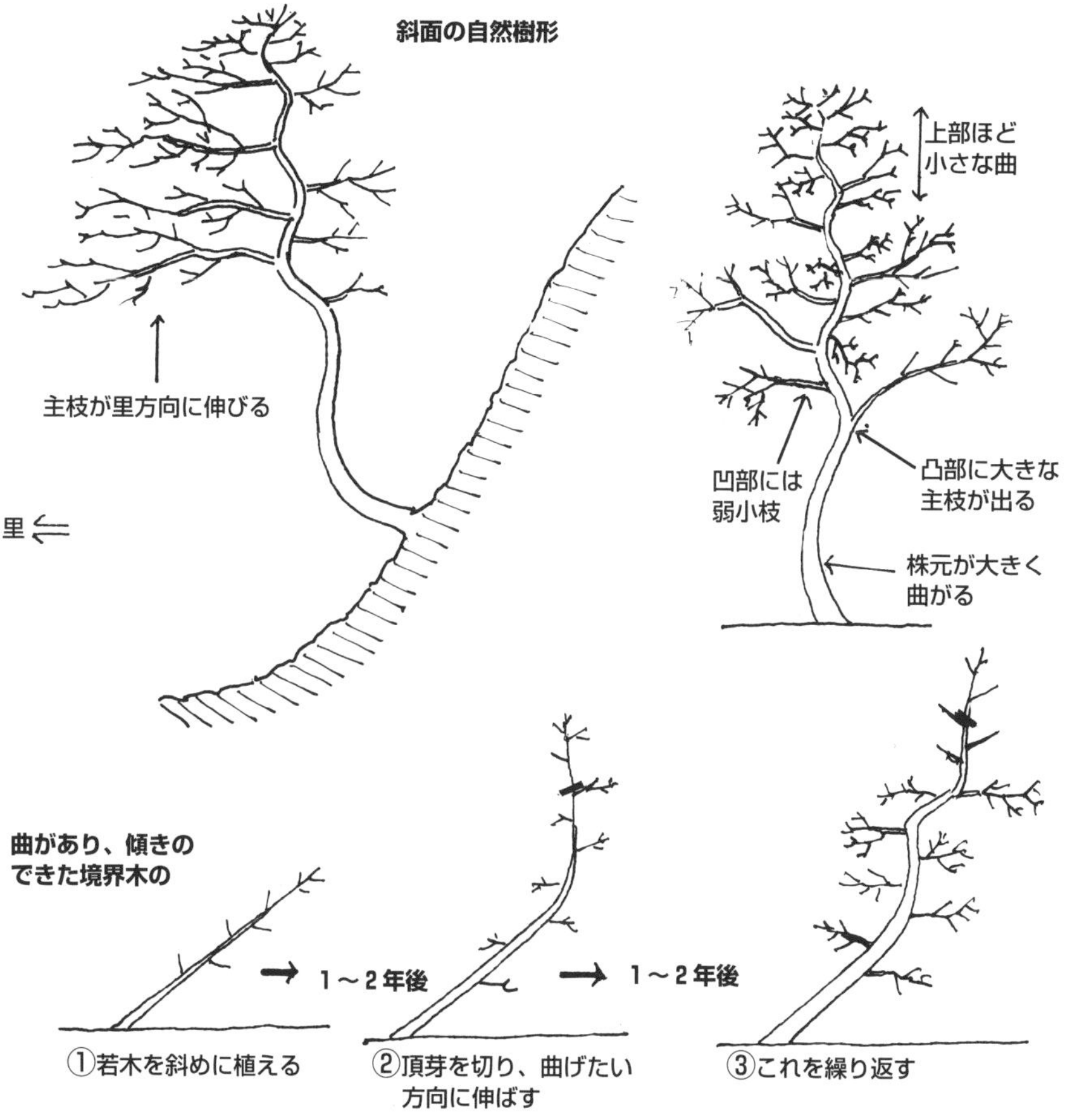

斜面の自然樹形
主枝が里方向に伸びる
里
上部ほど
小さな曲
凹部には
弱小枝
凸部に大きな
主枝が出る
株元が大きく
曲がる
曲があり、傾きの
できた境界木の
1～2年後
1～2年後
①若木を斜めに植える
②頂芽を切り、曲げたい
方向に伸ばす
③これを繰り返す

い幹に伸ばしていきます。また、曲げたい向きにある芽の先で切り戻す方法もあります。これを繰り返すと自然に幹に曲がりが出てきます。生長は少し遅くなりますが、味のある樹形になります。

この幹の曲は、下部ほどゆるやかな大きな曲がりとなり、樹冠近くなるにつれて細かく少し直線的な曲がりになります。それは、最初は直線的な細かな曲がりだったのが、樹齢が進むうちに幹が太りゆるやかな大きな曲になるからです。上部に向かうほど幹が若く細いので、直線的な曲がりになっています。

ですから、最初に作る曲は、やや曲げ過ぎだと思われるくらいに強く作ったほうが、将来的には曲らしい曲になります。

曲作りでもうひとつ大切なことは、主枝の出る位置です。曲のある自然樹の枝の出方を見ると、一般に図60（前頁）のように、幹の曲がりの（凸部）から主要枝が出ており、主要枝と主要枝の間に弱小枝があります。これは凹部側より凸部側のほうが幹の太りも良く、養水分の流れも強いからです。庭木の自然風剪定でも、このように主枝を配置したほうが自然です。日照の少ない一番へこんだ部分から主要枝が出ているのは不自然です。

また、植える際には、株元の最初の曲の凸部を里側にして植え、長い主枝を里側に伸びるように植えます。

山部の木は痩身で高く仕立てる

山の中に密植して植栽する予定の幼木は、横に枝が広がる樹種は別ですが、枝の幅を広くしないよう痩身に高く仕立てます。

同じくらいの幼木を何本も密植し、早く高く伸ばします。たとえ下枝が枯れ上がってもかまいません。剪定でもあまり曲は気にしないで、自然にできる曲がりにまかせていけば良いのです。

2 株立ち種のヒコバエ処理と更新法

株立ちのヒコバエは切らないほうが良い

ヒコバエは主幹を弱らす忌み枝で、早く元から切れといわれてきました。接ぎ木した木から出たヒコバエは、台木の芽なので元から切るのはあたり前ですが、私は株立ち種のヒコバエを忌み枝として切ることに疑問を抱いてきました。というのは、元からヒコバエを毎年切られている株立ちは、樹種にもよりますが、だんだん年数が経つにつれて元気がなくなり、そのうちヒコバエも出なくなると主幹自体が枯れてくる例が多かったからです。

株立ちの樹種は、株立ちになって育ってこそ本来の姿であり、その幹の寿命は単幹樹種よりも比較にならないほど短いのではないかと思えるのです。そのために株立ちの樹種は、枯れていく幹を更新するためにヒコバエを発生させて育てているのではないかと思うのです。

ですから、毎年ヒコバエが出る株立ち種は、ヒコバエを切らないで育てる必要があると思います。実際にこのようなヒコバエを利用して幹を更新できる樹種は、里山の雑木に多いのです。

ヒコバエの育て方・間引き方

株立ちの幹の更新には、寿命がきて弱った場合の更新、大きくなり過ぎたときに小さくするための更新とがあり、この幹の更新のためにヒコバエを前もって育てていかなくてはならないのです。

ヒコバエを切らずに育てるといっても、旺盛にたくさん出る場合は必要な数だけ残し、あとは切り取って間引きます。たとえば五本の幹の株立ちならば、図61のように六番目の幹候補、七番目の幹候補、八番目の幹候補というように、三〜五本は常時切らずに伸ばしておくのです。この図の番号は古い幹の順です。残すヒコバエは、ある部分にかたまらないよう全体に散らばるように配置し、絡んだり、あまり幹に接近し過ぎないように残します。

残したヒコバエの剪定にも工夫すると、もっと自然風になります。普通、ヒコバエは徒長枝のように直線的に出ます。自然の山の中であれば、この直線的なヒコバエも、ほかの幹に絡んだり雪でつぶされたり、枯れ枝が乗ったりして自然に曲がってきます。ところが管理された庭では、直線的なままの姿で大きくなり、味わいのない幹になってしまいます。

そこで、ヒコバエが発生してから二年目くらいに、小枝が発生したら適当な高さの外芽の先で切り詰めるのです。一年目でこれを行なうと枯れる危険があります。適当な高さとは、それぞれのヒコバエで高さを変えないと、できる曲にも変化がつかないからです。

この切り詰めを三回くらい繰り返すと幹に曲がりができて、味わい深い株立ちになります。

[図61] 株立ち樹形のヒコバエの育て方

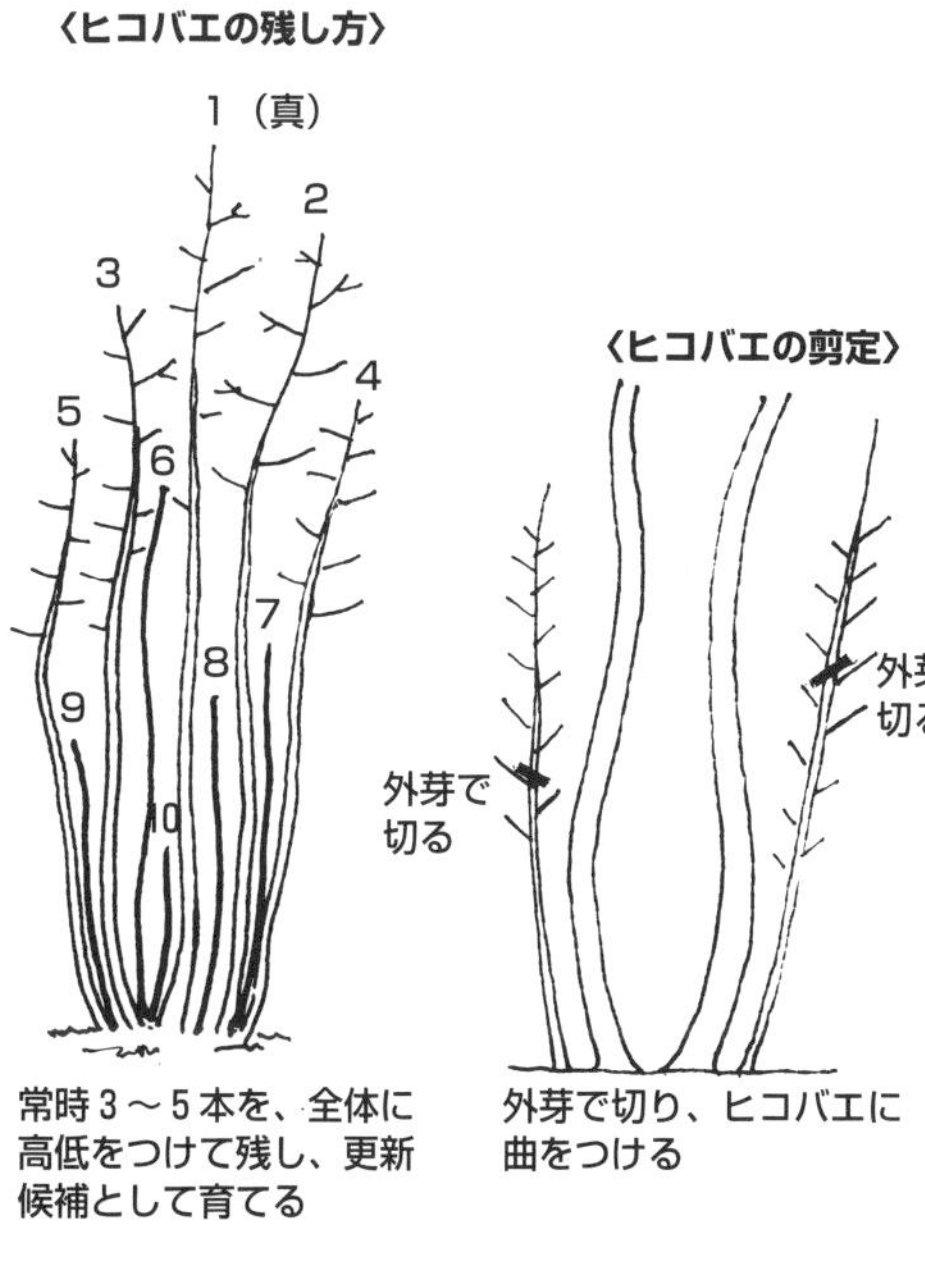
〈ヒコバエの残し方〉
1（真）
2
3
4
5
6
7
8
9
10
常時3〜5本を、全体に高低をつけて残し、更新候補として育てる
〈ヒコバエの剪定〉
外芽で切る
外芽で切る
外芽で切り、ヒコバエに曲をつける

株立ち主幹の更新法

庭木の株立ちの場合、寿命がくるまで待って更新することは少なく、たいていはその前に更新します。それは、主幹は一番早く大きくなり過ぎるので、先端部の切り戻し剪定を繰り返すことになります。その結果、数年後には樹形が固く不自然になるからです。このようになったら主幹の寿命を待たずに切って、二番めの幹を主幹に更新していきます。その場合、切る予定を二～三年前から、主幹の主枝や側枝の数を減らし、二番目、三番目の幹の主枝、側枝を伸ばすようにします。そうすれば主幹を切ってもバランスがそれほど悪くなりません。それでもバランスが悪いときは、シュロ縄などで枝を誘引してバランスを整えます。

主幹を切ったら、図61（前頁）のように育ててきたヒコバエの一番大きなもの（六番）を五番目の幹に昇格し、ヒコバエも新たに一～二本残して生長させていきます。

幹を更新するたびに樹形は少しずつ変わっていきますが、自然樹形は維持され、いつも若々しい株立ちになります。幹の更新順序は、高いものから順次行なうことが絶対というわけではなく、ヒコバエの生長や樹形のバランスを見ながら順序を前後させる場合が少なくありません。要は株立ち樹形を自然風にするには、幹が太いものほど高く、細いものほど低くしていくことです。

3 高木を低く仕立て直す方法

超強剪定となる幹・主枝の寸胴切りは危険

樹高を低く改作する場合、幹や主枝を大幅に切る超強剪定になるので、木にとっては深刻な状態になります。前述したように、エネルギーの生産工場である葉の量が急激に少なくなると、その影響はエネルギーの供給を受ける地下部、根にも及ぶからです。強剪定するとヤキ・溝腐れが発生しやすいのも、今までバランス良く連結していた地上部と地下部が、地上部が急に小さくなったためアンバランスとなり、根が衰弱し養水分吸収が低下するからです。逆に、根が水の過不足、根詰まり、病虫害などで衰弱して枯れると、地上部も上のほうの枝から枯れ込んできます。地下部と地上部は相互に一体なのです。

幹の目通り周り(地面から一・二メートルくらいの高さの幹の円周)が一メートルくらいにも大きくなったヤナギの木を、

台風などの強風時に倒れないよう、図62のように寸胴切りして小さくしたことがありました。それから十数年間は発生した徒長枝を間引いて新しい樹冠作り作業を続けました。ところが、あるときに微風程度の風で突然、根元からバッタリと倒れてしまったのです。根を見ると、樹体を支えていた主要な根が全部腐り、表層に出たわずかの細根だけが生きているくらいでした。このことから、地上部と地下部は一体の関係にあり、大きな樹体を一挙に小さくするのは大変危険だと思い知りました。

[図62] 幹や枝の強剪定は根を枯らす

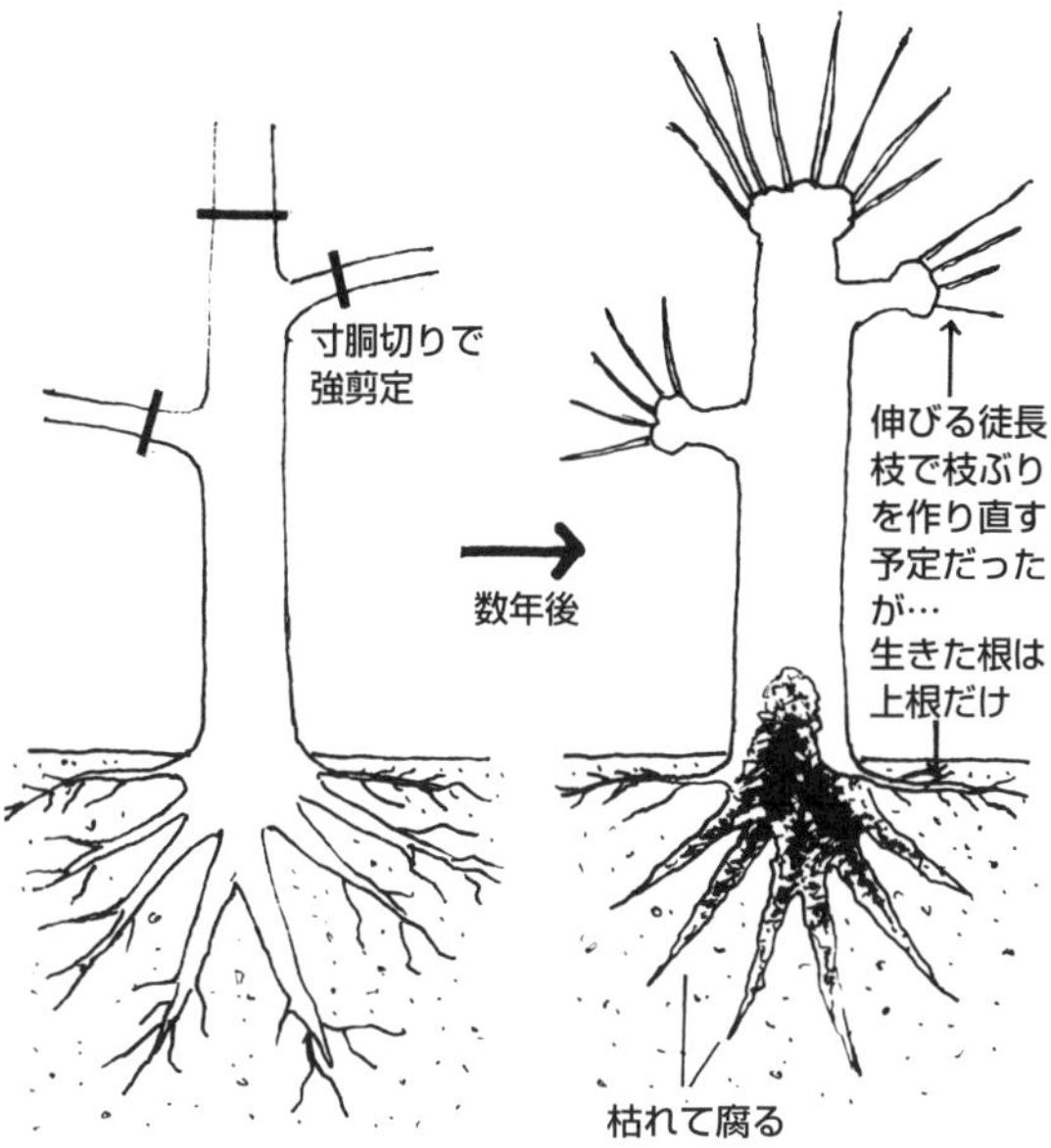

寸胴切りで
強剪定
数年後
伸びる徒長
枝で枝ぶり
を作り直す
予定だった
が…
生きた根は
上根だけ
枯れて腐る

細い主枝が多く出た部分で幹を切り戻す

樹高が高くなり過ぎた木を、低く幹を切り戻す方法は、同じ切り戻しでも、主枝の切り戻しとなる中透かしのやり方とは少し違います。中透かしの場合は、主枝と同じくらいの枝のところで切り、その枝を新しい主枝として更新していくのが基本です。

幹の切り戻しの場合は、細い枝（主枝）が多く出ている部分で切り、新しい頂部部分は、その後に発生する徒長枝で作り直していくのが基本です。自然樹形の樹冠を見ればわかるように、樹冠の頂部部分の枝は上にいくほど細く密生しているからです。

図63（次頁）ではAの部分です。もし中透かしのように太い主枝があるBの位置で切ると、どうなるでしょう。天端部分は小さくしなければならないので、当然先端の太い主枝は短くCのところ切り詰めますが、太い枝が一番先端にあるのは見苦しく不自然です。

もともと太くて萌芽力が強い太い枝が頂芽優勢となるので、最も強い徒長枝が立ち上がって発生し、ますます太くなり、手のつけられない乱れた樹形になってしまいます。場合によっては、先端の幹が不自然に曲がった樹形になってしまいます。細い枝があるAで切れば、幹の切り口から強い胴吹き芽が萌芽してきますが、養分が細い枝に分散されるのでそれほどに強い徒長枝にはなりません。見た目も良く、その後の管理も楽になります。

この改作も強剪定となるので、時期は三～四月に行ないます。

[図63]樹高を低く改作する方法

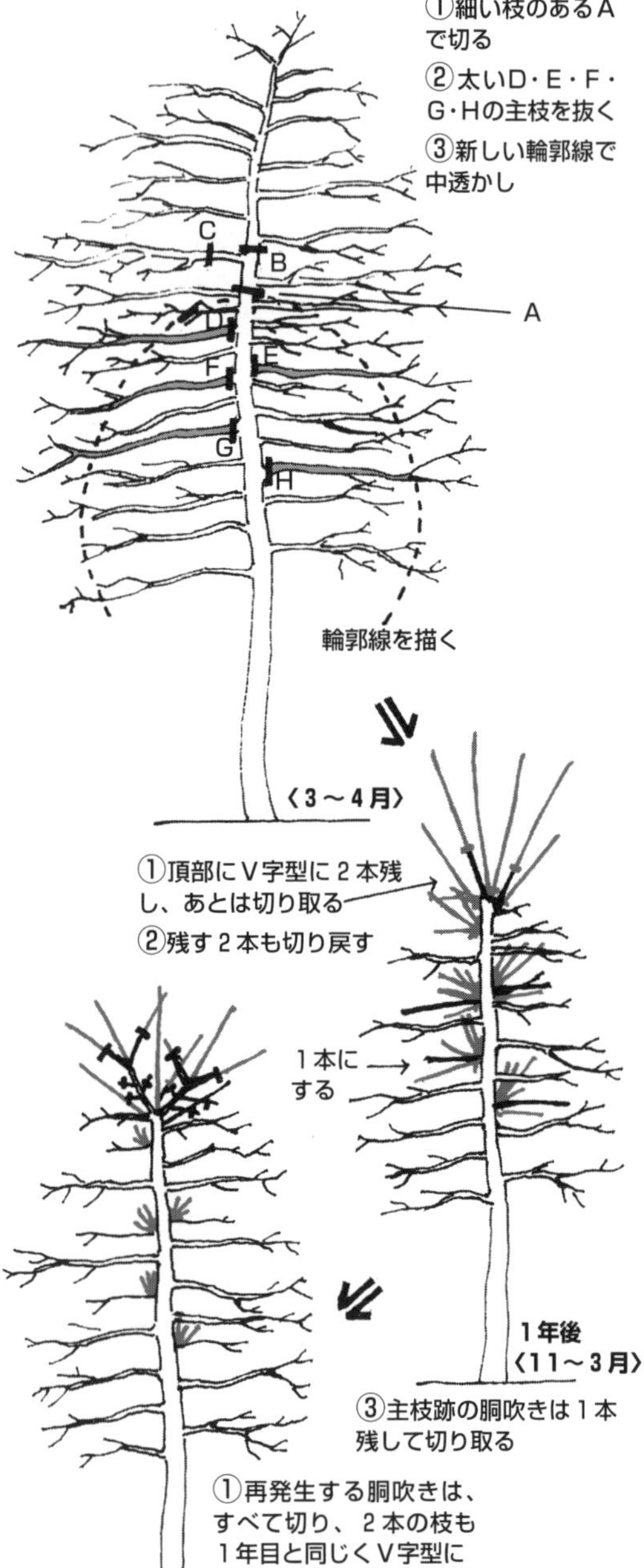
①細い枝のあるAで切る
②太いD・E・F・G・Hの主枝を抜く
③新しい輪郭線で中透かし
C
B
A
D
E
F
G
H
輪郭線を描く
〈3～4月〉
①頂部にV字型に2本残し、あとは切り取る
②残す2本も切り戻す
1本にする
1年後
〈11～3月〉
③主枝跡の胴吹きは1本残して切り取る
①再発生する胴吹きは、すべて切り、2本の枝も1年目と同じくV字型に
②主枝跡の胴吹きは、すべて切り取る
2年後
〈11～3月〉

二年目からの徒長枝・胴吹きで頂部や樹冠を作り直す

幹を切り戻したら、自然樹形に近づけるように側面の樹冠も小さくする必要があります。まずバランスの悪い太く長い主枝は、大透かしで元から切ります。そして新しい輪郭線を決め、出過ぎた枝は中透かしして切り戻しします。これである程度の形に整えられます。

強剪定で改作したときは、剪定後一～二年の管理が重要です。強剪定後には、幹の先端部や樹冠から徒長枝がかなり伸び、さらに抜いた太い主枝の切り口から胴吹きが出てきます。この徒長枝を剪定していかないと、元の木阿弥です。この徒長枝を間引き・切り戻し剪定を繰り返して、新しい頂部や樹冠を作っていくのです。

一年後は、幹の先端部から出た徒長枝は、V字型に開くように二～三本を残しすべて元から切り取り、残した枝も長さを違えて二〇～三〇センチくらいに切り戻します。太い主枝を切ったあとの幹から出る胴吹きは、大きくあいた主枝と主枝の間隔を互生にし直すために、立ち枝などはすべて切り取り、上下の主枝と角度が同じくらいで外向きに伸びるものを一本選び、新しい主枝として育てます。この残した枝は早く伸ばしたいので、切り戻しはしません。この胴吹きに日がよく当たるように、もし近くの枝がジャマになっていたら、透かして日当たりを良くしてやります。

二年目になると幹の先端からは、さらに徒長枝が出てきますが、これは再びすべて切り取ります。残した二～三本の枝にも、先端や途中から徒長枝が何本も伸びますが、天端が丸い円錐になるよう伸びる方向を見て、一本の枝に二～三本残してあとは切り取り、残した枝も五センチ前後に切り戻します。太い主枝を切った跡からも再び胴吹きが出てきますが、残した更新主枝が枯れていなければすべて元から切ります。新しい更新主枝は方向、角度に問題がなければ、そのまま伸ばします。

この作業を三年くらい繰り返せば頂部もだいたい埋まり、新しい樹高が決まります。これでも幹の切断部より五〇センチ前後は高くなります。四年目からは、小枝を生かした切り戻し剪定を繰り返して、高さ・大きさを維持していきます。更新主枝も同様です。

この幹の切り戻しによる樹高を低くする改作では、どうしても頂芽優勢で先端部の枝の太りが早く、完全に自然樹形に見えるようにすることは無理です。このような問題が生じるのは高木性の樹種の場合なので、できれば中・低木の樹種に植え替えたほうが木のためにもよいでしょう。

4 樹冠を一度に小さくする「主枝の一挙更新法」

一部の主枝の寸胴切り更新は危険

あるとき、図64のように大きく太くなり過ぎた二本の主枝

[図64]主枝を更新するなら一挙更新

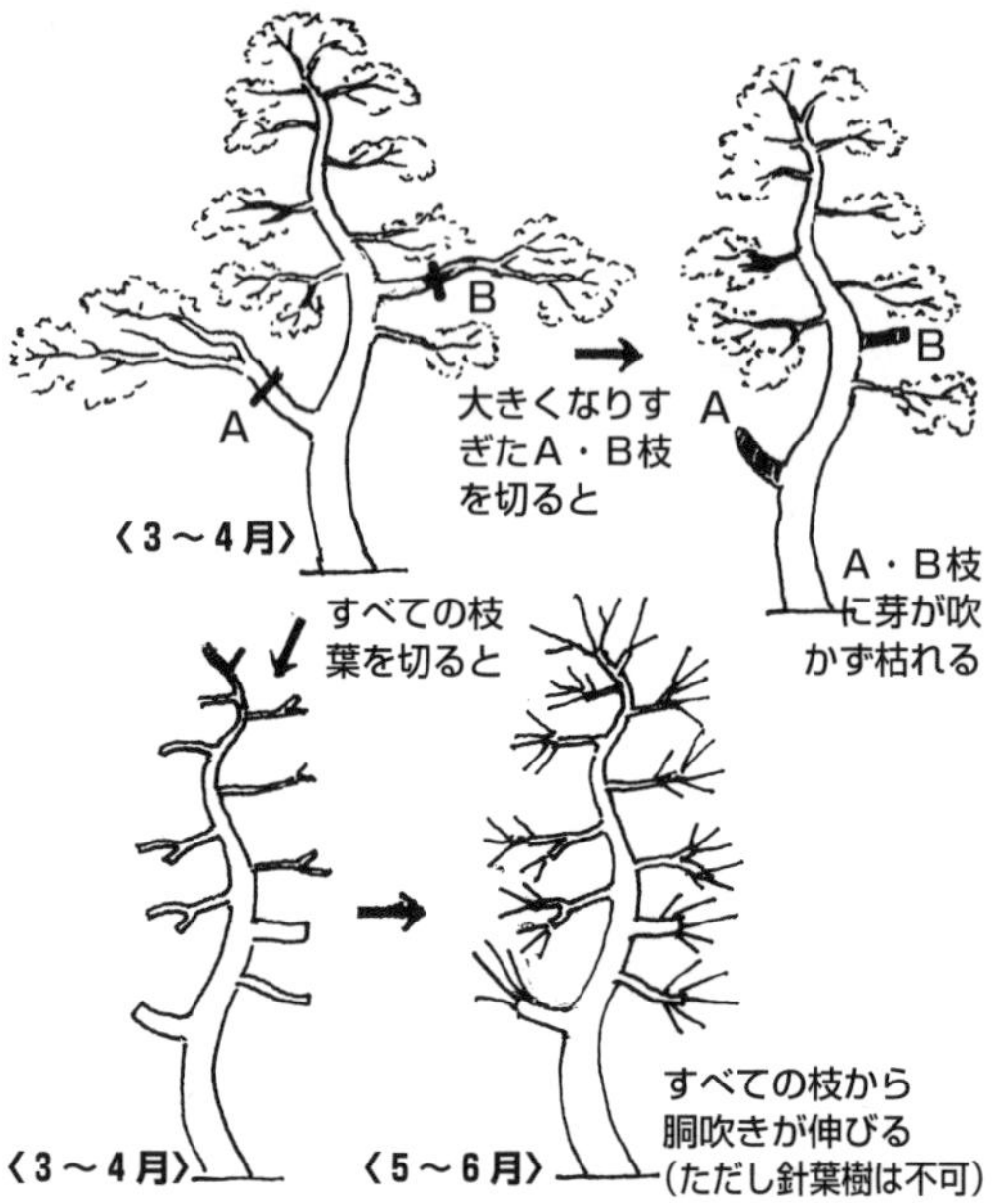

B
A
〈3～4月〉
大きくなりすぎたA・B枝を切ると
B
A
A・B枝に芽が吹かず枯れる
すべての枝葉を切ると
〈3～4月〉
〈5～6月〉
すべての枝から胴吹きが伸びる(ただし針葉樹は不可)

を、短く更新しようと、小枝のないAとBの位置で寸胴切りしました。胴吹きしやすいサンシュユの木だったので、芽吹き前の時期に切れば、胴吹きを萌芽させて小さく作り直すことができると思ったのです。上部の枝は、ちょうど良いので手をつけませんでした。

ところが、一年たっても二年たっても切った主枝の先端部から胴吹き芽が出てこないのです。そして切った二本の枝は枯れ、幹の付け根で切り取るはめになりました。その切り口からも胴吹きは出てきませんでした。このような失敗はよくあります。

胴吹きが出なかった原因は、ほかの枝をまったく切らなかったからです。胴吹きは余った養分がハケグチを求めるようにして出てきますが、この場合は上部の切らなかった枝に葉や芽が多くあったために、根からの余った養水分や葉からの糖分が上部の枝に優先的に流れてしまい、寸胴切りした主枝には供給されなくなってしまったのです。

このような場合は、一度に短く切らずに養水分を引っ張る小枝を少しでも残して切り、胴吹き芽が元に吹いてきてから再度切り詰めていけば良かったのでしょう。また、上部の枝もある程度切り詰めておけば、胴吹きもしやすくなったでしょう。

春に一挙に主枝を切り、幹の胴吹きで主枝更新

樹冠全体が肥大し主枝の中途に更新できるフトコロ枝もなく、もはや大透かし、中透かしでは一定の大きさに維持することができなくなったときは、主枝をすべて元から切り落として吹かし返しを行ないます。樹冠全体をもう少し小さくしたいときも、この方法が近道です。

剪定時期は、やはり芽吹く前の三～四月です。図65のよう

[図65] 主枝の一挙更新の手順

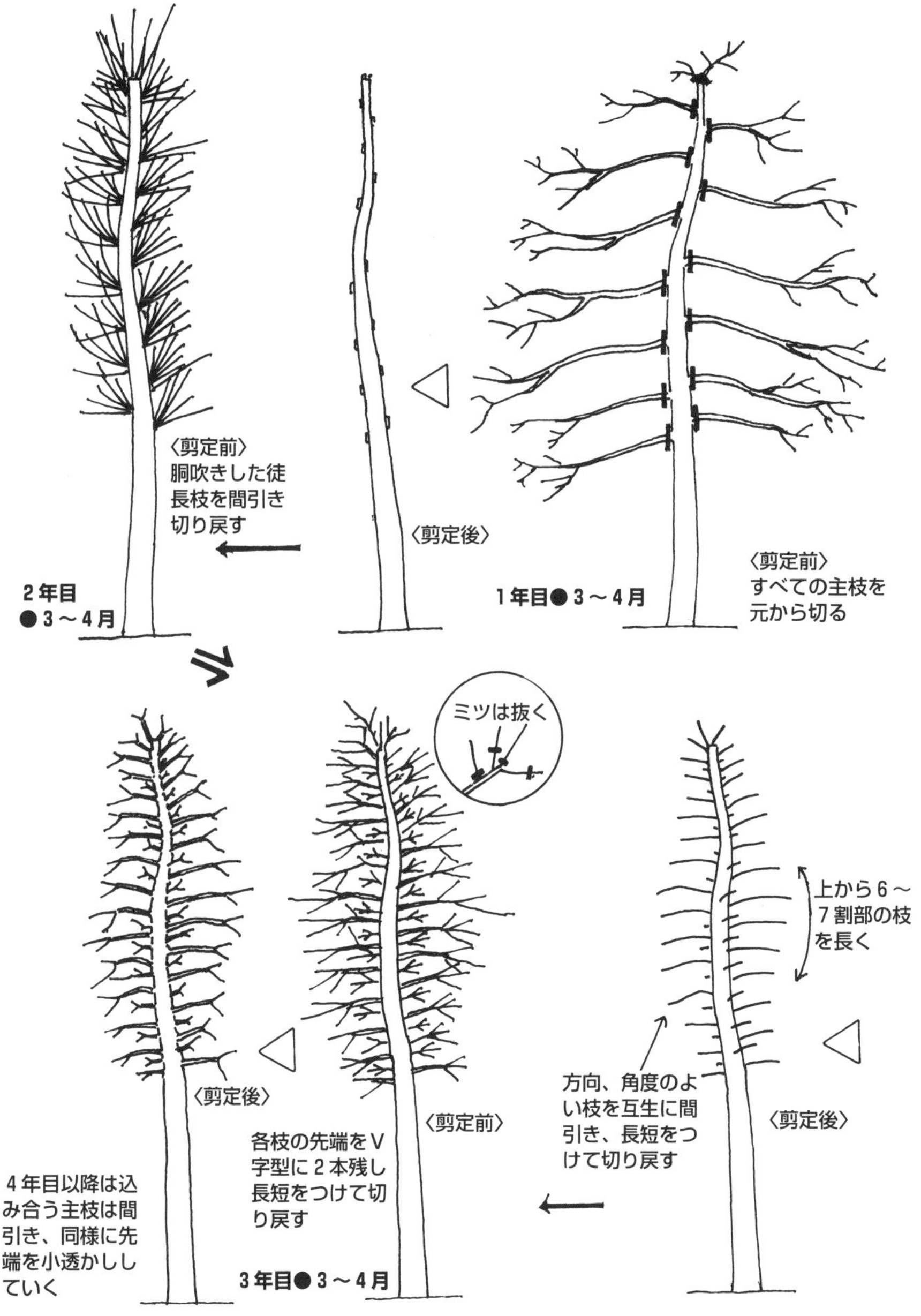
1年目● 3～4月
〈剪定前〉
すべての主枝を
元から切る
〈剪定後〉
2年目
● 3～4月
〈剪定前〉
胴吹きした徒
長枝を間引き
切り戻す
〈剪定後〉
上から6～
7割部の枝
を長く
方向、角度のよ
い枝を互生に間
引き、長短をつ
けて切り戻す
3年目● 3～4月
〈剪定前〉
ミツは抜く
各枝の先端をV
字型に2本残し
長短をつけて切
り戻す
〈剪定後〉
4年目以降は込
み合う主枝は間
引き、同様に先
端を小透かしし
ていく

にすべての主枝、幹の先端を付け根で切り落とします。剪定後はまったくの棒状になりますが、その年の秋までには、切り口の周囲を中心にかなりの胴吹きした徒長枝が見られるはずです。そして二年目の三～四月に、この徒長枝を整理します。

この徒長枝の中から主枝候補を選び、最初から仕立てていくわけです。忌み枝を切り、角度の良い枝を上下の枝と重ならないよう互生に残していきます。そして主枝に曲や樹冠に変化をつけるために三〇～五〇センチくらいに、長いものと短いものが交互するように切り戻します（91頁参照）。そのとき紡錘形の自然樹形にするために、樹冠の上から六～七の高さの所の枝を一番長くして幅広にします。

三年目からは、再び幹から出る余計な胴吹きはすべて切り取り、残した主枝候補から伸びた徒長枝は、V字型に二本残し、あとは切り取ります。その二本の枝も片方が三〇センチあればもう一方は二〇センチというように長さを変えて短く剪定します。徒長枝は直線的に伸びるので、そのままだと不自然です。切り戻すことによって、自然風の曲ができます。

三年目も同様に、残した枝から伸びた徒長枝を二年目と同様に先端の二本をV字型に残し、長さを変えて切り戻します。三年目からの残す徒長枝の選び方も二年目と同様に、主枝の向きに扇形に広がるように選びます。切り戻す長さは、枝と枝とが接近するものが短く、枝のない所へ早く伸ばしたいときは長くしますが、枝全体の曲がりの方向性やバランスで決めていきます。三年目くらいからは、長い枝は一五センチくらい、短い枝を一〇センチくらいとだんだん短くしていくと、自然な小枝の枝ぶりになってきます。枝数が年々、倍、倍と増えますので、これを四～五年繰り返すと一本の主枝に三〇本以上の小枝ができます。

このように徒長枝の間引き・切り戻しを繰り返して主枝の枝作りをしていけば、三年後にはスリムな樹形に仕上がっていきます。

一挙更新ができる条件

この超々強剪定となる一挙更新には、次のような条件があります。

①針葉樹や寒さに弱い暖地の常緑樹には禁物

もともと胴吹きしにくいマツなど常緑針葉樹には不可能で、必ず枯れます。また、マキやヤマモモなどなどの寒さに弱い暖地向きの常緑樹も禁物です（一・二メートルくらいの苗木を植えても冬に枯れない地域では可）。これらは、葉に養分をほとんどためているので、葉を全部落としてしまうと、潜芽があっても養分不足になって伸びてこないからです。

②老木や弱った木には危険

同様に老木や弱った木では、貯蔵養分が少なく、潜芽の力も弱いので不向きです。

③日当たりの悪いところに植えられた木は不向き

日当たりが悪いところや、周りがほかの木に囲まれていたり、上からしか日が射さないようでは、同様の理由で不向きです。たとえ胴吹きしても育たず枯れるものが多くなります。

④生理的に強い剪定を嫌う樹種にも不適

サクラやモミジなどは、強剪定すると芽吹きはしますが、根が相当のダメージを受けるためか寿命が短くなり、数年後に枯れてしまうことがあります。

以上のような条件がありますが、自然風庭園の主体となる里山の落葉樹ならたいてい可能です。

コブ型樹形の改作法 5

春にコブをすべて切り、徒長枝を伸ばす

主枝を寸胴切りし、そこから伸びる徒長枝も毎年同じところで切っているうちに先端がコブ状になった異様なコブ型樹形。潜芽が芽吹きやすい落葉樹に多く、サルスベリなどではそれが古木の証しであるかのように思われていますが、まことに不自然です。

コブ型樹形を自然風樹形に改作するには、まず、芽吹き前の三〜四月に、次頁の図66のように先端のコブをすべて切り落とします。

そのとき、二股になって同じくらいの長さに伸びた枝は、片方を短く切って変化をつけます。

秋に徒長枝を二本に間引き、切り戻す

コブを切ってしまうと腋芽がなくなるので、当年は芽吹くまで時間がかかりますが、図66のように切り口から胴吹きして無数の徒長枝が発生します。この徒長枝（トビ）の伸びが止まり落葉する秋に、主枝の方向に沿った方向に伸びた左右の枝を二本選び、ほかの枝はすべて付け根から切り取ります。その二本の枝も片方が三〇センチあればもう一方は二〇センチに、というように長さを変えて短く剪定します。

徒長枝は直線的に伸びるので、そのままだと不自然です。切り戻すことによって、自然風の曲ができてきます。

また、先端部だけでなく主枝の幹寄りに胴吹き芽が伸びて

いたら、その位置に大きな空間がある場合は、同様に剪定して側枝として育てていきます。

二年目からも二股、二股に剪定を繰り返す

翌年は、また徒長枝が出てきます。秋にまた、主枝から出た徒長枝は一年目に残した二本以外はすべて付け根から切り、二本の枝の先端部から伸びた徒長枝も一年目と同様に二本残し、その先端部も長さを変えて切り戻します。

残す徒長枝は、主枝の向きを中心に扇形に広がるように二本選び、切り戻す長さは枝と枝とが接近するものが短く、枝のないところへ早く伸ばしたいときは長くしますが、枝全体の曲がりの方向性やバランスで決めていきます。枝数が倍、倍と増えますので、これを四~五年繰り返すと、一本の主枝に三〇本以上の小枝ができます。

四年目くらいからは、切り戻して残す長さを長い枝だと一五センチくらい、短い枝を一〇センチくらいとだんだん短くしていくと、自然な小枝の枝ぶりになってきます。

[図66]コブ型樹形の改作法

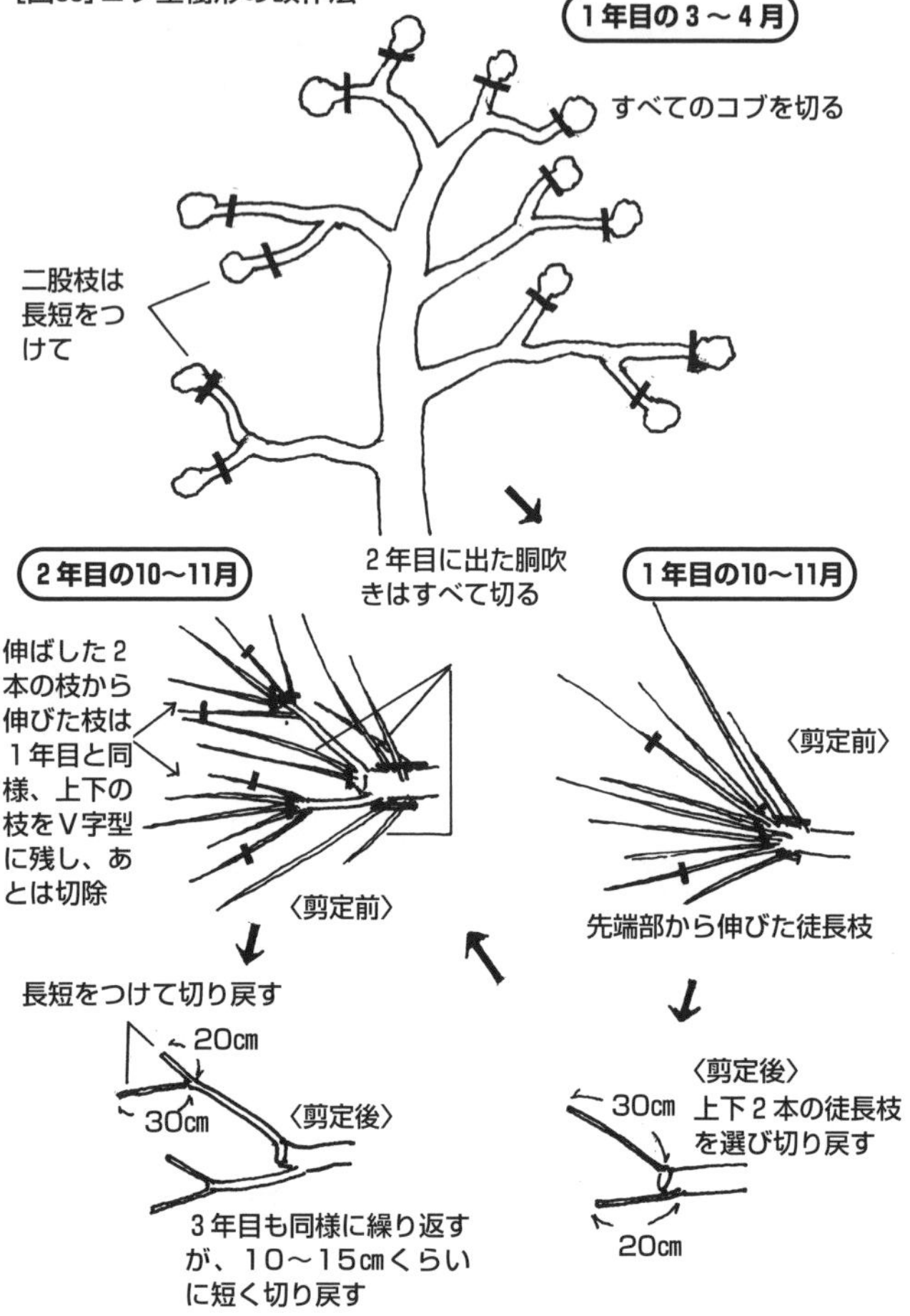

1年目の3～4月
すべてのコブを切る
二股枝は長短をつけて
2年目に出た胴吹きはすべて切る
1年目の10～11月
〈剪定前〉
先端部から伸びた徒長枝
〈剪定後〉
上下2本の徒長枝を選び切り戻す
30cm
20cm
2年目の10～11月
伸ばした2本の枝から伸びた枝は1年目と同様、上下の枝をV字型に残し、あとは切除
〈剪定前〉
長短をつけて切り戻す
20cm
30cm
〈剪定後〉
3年目も同様に繰り返すが、10～15cmくらいに短く切り戻す

放任樹の剪定法 6

まず放任後に伸びた枝を切り最終剪定時の枝に戻す

自然樹は、一度も刃物が入っていないのに放任されたままで美しい自然樹形になりますが、何度か剪定を繰り返された庭木が、五年前後から一〇年間くらいまで放任されたものは、見られたものではありません。これを放任樹と呼び、それ以上放任すると人為的に作られた樹形から脱皮して、環境が剪定する自然樹形に戻っていきます。

この脱皮する直前の放任樹を、元の人為的に作られた庭木の樹形に戻すわけですから大変です。樹冠の中は無法地帯のように秩序などなく、剪定の知識などまったく役に立たず、途方に暮れてしまいます。

放任樹の剪定は強剪定になるので、時期は三～四月、晩霜の心配もそろそろなくなる芽吹きの前くらいを選びます。その木を前にして、どういう樹形にしようかなどと考えても何も出てきません。まずは樹冠内が少しでも透けて見える状態にしないと、その木の一番自然な枝ぶり樹形を生かす剪定は不可能なのです。

そこで、放任樹は、元の庭木としての樹形と、放任後に本来の自然樹形になろうとして伸びた枝が重なっていると考えると、次の方策が見えてきます。元の庭木の樹形に戻すわけですから、放任後に自然樹形に脱皮しようとして伸びた枝を切れば良いのです。その枝を見分けるには、枝の基部の色を見ます。ほとんどの樹種の場合、後から伸びた徒長枝がその元の主枝の全栄養分を受けて急生長し、五年前後で主枝と同じくらいの太さになります。そのため、庭木として一〇年、

[図67] 放任すると自然樹形に戻ろうとする庭木

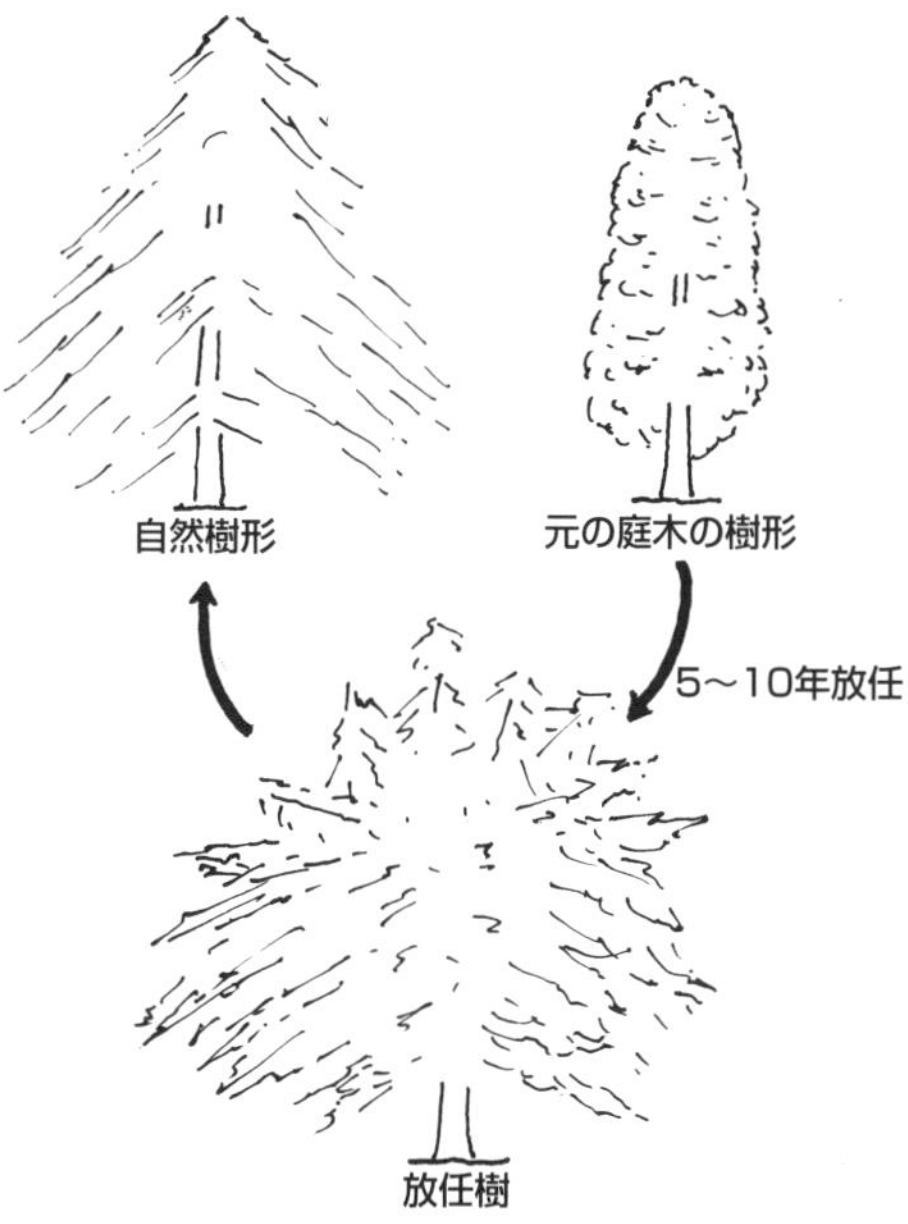

[図68]放任樹の剪定法

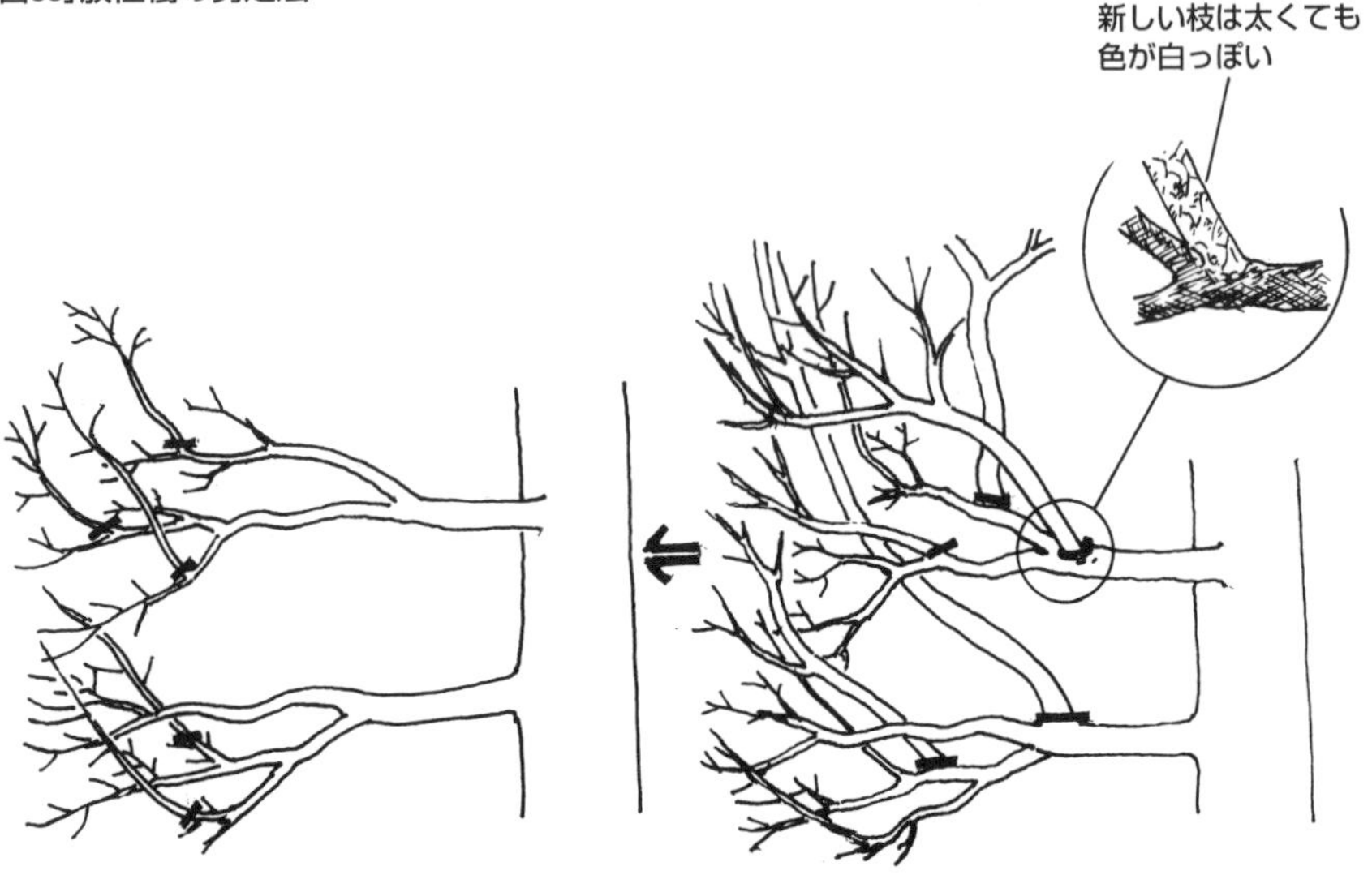

②忌み枝を抜き、中透かし・小透かし

①最後の剪定後に伸びて太くなった枝を
すべて元から切る（元の形に戻す）

小透かし後、元の樹形に戻った放任樹

新しく徒長して伸びた枝をすべて元から切る

剪定前の放任樹

二〇年と生長を抑制されながら伸びてきた主枝の色と、放任後に伸びた枝の色は、全然違います。放任後に伸びた枝は白っぽく、旺盛に生長したので樹皮は盛り上がりヒビ割れたようになっています。

この枝を基部から残さずに切り取るのです。少しでも残すと後でコブ状になって醜くなり、針葉樹以外は徒長枝の発生源になります。このような大きな枝を全部除去すると、だいたいの元の樹形の輪郭が現われてきます。

放任樹は枯れ枝が多いのでまず切り取り、この後は枝ぶりをよく見て通常の中透かし、小透かしの手順で剪定していけばよいのです。

マツなどの針葉樹は一度に七割以上葉を取ると危険

この放任樹の剪定でとくに要注意は、マツなどの常緑針葉樹です。針葉樹は強剪定で急に葉や芽の量がなくなると枯れやすいからです。私も今までに針葉樹の放任樹の剪定で、アカマツとトウヒを一本ずつ枯らしています。時期も適期で心配していなかったのですが、どちらも夏になってから葉が変色して枯れました。

これはメタセコイヤなどの落葉針葉樹以外の針葉樹は、ほかの樹種と違い強剪定しても潜芽（樹皮の中に隠れている芽）が芽生えてくることがないのです。ほかの樹種は葉が一枚もなくてもこの潜芽が芽ばえ胴吹きしてきますが、針葉樹は頂芽や葉腋の腋芽しか伸びてきません。腋芽もほかの樹種に比べると大変芽吹きが悪いのが特徴です。

どんな樹種でも強剪定で葉数が少なくなると、同化養分を作る葉を増やそうとするのですが、萌芽しにくい針葉樹は樹体内の養分が窮乏飢餓状態となり、地上部と地下部のホルモンのバランスが崩れて枯れるのではないかと思います。

私の経験では、放任樹でも針葉樹は、剪定前の葉量の七割以上を切り取ると枯れる危険があるように思います。マツの場合は葉だけでなく、先端の頂芽も残すようにしないと枯れる危険があります。とにかく、針葉樹の強剪定は気をつけなければなりません。

7 刈り込み型樹形から自然風樹形への改作

刈り込み型樹形には、99頁の図69のように円柱型の「ロウソク型」、ツツジなどの低木で仕立てられる「玉仕立て」、枝ぶりごとに輪郭をはっきり出した「散らし玉仕立て」などがあります。どの樹形も樹冠の先端部に小枝が密生し、幹元の小枝は枯れてなくなっています。

針葉樹も刈り込み型樹形に多く仕立てられていますが、自然風樹形に改作することはなかなか困難です。針葉樹は胴吹きをしにくいので、葉のないところでは切れないからです。針葉樹でもロウソク型や玉仕立てからの改作は何とか可能かもしれませんが、散らし玉仕立てのものは不可能です。

ロウソク型の刈り込み樹形の改作

ロウソク型を自然樹形に改作するには、図69のように針葉樹は円錐形に、ほかの樹種は木の葉を立てたような紡錘形を目安に仕立て直します。樹種によって枝が広がるものは横幅を広くします。

まずは大透かしです。図69のように幹の先端部は細い枝を多くする必要があるので、太い枝は元から切り取ります。この大透かしを頂部部分から下まですべて、まず行ないます。副主枝でも太い枝を切り、細い枝に更新します。樹冠の六〜七割の部分はやや間隔を広くするように枝抜きます。

この大透かしをしたら、問題は頂部の肩部分の切り詰め方です。

図69の下の図のように円錐形に頂部の肩部を切り詰めると、刈り込み物は内部に葉がないので、ほとんど枝だけの寸胴切りした状態になります。ですから、この方法は針葉樹には使えません。落葉樹でも部分的に裸木になると、葉のある部分に養分が優先的に流れるため、葉のなくなった枝は胴吹きせず枯れることがあります。この場合、確実に胴吹きさせるために、頂部だけでなくすべての葉のある枝の先端を切り落として、全樹冠を裸木にします。そして二年目から紡錘形に幅を広げていき、自然風樹形に仕上げていきます。

針葉樹は裸木にすることができないので、図69の上の図のように二〜三年剪定しないで放任して、樹冠を拡大します。そのうえで太い枝や立ち枝などを、あまり大きな穴があかない程度に抜き、樹冠の真となる枝を決め、それを頂点にして円錐形になるように枝抜きをしたり、凸部は葉の付いた部分で切り戻し、凹部は伸ばします。数年後には円錐形に近い形に仕上がってきます。

散らし玉仕立ての改作法

散らし玉仕立てを自然風樹形に改作するには、玉仕立てした部分を切除しなければならないので、針葉樹は不可能です。

また、散らし玉仕立てでも、図70のようにいろいろなタイプがあり、改作法が変わってきます。

Aのような枝数が少なく主枝が太過ぎる場合は、主枝を残

[図69] ロウソク型刈り込み樹形から自然樹形に改作

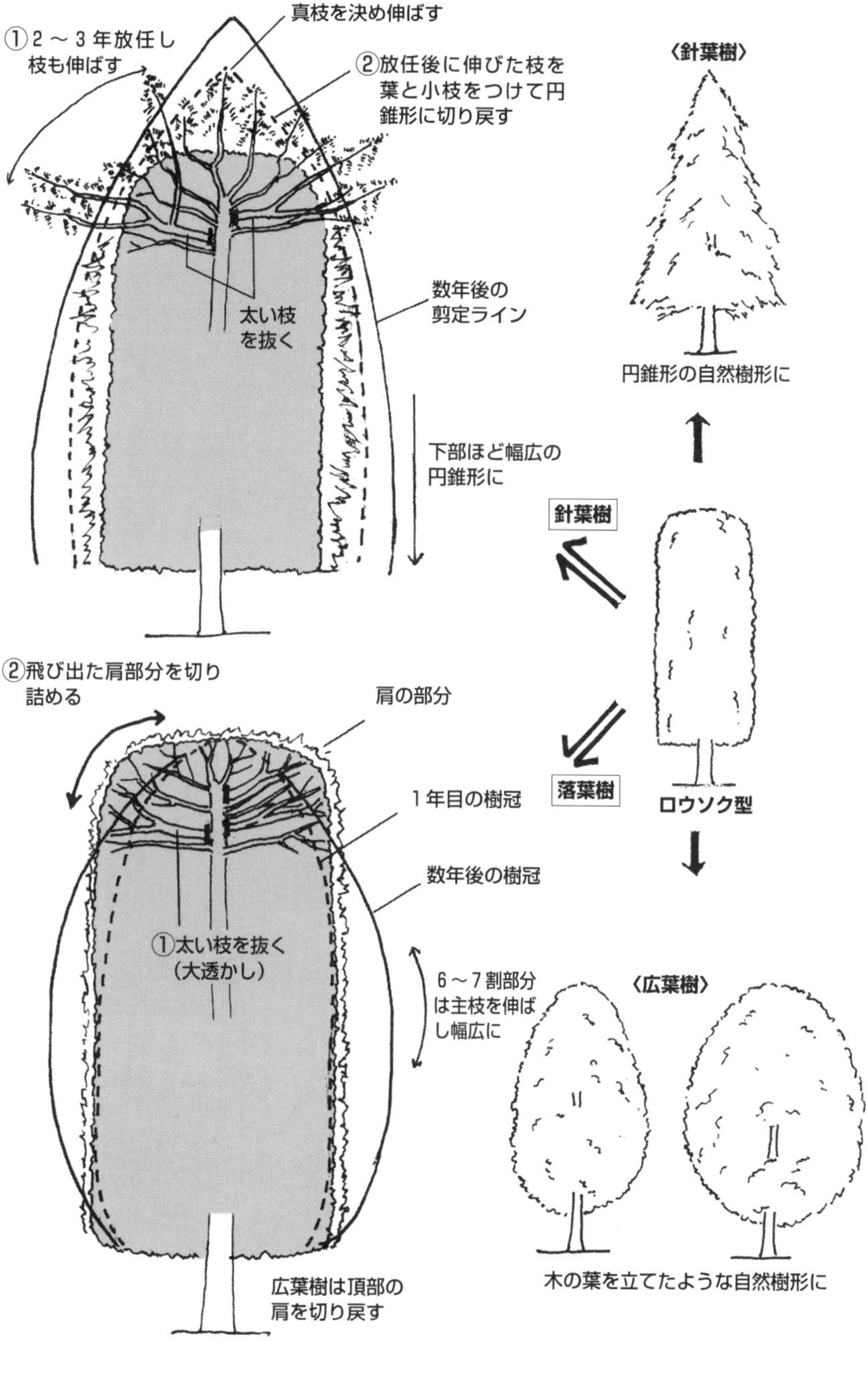

①2〜3年放任し
枝も伸ばす
真枝を決め伸ばす
②放任後に伸びた枝を
葉と小枝をつけて円
錐形に切り戻す
太い枝
を抜く
数年後の
剪定ライン
下部ほど幅広の
円錐形に
〈針葉樹〉
円錐形の自然樹形に
針葉樹
落葉樹
ロウソク型
②飛び出た肩部分を切り
詰める
肩の部分
1年目の樹冠
数年後の樹冠
①太い枝を抜く
(大透かし)
6〜7割部分
は主枝を伸ば
し幅広に
広葉樹は頂部の
肩を切り戻す
〈広葉樹〉
木の葉を立てたような自然樹形に

[図70]散らし玉仕立ての自然風樹形への改作

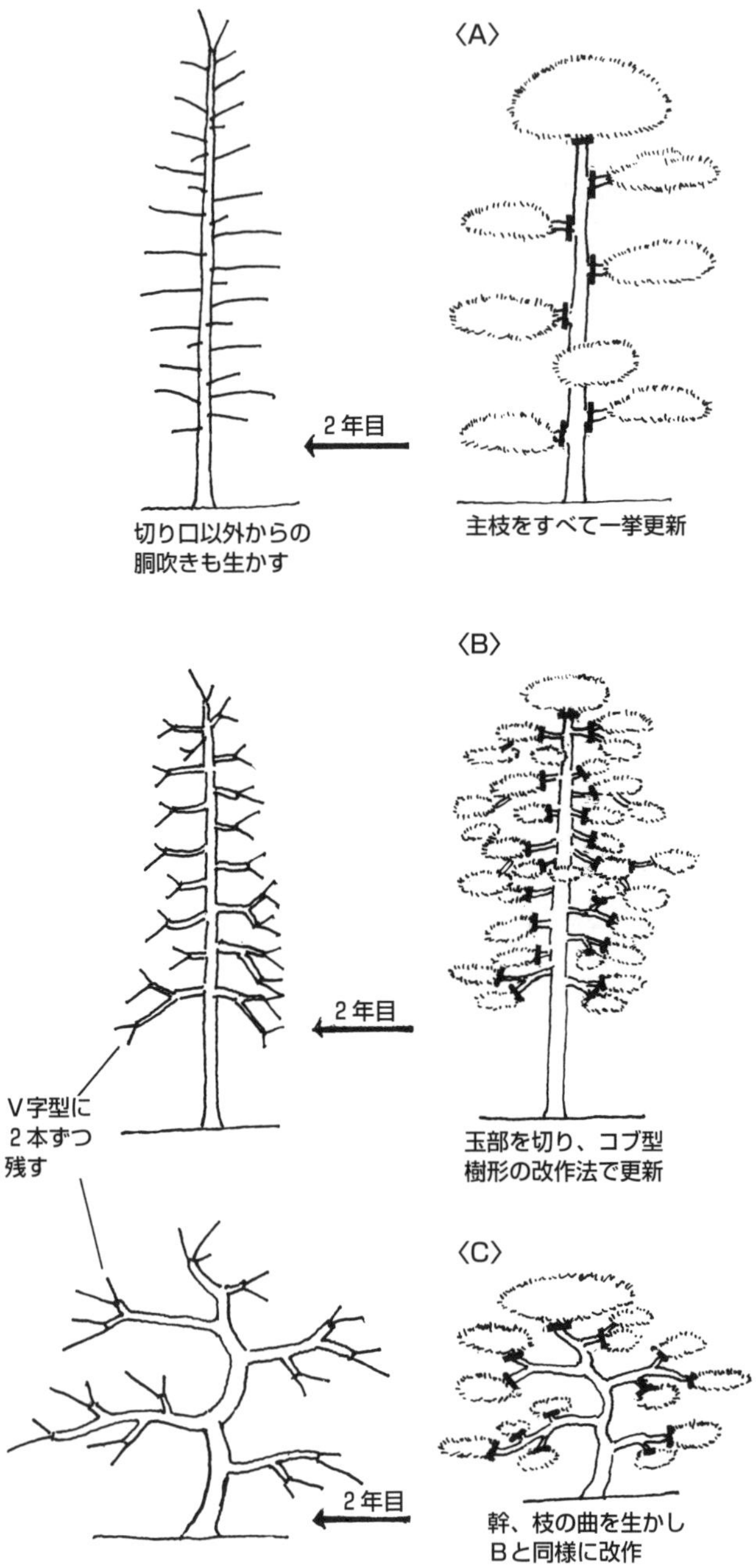
〈A〉
2年目
切り口以外からの
胴吹きも生かす
主枝をすべて一挙更新
〈B〉
2年目
V字型に
2本ずつ
残す
玉部を切り、コブ型
樹形の改作法で更新
〈C〉
2年目
幹、枝の曲を生かし
Bと同様に改作

してもバランスが悪いので、すべての主枝を付け根から切り取る、主枝の一挙更新（91頁参照）をします。一挙更新の方法は同様ですが、樹種に合った角度、方向の徒長枝を上から順に残して不要な枝を間引き、数年かけて樹形を整えていきます。

Bのような場合は主枝が多く細いので、玉の部分だけを切り、それから発生する徒長枝を、二年目からコブ型樹形の改作の方法（94頁参照）と同じ方法で枝作りしていきます。切り口から吹いた枝の中から角度の良い枝を選び、V字型に開くように二本残します。長さも左右対称にならないように、長短に切り戻します。

二年目以降も同様に残した枝から出た枝をV字型に間引いていきます。これを繰り返していくと自然と互生の枝となります。最初は残した枝が枯れる場合があるので、予備に一本加えて三本残しでもかまいません。

Cの場合は太い枝で数も少ないのですが、曲のある模様木風の樹形なので、この枝を生かすために玉の部分だけを切るBの方法で作り直します。数年すると盆栽を大きくしたような樹形になります。

玉仕立ての改作法

低木の玉仕立ては、針葉樹の場合は極端に形を変えず、内部の主枝を見て枝抜きと小透かしをして、中まで日が入るよう枝が透けて見える感じにすれば良いでしょう。

そのほかの胴吹きしやすい樹種は、針葉樹のやり方と同様でも構いませんが、図71のように、前述の散らし玉仕立てのCタイプと同様で太い枝部分で切り、二年目からコブ型樹形の改作法（94頁参照）と同じやり方で枝作りしていきます。

[図71]玉仕立ての自然風樹形への改作

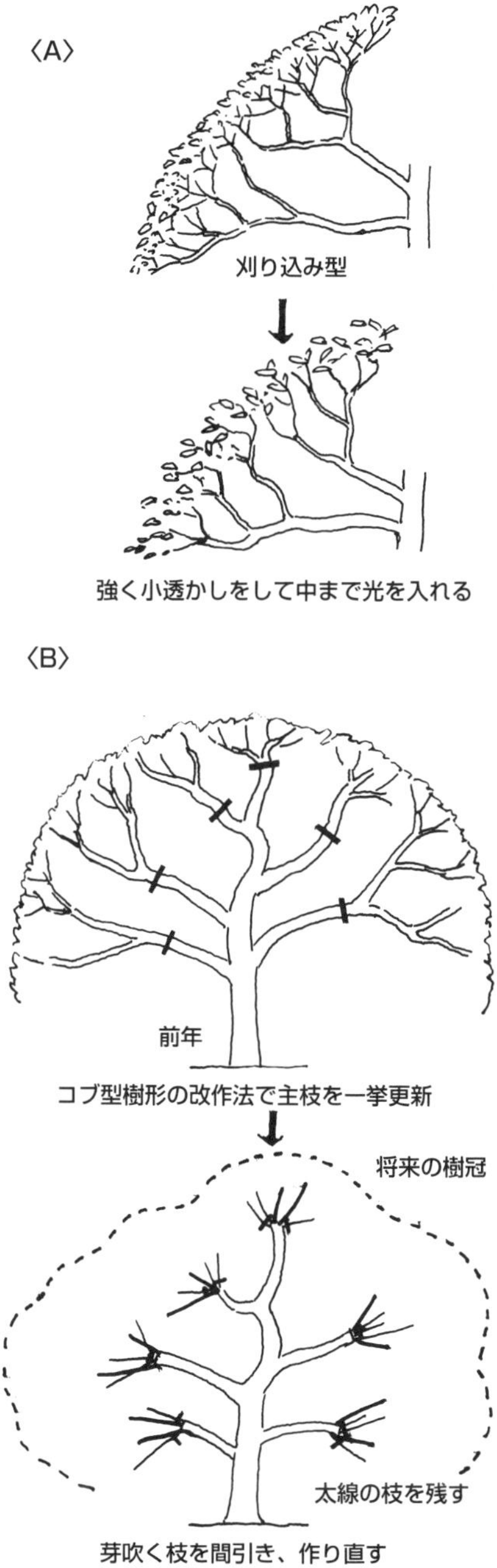
〈A〉
刈り込み型
強く小透かしをして中まで光を入れる
〈B〉
前年
コブ型樹形の改作法で主枝を一挙更新
将来の樹冠
太線の枝を残す
芽吹く枝を間引き、作り直す

庭木の選び方

●葉が小さく節間が詰まったものを

庭木を購入する際の良い庭木の見分け方を紹介します。

どんな樹種でも「枝と枝との節間が短いもの、葉の小さいもの」が良いとされています。マツ、モッコク、モチなどは典型的です。同じマツ、モッコクでも、葉の小さなもののほうが、節間が短く詰まっていて、枝数も多く出ています。葉の大きなものは、節間も長く間延びし、枝数も多くありません。

コンパクトな自然樹形にするには、このような葉が小さく節間が詰まったもののほうが仕立てやすいのです。

●細根が多く活着しやすいものを

良い庭木のもうひとつのポイントは、根鉢の中に、細根が多く張っていることです。植えてから新しい根が伸びてスムースに活着するには、水や肥料分の吸収力が強い細い根が多くついているもののほうが活着しやすいからです。地上部の勢いが良くても、根鉢の根が太い根だけで根数が少ないと、活着が悪く枯れてしまうことがあります。

庭木は、幼木から育てる段階から何回か、株の周囲を掘って切り、株元に細根が多い木に育て、それを根巻きをして売られています。これを「根回し」といいますが、自分で庭木を移植したい場合も、移植する前年の春に木の大きさに合わせて根回しをしてから移植すると安心です。

●根の形態は地上部を見ればわかる

ところが、根巻きした根鉢の中は見えません。しかし、どんな植物でも、地上部の葉や枝の形態と地下部の根の形態は似ているのです。同じ樹種でも、太い根が長く伸びている木は、地上部も葉が大きく、枝は太く節間が長く旺盛な姿になります。根回しがよく行なわれ、株元に細根が多くある木は、葉も小さく節間が詰まり、小枝が多くなります。ですから、「枝と枝との節間が短いもの、葉の小さいもの」は、活着も良い庭木ということにもなるのです。

このような根と葉・枝の形態は、「三つ子の魂、百まで」のように、植えてからの樹形をも決定づけ、後々まで同じような樹形に育っていきます。

●トチやカキが移植しにくいわけは

このような根と枝・葉の形態は樹種によってもいえます。たとえば、葉が大きく節間が長く、小枝が少ないカキやトチやタイサンボクの根は、根の数が少なく棒のような根が遠くまで走っています。このため、どうしても移植しても活着しにくいのです。その点、葉が小さく小枝が多いケヤキなどは、根も細かいので移植しやすいわけです。

第2部
樹種別自然風剪定の実際

針葉樹

針葉樹は不定芽が出にくいので、葉を落としすぎないことがポイントです。強く剪定して葉を落としすぎると樹体が弱り、枯れることもあります。とくに、マツ類は不定芽だけでなく腋芽も出にくいので、葉があっても枝の途中で切ることは禁物です。ですからマツ類だけは、刈り込みバサミで剪定できないのです。

マツ類以外のサワラやヒバなどの針葉樹は、葉があれば枝の途中でも切れますが、夏以降、落葉前の刈り込みは、深刈りは禁物です。針葉樹の落葉期は二年目の晩秋です。深刈りすると晩秋から落葉する古葉だけになってしまうので、冬になると枝だけになり、その枝は枯れてしまいます。

剪定時期は、古葉が落ち始める晩秋か、芽出し前の三～四月が適期です。

切り戻し剪定で自然風剪定樹形を維持していくには、フトコロに枝がないとできません。胴吹きしにくい針葉樹は、幹元や枝の分かれ目から出る芽、小枝を大事に育てることが肝心です。見苦しいからといって、かいてしまうと枝を更新することができません。樹冠内部まで日が当たるようにして、フトコロ枝を伸ばすことが秘訣です。

針葉樹の自然樹形は円錐形ですが、完全な円錐形ではなく、多少左右不対称に出入りのある円錐形にして、光が中まで入るようにしたいものです。

ただし、針葉樹でもマキは、常緑広葉樹と同様に不定芽や腋芽が吹きやすいので、どの位置でも切れ、強剪定にも耐えられます。

針葉樹1 マツ類（アカマツ、クロマツ）

秋に芽のできた先端を切ると枯れやすい

ほかの樹種とマツ類の大きな違いは、マツ類は頂芽優勢の性質が強く、新芽は枝の先端部の頂芽にしかつきにくいことです。多くの樹種は、ほとんどの葉の付け根に腋芽をつけます。ところがマツ類は、葉数は多いのですが腋芽ができにくいのです。頂芽を強く摘むと腋芽が出ることがありますが、ほとんど生長せず枯れてしまいます。また、クロマツは枝分かれ部分などによく不定芽が出ますが、アカマツはほとんど出ません。

ですから、図72のように秋に頂芽をもった枝先を切ると、そこで生長をストップし、枝先が枯れる恐れがあります。

　樹勢の強いクロマツは、先端を切っても若い枝なら腋芽や胴吹きが伸びますが、古い枝からは出ることはありません。

[図72] マツ類は枝の途中で切るべからず

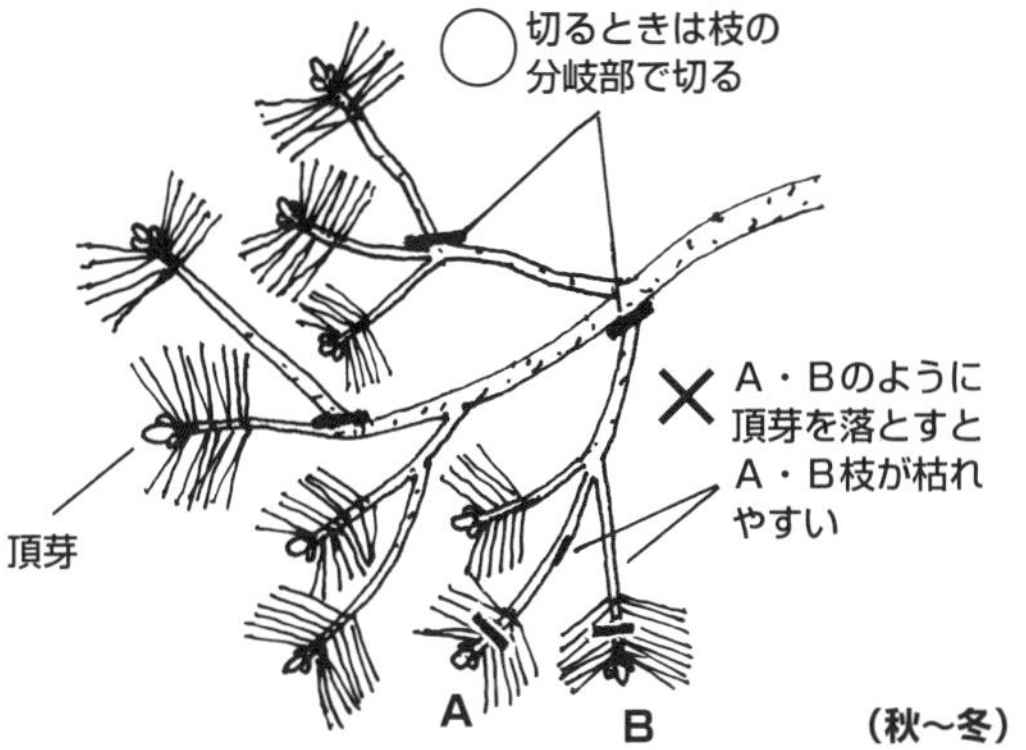
○ 切るときは枝の分岐部で切る
× A・Bのように頂芽を落とすとA・B枝が枯れやすい
頂芽
A
B
（秋〜冬）

　自然風庭園に似合うアカマツは、若い枝であっても腋芽は期待できません。仮にアカマツを秋に刈り込み剪定で先端をすべて切ると、葉が残っていても枯れてしまいます。また、ほかの樹種と違い胴吹きで主枝などを更新することはできません。

春の「ミドリ摘み」が枝ぶりを作る基本剪定

　秋に枝の先端にできた数個の芽は、図73のように翌春に伸びて、イボイボがついた棒状になります。このイボイボが葉になる元です。この葉の元がたくさんついたものを「ミドリ」と呼んでいます。このミドリから葉が伸びると新しい枝になります。中央部の一番長いミドリは枝の延長になります。先端にミドリが六本あると五本の車枝になり、三本だと閂枝になります。

　頂芽がすべてであるといってよいマツ類は、この頂芽が伸びたミドリの剪定が、節間の詰まった小枝が多い枝ぶりを作る根幹です。ミドリに葉が開いてしまう前なら、まだ枝にはなっていないので、切った後のミドリの先端には、秋までに再び頂芽ができるからです。

　何本ものミドリを間引いたり、徒長枝のように長く伸びたものを指で短く折って、自然風の枝ぶりにしていくわけです。このミドリの剪定を「ミドリ摘み」と呼んでいます。それは、ミドリが伸張しきったころ、まだやわらかいうちに指で折り取るからです。

　ですから、ミドリ摘みの適期は、まだ葉が伸びず指で折れる五月いっぱいが適期です。六月に行なっても頂芽はつきますが、ハサミを使わないと切れなくなります。ハサミで切ると先端の小さな新葉が切られてしまうので、葉が展開すると葉先が茶色く変色し、見栄えが悪くなります。

そして、夏になって葉が伸びてから行なうと頂芽ができず、前述したように枯れる恐れがあります。

冬の「古葉のもみあげ」で日当たりを良く

マツ類のほかの樹種と違うもうひとつの手入れは、十一月から二月に行なう「古葉のもみあげ」です。マツ類は葉が多いので放っておくと日当たりや風通しが悪くなり、見栄えも悪くなります。マツ類（とくにアカマツ、クロマツ）は陽樹で日当たりが命です。葉が重なりあったり、枯れ葉が枝の間にたまると、その下枝の日当たりが悪くなり枯れやすくなります。そこで、その年伸びた新葉が充実する十一月から二月に、新葉の下の前年の古葉を落としてやると、日当たりや風通しが良くなり、新芽も充実し、病害にも強くなります。これを「古葉のもみあげ」と呼んでいます。

「ミドリ摘み」と「古葉のもみあげ」がマツ類の剪定の特徴ですが、大透かし、中透かし、小透かしのやり方は、そのほかの樹種と同様です。枝の剪定はいつでもかまいませんが、台風の多い地域なら五月の「ミドリ摘み」の時期に、雪の多い地域なら積雪前の「古葉のもみあげ」のときに、適宜行なうとよいでしょう。

ミドリ摘みをしないと自然風にならない

ミドリ摘みの目的は、不要な枝となるミドリは間引き、残すミドリも摘んで節間が短くなるようにし、古木感のある樹形に仕立てることです。自然風樹形なのに、それでは仕立て木風の樹形になってしまうのではないかと思われるかもしれませんが、ミドリ摘みを行なわないと、勢いの強いミツのミドリが直線的に幹や主枝に伸びてしまいます。曲《きょく》をつけようと幹や主枝を切り戻したり、車枝となった側枝に更新すると、いかにも切って曲げましたといわんばかりに不自然さが目立ってしまうのです。

ミドリのミツを抜き、二本ずつ残して切り詰める

枝の先端についた数個の頂芽が四月ころから伸びだしますが、この頂芽の数が各枝によって違うためミドリの数も枝によって違います。日当たりが良い枝、とくに主枝や幹の先端には七〜八本くらいつきますが、日陰の枝や垂れ下がった枝には一本というように、その枝の勢いが強いと多くなります。私はどんな枝でも、また幹の先端でも、二本のミドリを残すことを原則にしています。つまり、57頁で紹介した小透かしの基本のように、枝の先端を二股、二股に間引き、残すミドリも長さを変えて摘んでいくわけです。

[図73] マツ類の伸び方と手入れ

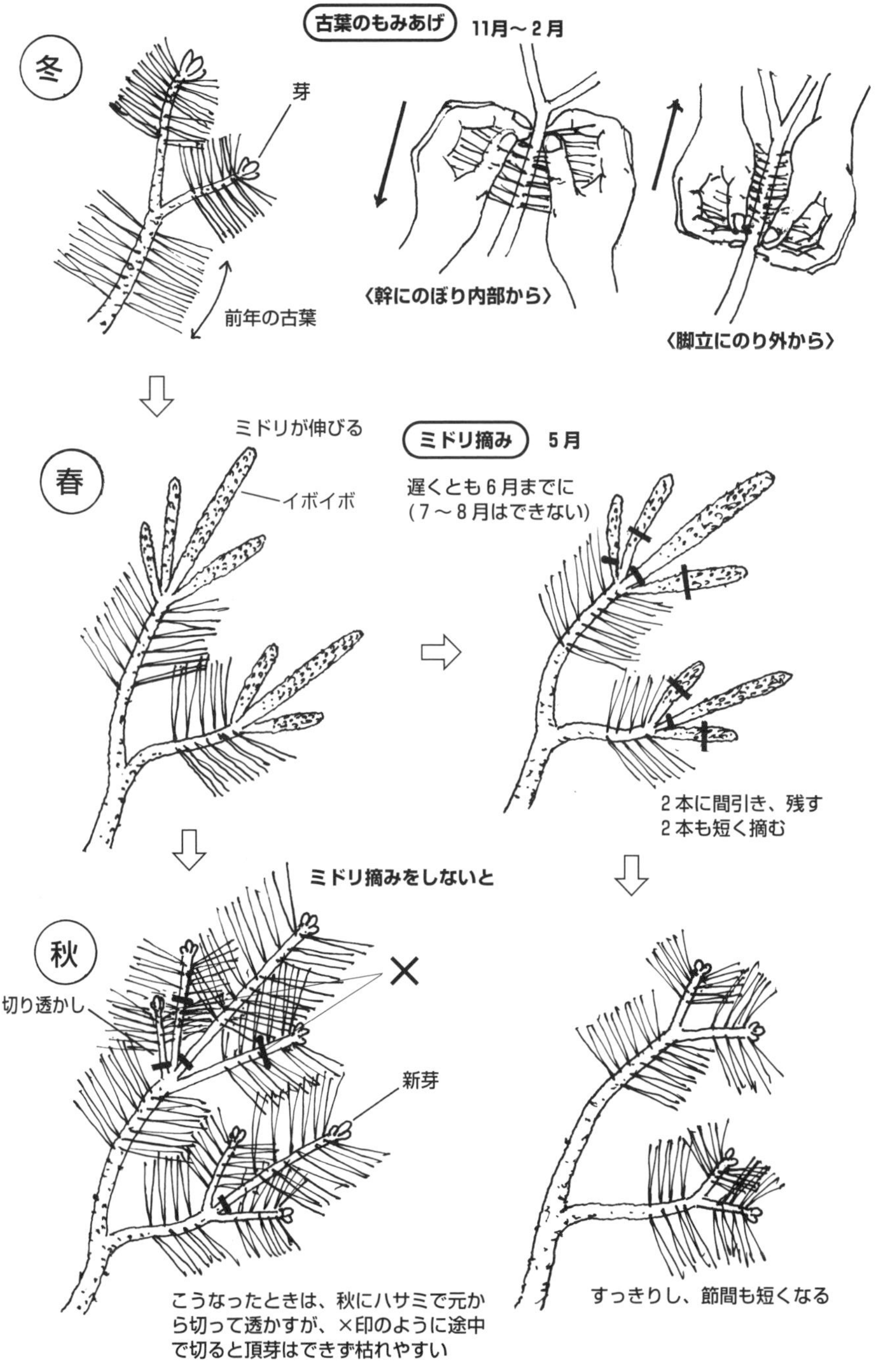

古葉のもみあげ　11月〜2月
冬
芽
前年の古葉
〈幹にのぼり内部から〉
〈脚立にのり外から〉
ミドリが伸びる
ミドリ摘み　5月
春
イボイボ
遅くとも6月までに
(7〜8月はできない)
2本に間引き、残す
2本も短く摘む
ミドリ摘みをしないと
秋
切り透かし
新芽
こうなったときは、秋にハサミで元から切って透かすが、×印のように途中で切ると頂芽はできず枯れやすい
すっきりし、節間も短くなる

[図74]ミドリ摘みの適期と方法

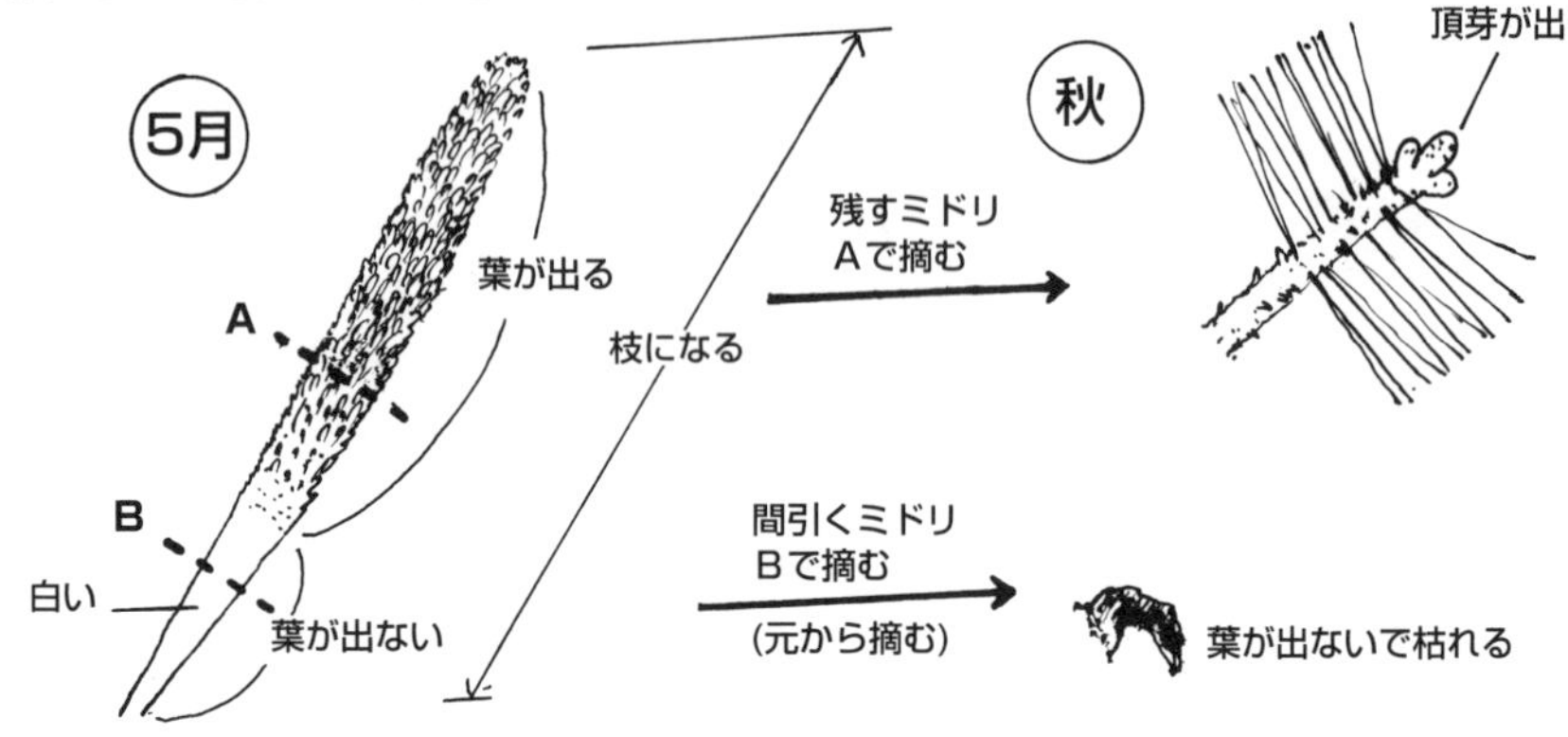

ミドリは葉の出るイボイボのある部分と、その下部の白い部分に分かれています。ミドリ摘みの要領は、間引くミドリをこの白い部分で折ります。白い部分で摘むことを「元から摘む」といいます。元から摘むと葉芽がないので、摘み残った白い部分は枯れて落ちます。残す二本のミドリは、どんな方向に伸ばすときにも二方向にV字に開くように選び、長く伸ばすものはイボイボの部分を長く残して摘み、短く伸ばしたいときは短く残して摘みます。

伸ばす方向を見定め、残す二本を選び摘み戻す

残す二本は、できるだけ隣同士の並んだものにはせず、V字に伸びるように選ぶことが原則です。並んだものは近い将来、込み合ってどちらかがいらなくなるか、枯れてしまうからです。

また、ミドリも頂芽優勢で中央部の芽ほど勢いが強いので、二本の残し方によってその枝の伸びる勢いや方向が違ってきます。

図75は五本のミドリが伸びた枝です。まず、真ん中の勢いの強いミツのミドリを元から摘みます。次に、元の枝方向に伸ばしたいときは、A図のようにミツの両隣で勢いが同じ②、③を残すミドリとし、1、4、5を元から摘みます。残す②、③もイボイボ部分を両方とも二～三センチ残して摘み戻します。

B図のように④と③を残すと、中央寄りで勢いのよい③のミドリの方向に、C図のように②と⑤を残すと同様に強いミドリの②の方向に枝は伸びていきます。このようにミドリを残すことによって、自然な曲がりができてきます。

また、図76のA枝のように残すミドリの長さを変えて摘み戻すと、長く残したミドリが強くなります。A枝はミ

ツを抜き1、2を残しますが、1のミドリの方向には上枝がすぐあるので、2の方向に枝を伸ばすために2のミドリを長く残して摘みます。また、場合によってはミツを残すこともあります。Bの枝の場合、幹から出た枝方向からみるといわゆる内芽です。とくに2のミドリは伸ばすと忌み枝の「切り枝」になるので元から摘み、ミツの3と1を残し摘み戻します。

枝を早く伸ばしたいときは、一番勢いの強いミツを摘まずに残す方法が自

[図75]ミドリの選び方と摘み方

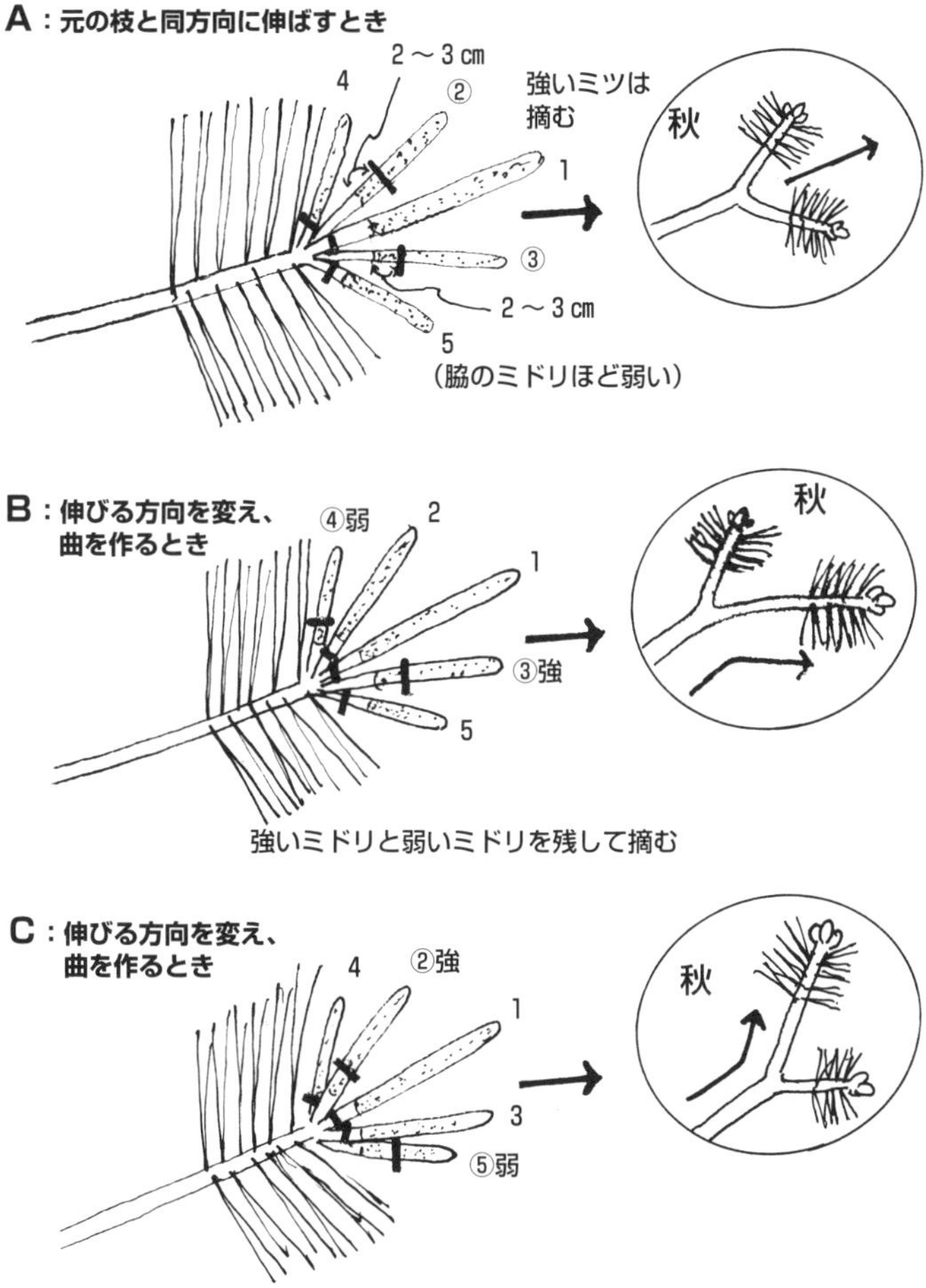
A：元の枝と同方向に伸ばすとき
2～3㎝
4
②
強いミツは摘む
1
秋
③
2～3㎝
5
（脇のミドリほど弱い）
B：伸びる方向を変え、曲を作るとき
④弱
2
1
秋
③強
5
強いミドリと弱いミドリを残して摘む
C：伸びる方向を変え、曲を作るとき
4
②強
1
秋
3
⑤弱

[図76]伸ばしたい方向のミドリを長く残す

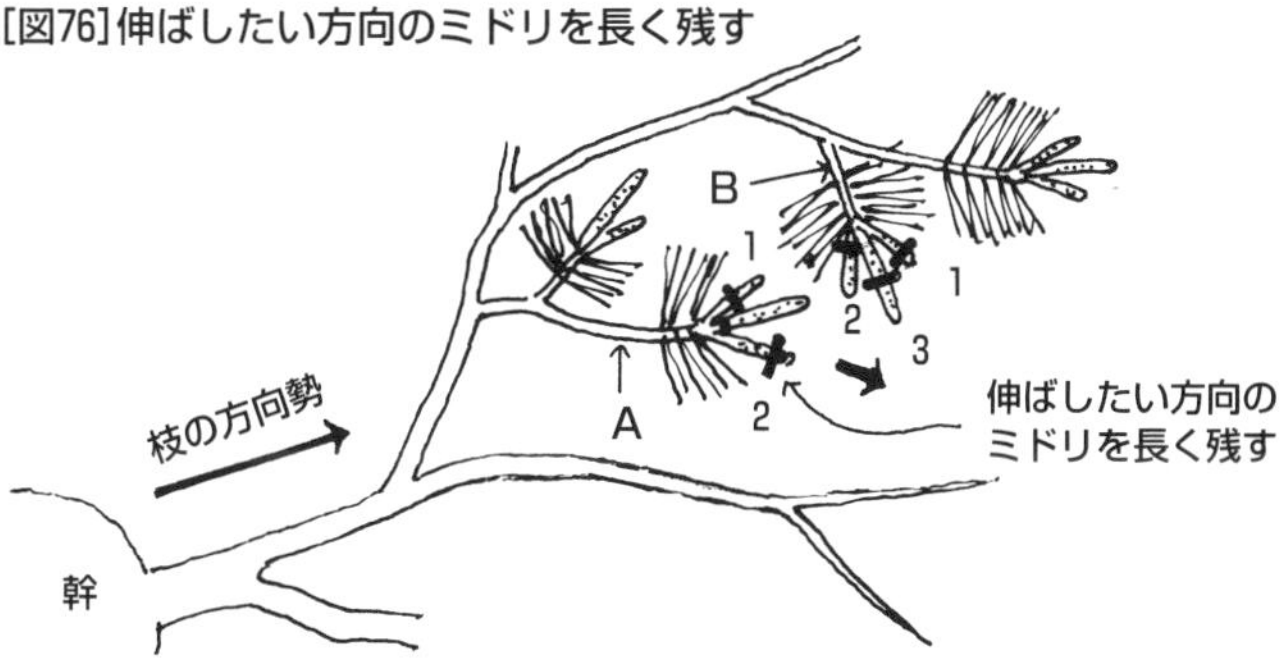
B
1
1
2
3
枝の方向勢
A
2
伸ばしたい方向のミドリを長く残す
幹

[図77]マツの頂部の仕立て方

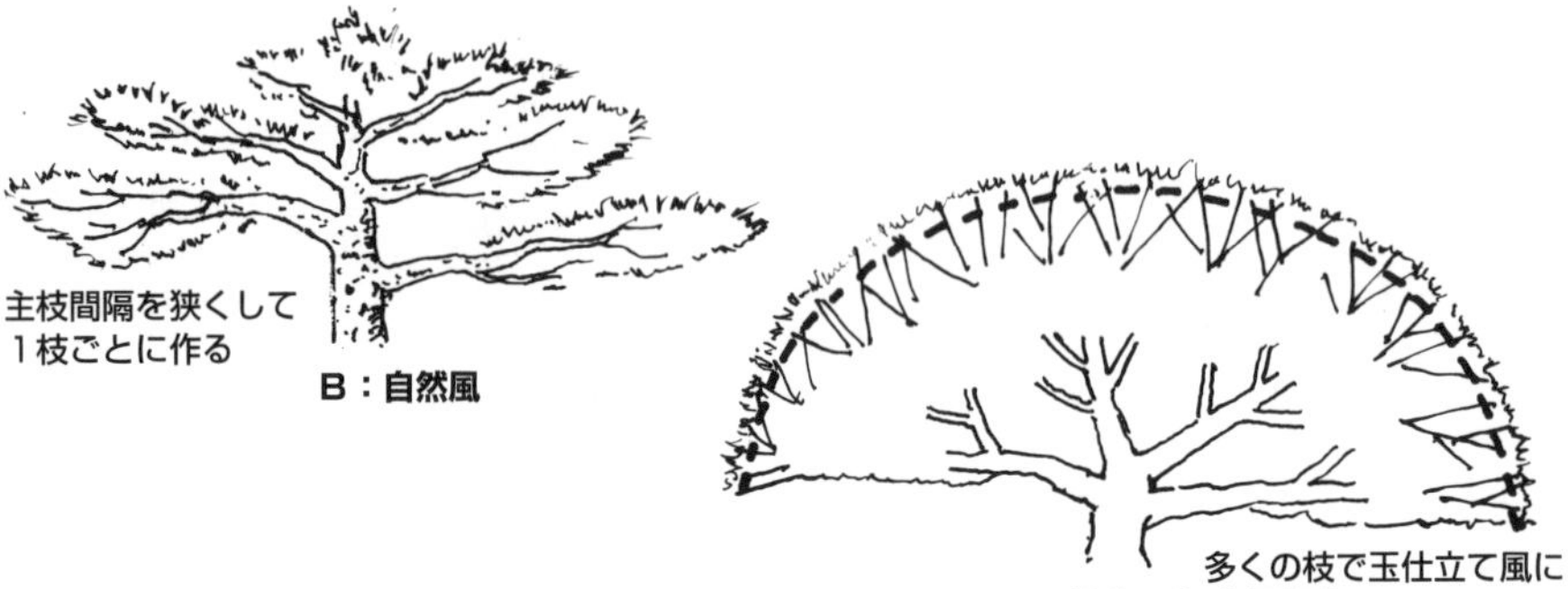

主枝間隔を狭くして
１枝ごとに作る
B：自然風
多くの枝で玉仕立て風に
A：仕立て木（半球形）

然で一番ですが、どうしても節間が長くまっすぐになって不自然な姿になります。

　このような場合も少し年数がよけいにかかりますが、ミツは元から摘み、腋芽二本を残して先端を摘まずに伸ばしたほうが、節間は短くなり曲がりも出てきます。

幹の頂部も二股に残し自然風に

　幹の頂部のミドリ摘みも、この主枝の枝と同様に二股、二股に残していきます。どんな樹種でも頂部に近いほど枝が細く数も多い姿が自然です。できるだけ勢いの弱いミドリを二本選び短く摘み取ります。ただ、枝が少ないときは三本残すこともあります。

　市場で売られているマツは、頂部が図77のAのように、主枝が何本か立ち上がった玉仕立てのような半球形になったものがほとんどです。自然にはこのように整った頂部のものはなく、不自然です。Bのように節間が短く細枝が多いひと枝、ひと枝が集まった形の頭部にすれば、自然風になります。

　また、仕立て木風の剪定のようにミドリ摘みで三本以上も残して小枝の数を多くするよりは、二本残しを基本に小枝の数を少なくします。仕立て木風剪定では枝の輪郭がはっきり出るよう小透かしをこまめに行ないますが、自然風剪定では個々の枝の輪郭はあまりはっきり出ないようにし、中透かし中心の枝抜きをすることです。

　枝の角度も、庭木は、とくにマツ類は枝を誘引して下げるものだと思い込んでいる方が多いのですが、あまり必要以上に下げすぎて枝垂《しだ》れ樹形のように下げるのはいただけません。誘引する場合でも、あくまで枝の重みで自然に長年かかって下がったようにすることが大切です。

[図78]古葉のもみあげと新葉のもみあげ

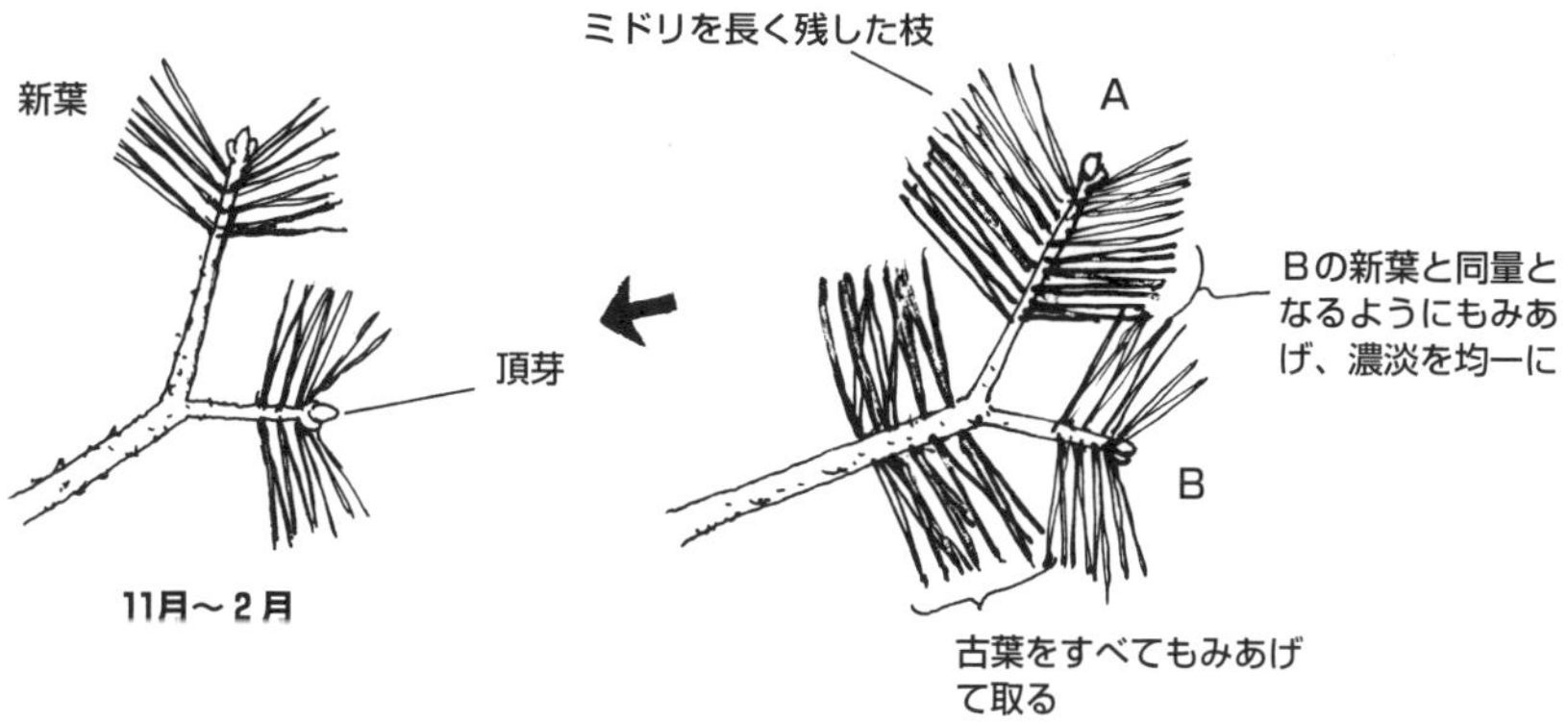
新葉
頂芽
11月～2月
ミドリを長く残した枝
A
Bの新葉と同量となるようにもみあげ、濃淡を均一に
B
古葉をすべてもみあげて取る

冬の「古葉のもみあげ」で葉の世代交代

ミドリ摘みと同じく、マツ独特の手入れが、十一月から二月の冬に行なう「古葉のもみあげ」です。図78のように、この時期になると五月にミドリ摘みで残したミドリは充実した枝となり、伸び切った新葉の色も濃く一人前の葉になります。

古葉もまだまだ光合成をしていますが、残しておくと幹寄りの下枝の新葉への日当たりも悪くなり、アブラムシやカイガラムシも発生しやすくなります。また、葉の量が多いと春にミドリの伸びが勢いよくなりすぎて、枝が間伸びしやすくなります。

葉量を制限すると、節間も短くなり、小枝が多くなってもすっきりした濃淡になるのです。

そこで、古葉を指先でもみ落とすようにして落としてやります。古葉とは二股に分かれた一節下の一年前の枝の葉なので、すぐ区別がつきます。色も新葉より濃く変色しています。

もみあげ方は、片手で枝を押さえてもう一方の手でむしり取るようにするか、図73のように古葉の左右に両手をもっていき、両手の親指と人差し指でもみ落とすようにします。

この古葉のもみあげのときに、新葉ももみあげる場合があります。一方のミドリを長く残した場合です。長く残すと新葉の量も多くなるので、長い枝のほうが濃淡が濃くなって見苦しく、また、放っておくとますます長い枝の勢いが強くなってしまいます。そこで短い枝の新葉の量と同じにするようにもみあげて、濃淡を均一にします。

新葉を一〇～一五枚くらいしか残さない植木屋さんもいますが、その分、剪定時に枝透かしを少なめにして、小枝の数を多くしています。小枝が少な

[図79]二股二股に伸ばし、古葉透かし前に中透かし

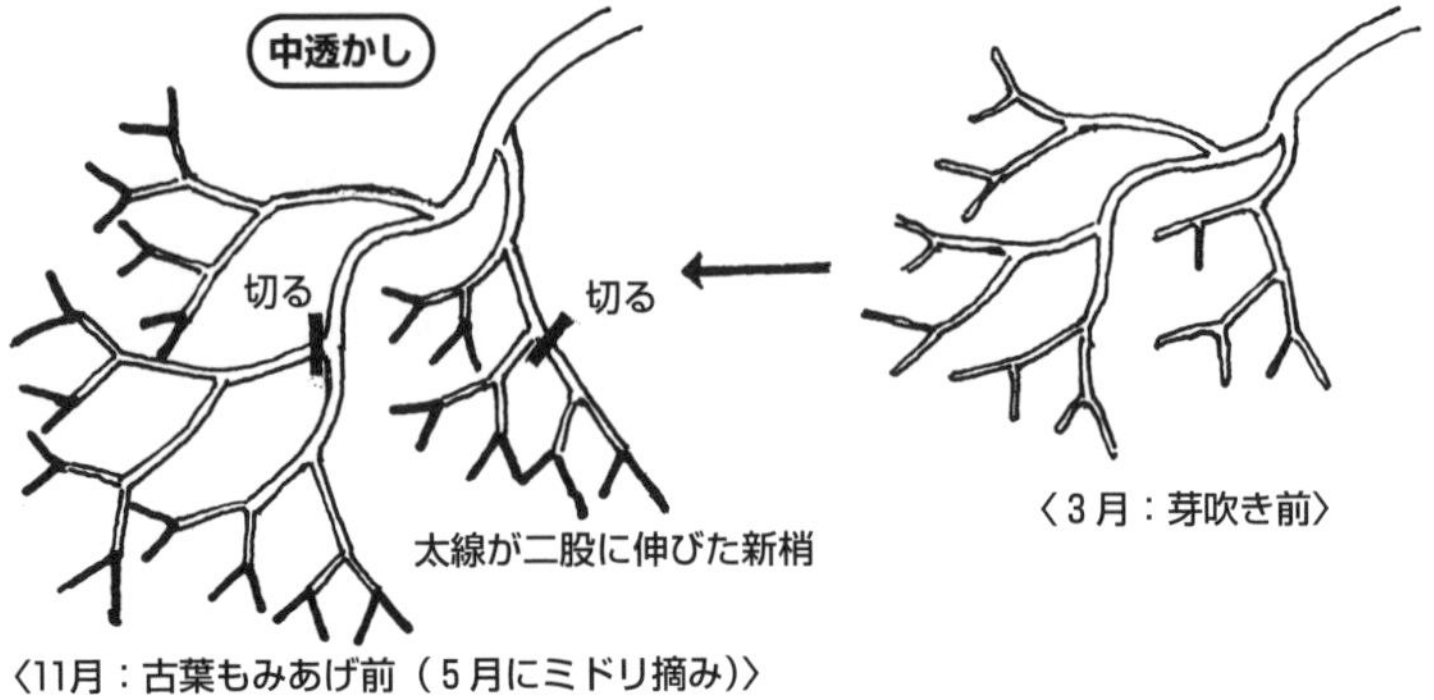
中透かし
切る
切る
太線が二股に伸びた新梢
〈3月：芽吹き前〉
〈11月：古葉もみあげ前（5月にミドリ摘み）〉

いのに新葉のもみあげを行なうと、透け過ぎになってしまいます。自然風剪定ではあまり枝数を多くしないほうが自然に見えるので、新葉のもみあげもあまり強くやる必要はありません。古葉のもみあげをしっかりやり、新葉は全体の濃淡をならす程度にします。

このもみあげを、新葉が展開しきったばかりの九月ころに行なう方がいますが、早過ぎます。この時期の新葉はまだ葉色も薄く充実した葉になっていないので、この時期にもみあげると、古葉からの養分供給がストップし、冬になると葉色が黄ばんだような色になり精彩も欠いた美しくない姿になってしまいます。

中透かし・小透かしで枝抜き

このようにミドリ摘みを繰り返していくと、図79のように、毎年枝が一節ずつ二本に枝分かれして伸び、枝数は倍々に増えていきます。何年かすると重なり合った絡み枝や逆方向に伸びる逆さ枝などの忌み枝もでき、また樹冠も大きくなりすぎて枝抜きが必要になります。

マツの枝抜き(中透かし・小透かし)はいつ行なってもかまわないので、ミドリ摘みや古葉のもみあげの前に行なうとよいでしょう。生長量の少ないマツは、年一回の透かしで充分です。

大きくなった樹冠を透かして小さくする場合でも、先端部の新梢の二股の片方を切る方法では、枝数を増やした意味がなくなり、また、それでは透き過ぎになり不自然な形の枝になってしまいます。あくまで、図79のように主枝の元部からたどってみて、忌み枝や角度の悪い枝、樹冠から飛び出した枝などを、一節手前(一年前の枝)、二節手前(二年前の枝)、三節手前(三年前の枝)の二股部で切るようにします。

どんな樹種でも同じですが、中透かし、小透かしのコツは、幹から出た主枝の方向になじんで沿うように伸びた

枝を残すのが基本です。また、日当たりを好むマツは、上下、左右の枝とが重なって日陰ができないように枝抜きをすることが肝心です。

しかし、忌み枝や悪い角度の枝であっても、ほかの枝に差し障りがなく、また樹冠全体やその主枝の濃淡から見て、その枝があっても不自然でなければ残しておくべきでしょう。悪い枝はないほうがよいのですが、切ると枝数が少なくなり間があいてしまうようでは決して美しい樹形にはなりません。

悪い枝があっても、目に美しく感じる枝葉の量というものがあるのです。良い枝のジャマにならない限り、悪い枝であっても美しく感じる枝葉の量として残しておきます。

Q&A
(答えは次頁)

[図80]どの枝を切ったら良いでしょうか？

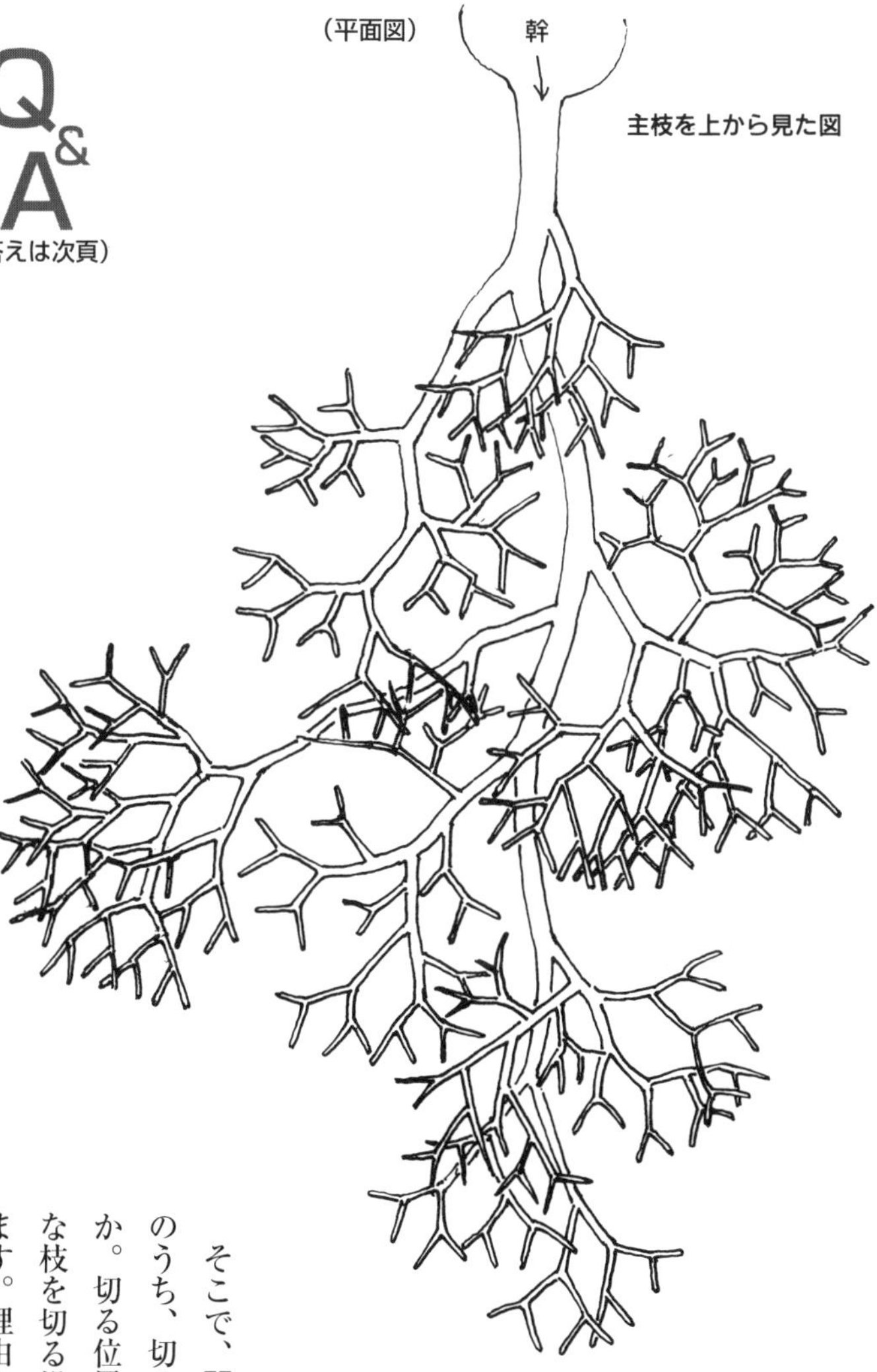

そこで、**問題**です。図80のマツの枝のうち、切るべき枝はどの枝でしょうか。切る位置を考えてください。どんな枝を切る場合にも、その理由があります。理由も考えてください。

[図82]剪定後の姿

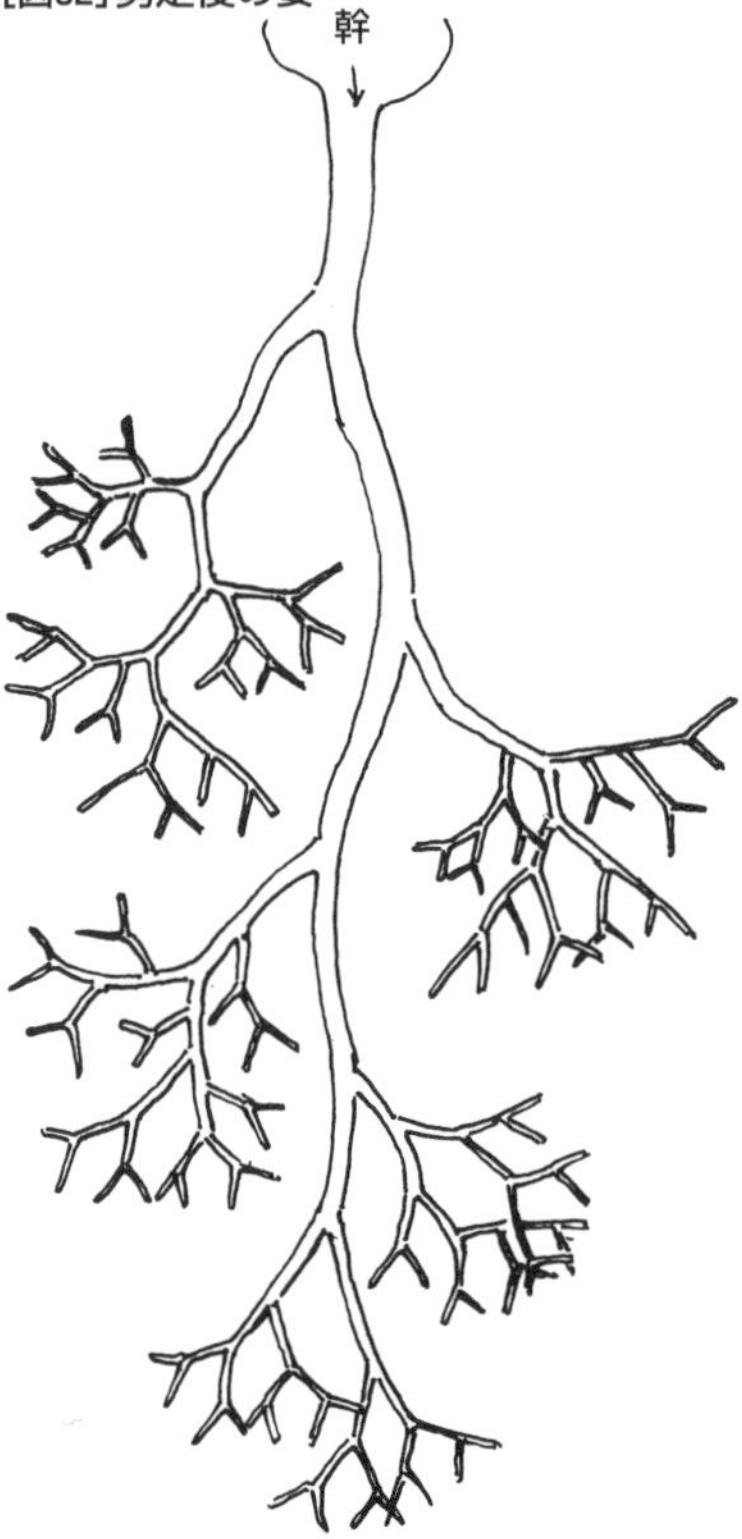

[図81]答え

(A、B、C、D、E、F、Gの枝)

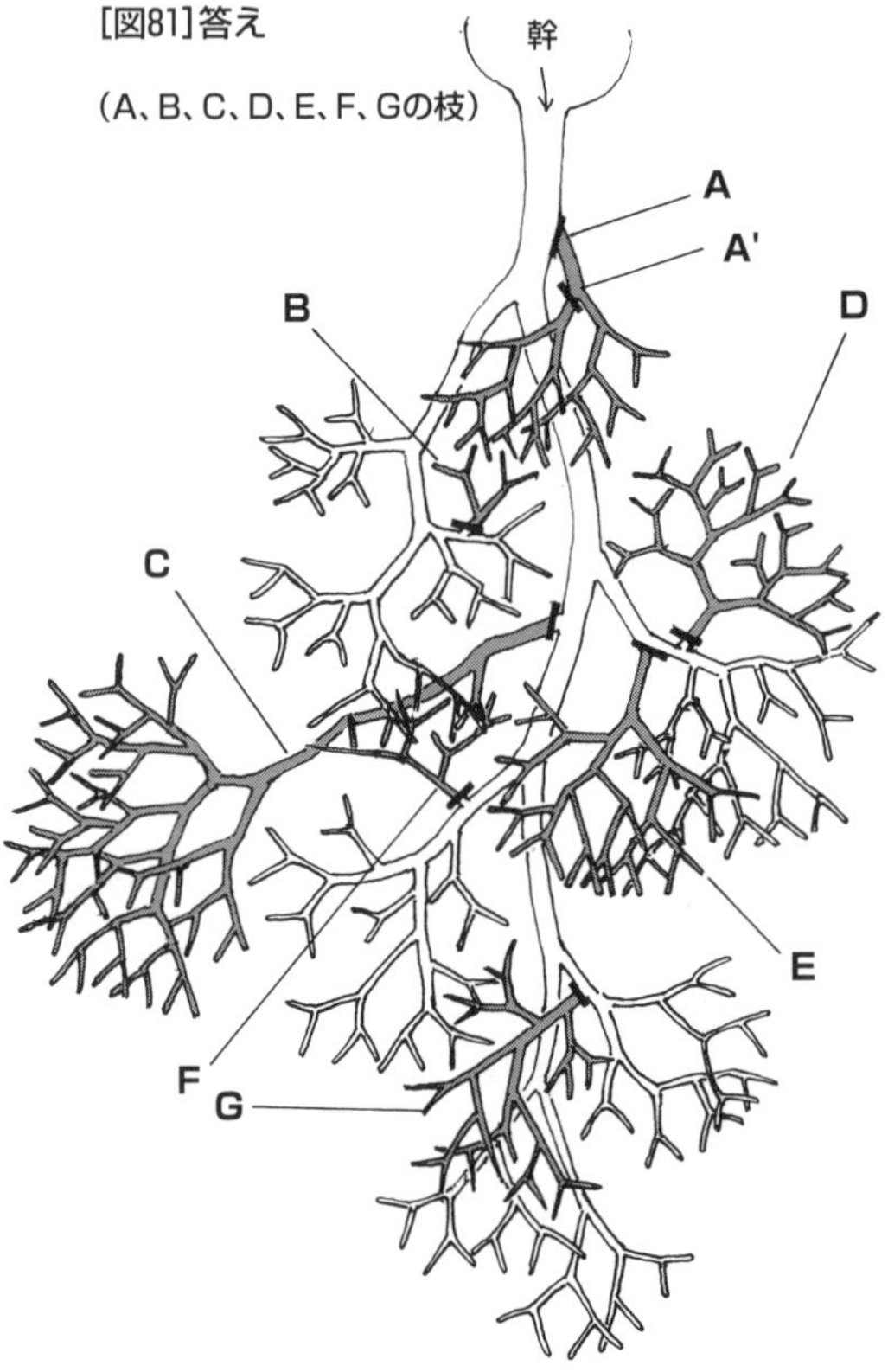

答え

Aの枝…方向は悪くないが、絡み枝になりそうなので切る。ただし、主枝とA枝の上下に空間があれば残しても良い。場合によってはAで切り、右側の枝を残しても良い。

Bの枝…明らかに主枝方向に逆行した逆さ枝。

Cの枝…この枝の木の葉形の輪郭から飛び出している。樹形も乱し下枝が日陰になる。

Dの枝…Bの枝と同様に逆方向の逆さ枝。しかし、主枝全体に枝数が少なく、ほかの枝の伸張に障害がなければ残しておき、数年後に他の枝と差し障りが生じたら切り取る。

Eの枝…ほかの枝と重なり絡み枝になりそうなので切る。

Fの枝…主枝と逆方向の逆さ枝で、良い枝と重なりそうな絡み枝なので切る。

Gの枝…明らかに絡み枝なので切る。

針葉樹2 サワラ

透かし剪定で円錐形の自然風樹形に

サワラは、深山の雰囲気を醸し出すのによく使われます。ですから、より自然風に剪定をしたいものです。剪定時期は、十一月以降の古葉が茶色になり落葉の始まるくらいのころがよいでしょう。

サワラの自然樹形は、円錐形に近い形になります。円錐形に仕立てる針葉樹の中では、管理の面や樹形の美しさではサワラが一番だと思います。

ところが、狭い庭で森の雰囲気を出すために、一～二メートル間隔に一本くらいに植えられ、高さ四メートル前後に仕立てられていることが多く、こうなると円錐形ではなくほとんどローソク型（円筒形）に近い形になってしまいます。植え込みの間隔が狭いため仕方のないことですが、剪定で自然風を強調するしかありません。

サワラは半日陰でも丈夫ですが、頂部は下部よりも透かして日を入れるようにしないと下枝が枯れ込みます。また、普通サワラは刈り込みバサミで刈り込むことが多いのですが、深山の雰囲気をだすには透かし剪定が最適です。

刈り込まず枝抜き中心の透かし剪定で

サワラも針葉樹であることを忘れないで剪定してほしいのです。葉のないところで切ると、その枝は枝分かれした部分まで、ひどいときは元まで枯れてしまいます。とくに八月から十月くらいの間は、葉を残しても強く剪定すると全体が枯れることがあります。この時期に先端を強く剪定すると、十一月になると茶色く変化して落葉する古葉だけになってしまうため、冬には葉がなくなり木自身が枯れてしまうのです。これはヒノキやチャボヒバなどの針葉樹も同じことです。

枝抜き中心の透かし剪定であれば、新葉が残るのでたいていは問題ないのですが、刈り込み剪定の場合、この失敗が多いのです。

中透かし剪定を基本にしないとコブ樹形になる

サワラの枝は互生で、剪定の基本に近い木なので枝も切りやすく、樹形も整いやすいです。サワラの剪定で気をつけなければいけないのは、小透かしで、毎年同じところで切り戻すと、すぐにコブ状になり見苦しくなることです。サワラは、若い枝のうちは枝元や枝の分かれ目から芽が出やすいので、毎年同じところで切っていると落葉樹のようにコブになるからです。

コブ樹形にしないためには、フトコ

[図83]幹や枝の分かれ目から伸びる芽を活かし枝更新／サワラ

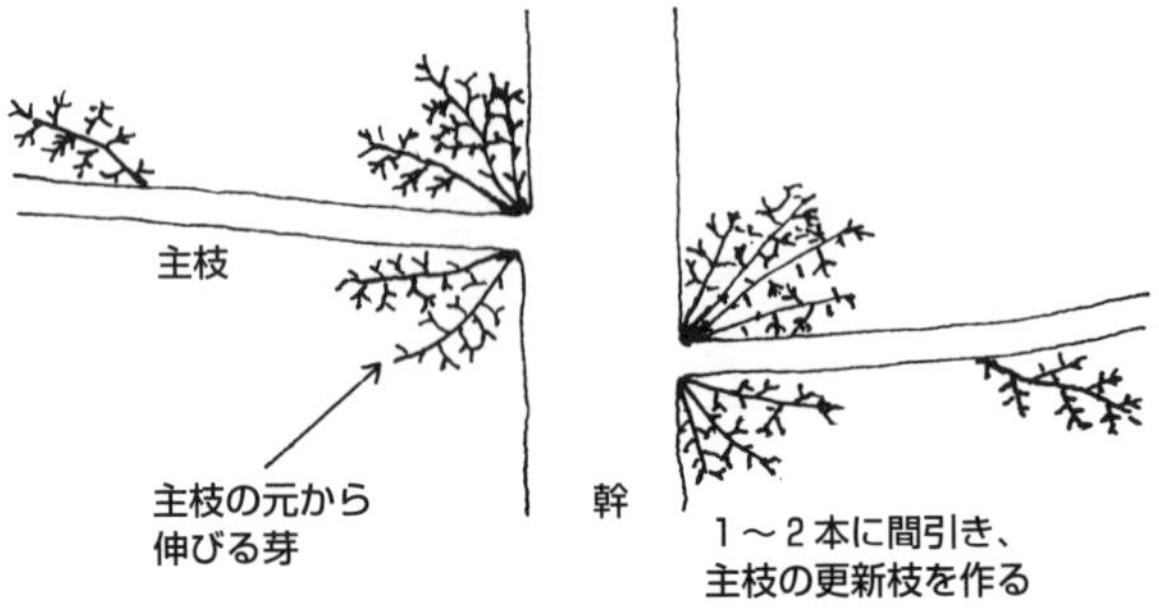
主枝
主枝の元から
伸びる芽
幹
1～2本に間引き、
主枝の更新枝を作る

ロの枝の分かれ目で切って枝を更新する中透かし中心の剪定を行ないます。針葉樹なので幹から主枝を直接切り取る大透かしは、植栽直後に透かし過ぎない程度に忌み枝を抜くくらいで、その後はほとんど行ないません。

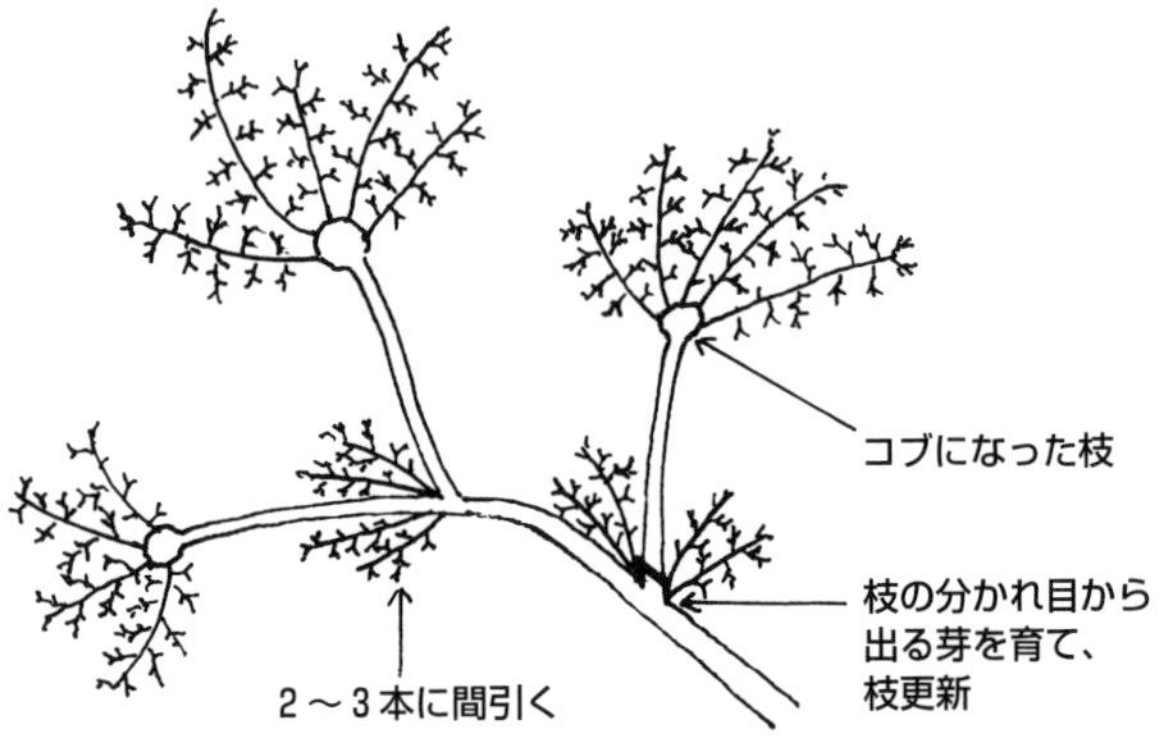
コブになった枝
枝の分かれ目から
出る芽を育て、
枝更新
2～3本に間引く

幹元や主枝の分岐部から出る不定芽を伸ばして更新枝に

中透かし剪定を行なうためには、図83に示したような主枝と幹、付け根や枝の分岐点に発生する不定芽を、すべて切らずに数本残して伸ばす必要があります。この芽を毎年全部切っていると、何年か後には芽が出なくなり、切り戻すフトコロの枝ができなくなります。向きの良い芽を二～三本残してあとは切り取り、将来、この枝に更新するフトコロ枝として育てていくわけです。

枝の分かれ目から出た枝を伸ばしていけば、図のようなコブ状になった枝も分岐部で切り取れるようになります。このようにして枝の更新をしていかないと、木全体の枝がコブ状になります。そうなるとコブから徒長枝が密生して伸びて、樹冠の内部に日が入らなくなるのでフトコロ枝も枯れ、枝の中には芽がひとつも出ない状態になり、切り戻しのできない木となってしまうのです。

スギ、ヒノキ、カヤなども同様で、この枝の分かれ目から出る芽を生かすように中透かしすることが重要です。

針葉樹3

カヤ

分岐部から伸びるフトコロ枝を活かす

カヤは庭ではよく、群植されたサワラやスギの中に主木として一～三本くらい植え、深山の主景としています。針葉樹なので葉のない部分からはほとんど胴吹きしませんが、サワラと同様に、枝が若いうちは枝の分岐部からよく芽が出ます。伸びる方向の良いものを残して伸ばし、更新するフトコロ枝を育てていくことが大切です。

カヤの葉は先端が鋭くとがり、手に刺さります。剪定の時期は、サワラと同じく十一月以降の古葉が変色し始めるころが適期です。

枝が対生で込みにくいので軽い透かし剪定で

サワラとの違いは、サワラの枝が互生なのに対して、図84のようにカヤの枝は対生だということです。さらに幹から伸びる主枝は、車枝となっています。マツも車枝ですが、古木になるとほとんどが枝枯れして自然と互生になりますが、自然木のカヤの場合、マツなどと違って古木になっても車枝や対生枝がかなり残っていることが多いのです。

それはカヤの枝葉の密度が薄く、木の向こうが見えないほど込まないので、枝が自然淘汰されにくいのでしょう。ですから、あまり枝を透かし過ぎると不自然になります。

[図84]副主枝は互生にし、軽く小透かし／カヤ

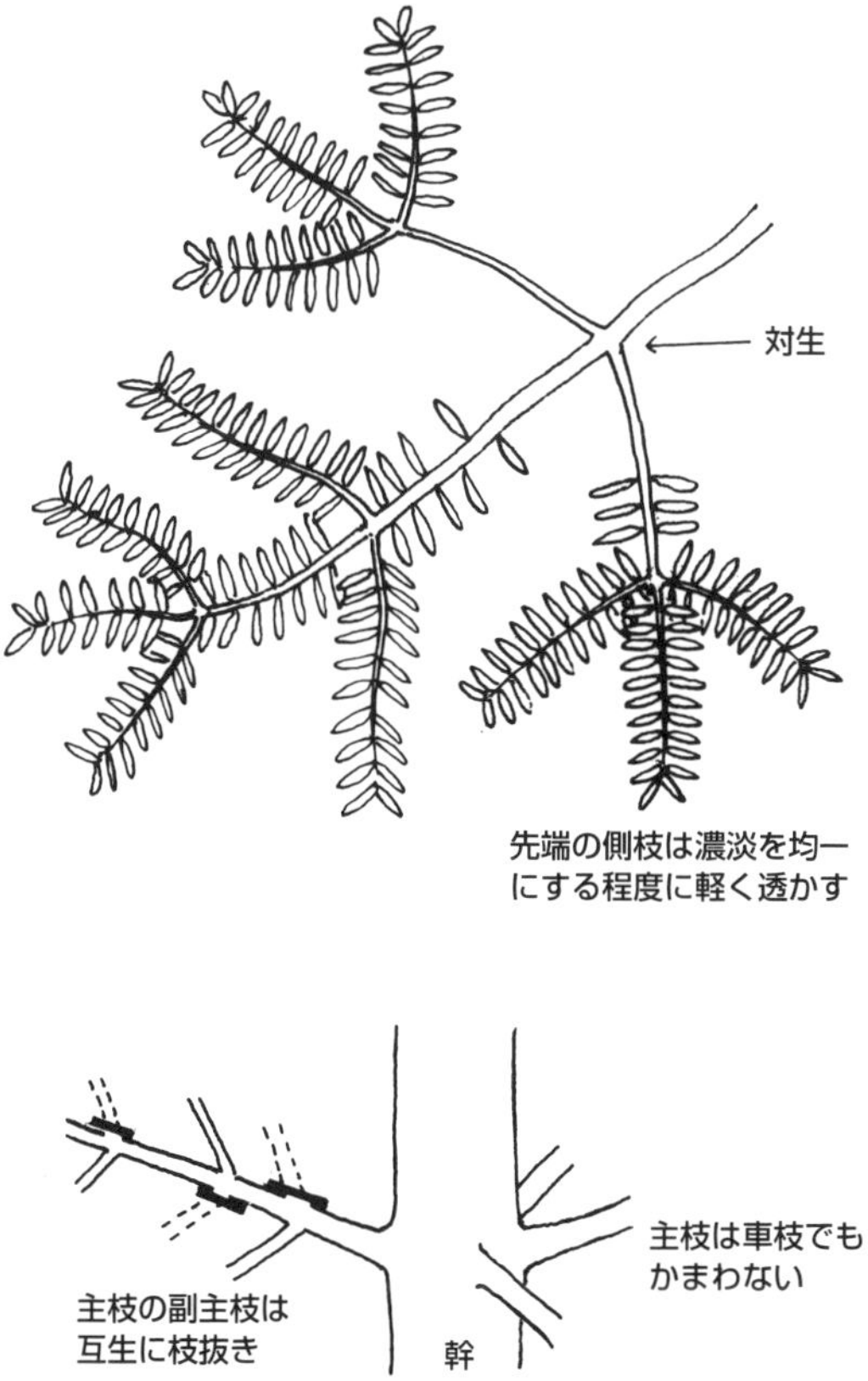

対生
先端の側枝は濃淡を均一にする程度に軽く透かす
主枝の副主枝は互生に枝抜き
幹
主枝は車枝でもかまわない

副主枝だけを互生にして 小透かしはごく軽く

車枝の主枝は、樹形や濃淡に大きな変化がないくらいであれば、木の生長に伴い少しずつ減らしてゆく程度で良いでしょう。幹の一カ所から互生に一本の主枝というふうには切りにくい木なのです。

主枝の副主枝は、透き過ぎない程度に互生に切ることを心がけて切ってゆくと自然な感じになります。主枝の車枝の枝抜きを妥協しているぶん、副主枝は互生にしたほうがより自然な姿になります。

副主枝から伸びた側枝は、節間も比較的長く対生に伸びるので枝数が少なく、互い違いに切って互生にすると枝葉の半分がなくなり、透かし過ぎとなります。側枝はそれほど気にせずに、濃淡を第一にごく軽く剪定したほうが美しく見えます。

針葉樹4 チャボヒバ

枝葉が細かく、刈り込み剪定がほとんどだが…

チャボヒバは単植することもありますが、ほとんどは群植か列植されています。

生長が遅く、ある程度の日陰にも耐え、枝葉が細かいので刈り込みができ、庭木として管理しやすいため多く使われています。

チャボヒバは、ほとんどの人が刈り込みの玉作りや散らし玉作りに仕上げるものと思い込んでいるようですが、サワラと同じように木バサミの透かし剪定で、円錐形の自然樹形にしたいものです。実際には、枝葉が細かいので手間はかかりますが、透かし剪定をすると素晴らしく美しい自然風な木になるのです。

剪定時期は 古葉が落ち始める十一月ころから

剪定はサワラと同じく、落葉の始まる十一月ころからが良い時期です。この時期なら、刈り込んで仕上げる場合も、すぐには徒長した新梢が伸びません。透かし剪定ならいつ剪定しても徒長枝はあまり伸びませんが、できればこの時期が最適です。どうしてかというと古葉の落葉前に透かし剪定をすると、その後から古葉が落葉するので、透かし過ぎになってしまうからです。

枯れ葉をもみ落としてから 中透かし、小透かし

ヒバ類は枝葉が細かく、いっせいには落葉せずに枯れ葉が小枝に絡まりやすいので、ハサミを入れる前に枯れ葉の除去をしておく必要があります。

図85のように二〜三本の側枝を両手で挟み込み、拝むようにしてもみ、古葉を落とします。古葉が残っていると

濃淡がわかりにくく、残すと見栄えが悪くなります。

もみ落としてから、枯れ枝を除きながら、枝が細かいので中透かし・小透かしを交互に繰り返しながら透かしてゆきます。

枝の分かれ目で切る 中透かしで

葉のないところで切ると胴吹きしないので、その枝は元まで枯れます。絶対に葉のない枝の途中では切れません。図のように必ず枝の分かれ目で枝抜き剪定をします。

左の図の枝は、最初に短い枯れ枝のDを切り、次に目につくのは逆さ枝のAか、徒長しているBの枝を切り、最後に方向の良い枝に重なっているCの枝を切り完了です。

[図85] 古葉のもみ落としと中透かし／チャボヒバ

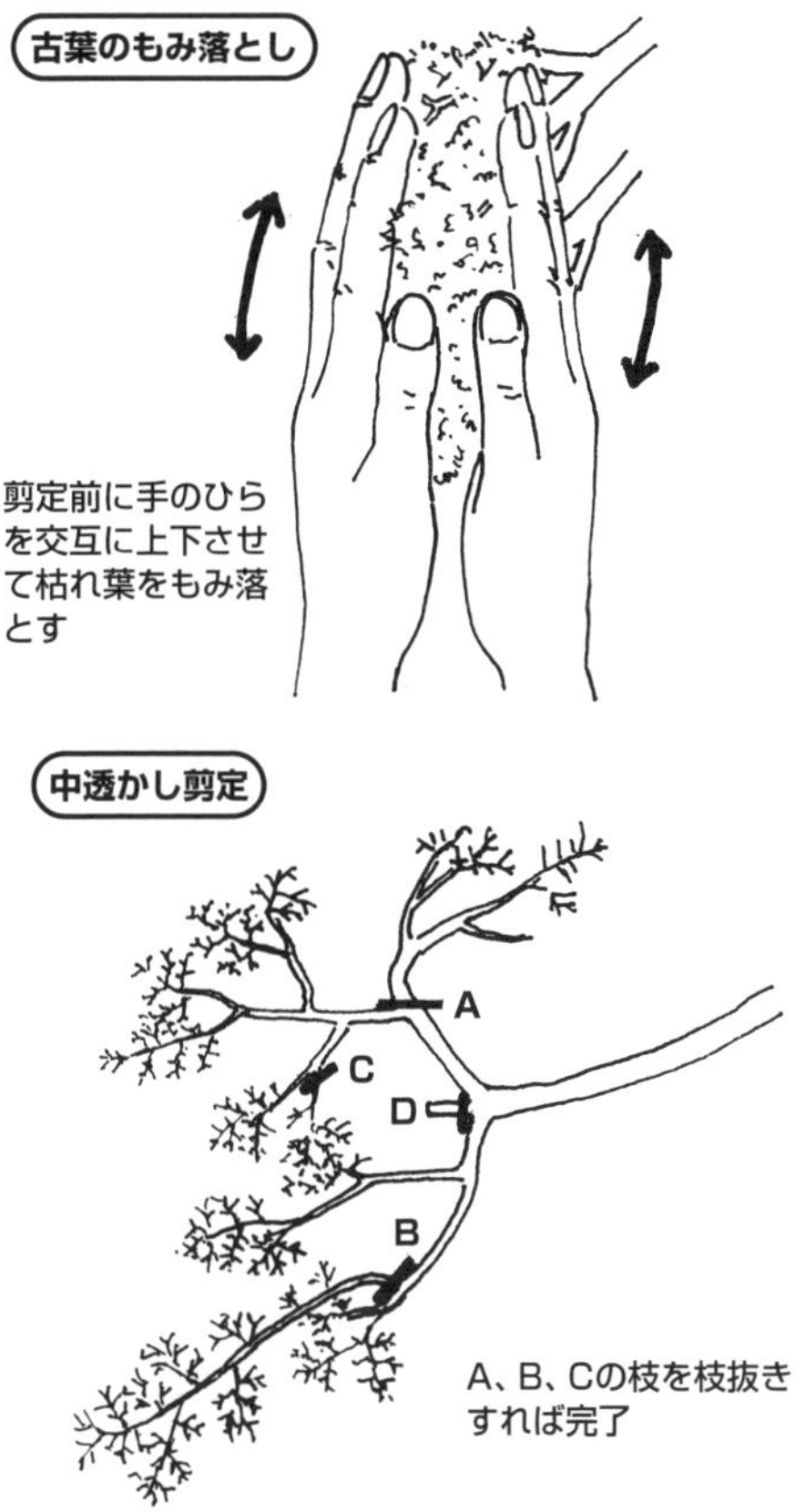

古葉のもみ落とし
剪定前に手のひらを交互に上下させて枯れ葉をもみ落とす
中透かし剪定
A
C
D
B
A、B、Cの枝を枝抜きすれば完了

刈り込み・玉樹形の改作

自然風樹形に改作する場合、散らし玉作りになっているものはやや無理です。ですが、散らし玉のひとつひとつを枯れ枝や込み合った枝を除き小透かしをすれば、それなりに自然な感じは出てきます。

ローソク型などの場合は可能です。まず大透かしをします。幹の根元から忌み枝となっていたり異角度枝などを切りますが、このときに多少の穴が枝と枝の間にあいても、自然な感じが増すので問題はありません。

あとは99頁を参考にして、数年かけて円錐形の自然樹形に仕上げていきます。

針葉樹5 イトヒバ

枝先から小枝が多く伸び、刈り込むとコブ状に

イトヒバは日当たりを好み、単独で植え付けられることが多いようです。樹形は枝垂れではないのですが、枝先から小枝が多く伸び、葉が細長く垂れているために独特な特徴をもっています。

イトヒバもほかの針葉樹と同様に、葉のないところで切るとその枝は元まで枯れ、枝の途中からの胴吹きの発生もほとんどありません。しかし、毎年同じところで枝先を切り詰めていると、そこから多くの小枝が伸びてしだいにコブ状になってきます。これでは風にそよぐイトヒバの風情が台無しです。

剪定は透かし剪定で行ないます。剪定時期はやはりほかの針葉樹と同様に落葉が始まる十一月ころが適期です。

[図86]コブ状になった枝の処理法／イトヒバ

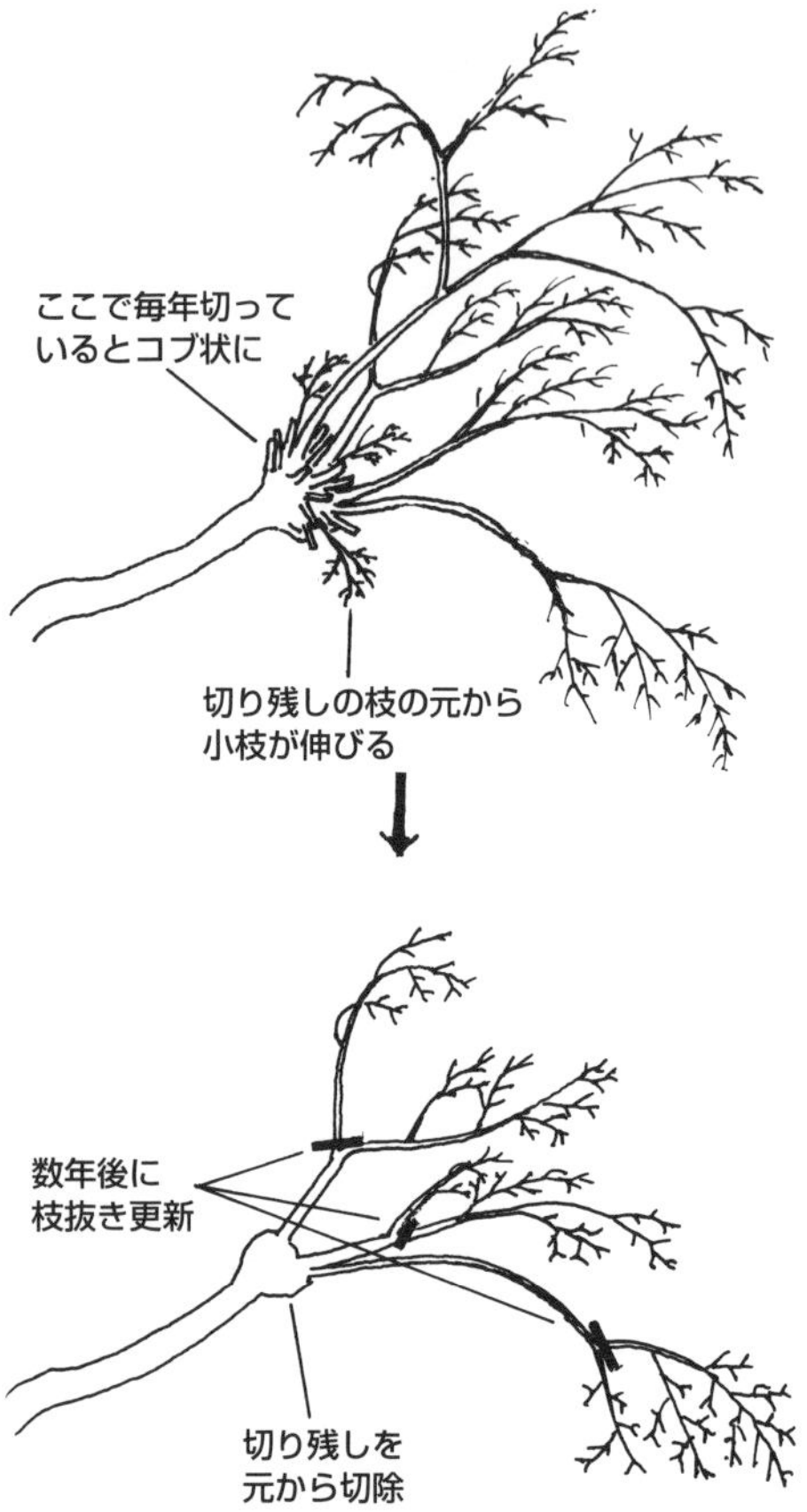
ここで毎年切っているとコブ状に
切り残しの枝の元から小枝が伸びる
数年後に枝抜き更新
切り残しを元から切除

コブ樹形の改作

図86のような枝先がコブ状になったイトヒバをよく見かけます。これは毎年同じ位置で小枝を更新しているからです。その枝も付け根いっぱいに切っていないので、切り残しの枯れ枝がコブとなり、ますますコブが大きくなります。胴吹きはしないので、コブを切り取ることはできません。

コブ樹形を改作するには、まず切り残しを元からきれいに取り除きます。これだけでも一段ときれいになります。そして、主要枝となるものを二〜三本、左右に開くように残し、その主要枝から出た小枝を次の年から透かし

剪定をしていけば、樹冠が少し大きくなりますが、いくらかでも自然樹形に近づけます。

枝先が伸びやすいイトヒバは、ほかの針葉樹以上にフトコロ枝を大事にして育て、数年おきに中透かしで更新していくことが大切です。

針葉樹6 マキ

広葉樹と同様よく胴吹きし、仕立て木風樹形が主流だが

マキは針葉樹ですが、生育の特徴は常緑広葉樹に似ています。萌芽力は強いが生長は遅く、葉のないところで切ってもよく胴吹きします。刈り込み剪定でも枝枯れすることなく、強剪定もでき、材質もやわらかく誘引して形を作るのも容易です。日照は好みますが、マツよりは日陰に強いようです。

そのため庭木のマキは、先端をこまめに刈り込み、枝を下げて誘引し、マツのような枝ぶりに仕立てたものがほとんどになってしまいました。自然のマキは枝がクネクネと曲がり、あまり見栄えがよくないからかもしれませんが、刈り込まずに、できるだけ透かし剪定を基本に、小透かしをこまめにやって自然風の樹形にしたいものです。

寒さに弱いので強剪定は芽出し前の早春に

マキは寒冷地では育たないように、耐寒性が弱い暖地の木です。樹勢が強くかなりの強剪定ができますが、関東北部など冬寒いところでは、秋から冬に強剪定すると、樹体が弱り枯れやすいので注意してください。

マキの落葉は常緑広葉樹と同じく、芽吹き後の五月ころです。ですから、冬前に強剪定すると葉にためた養分を捨てることになり、樹体が弱り耐寒性がいっそう低下するのだと思います。

そのことさえ注意すれば、剪定法などは常緑広葉樹と同じに考えてよいのです。

晩秋、軽く一度の透かし剪定で

軽い剪定なら、ほかの針葉樹と同様に十月から十一月がよいでしょう。新梢の伸び切った七～八月に夏季剪定をすると、そのあとに切り口から土用芽が少し伸びて黄色味をおびて、成熟した葉の色とは不調和な落ち着きのない雰囲気の木となってしまいます。

十月から十一月に一度剪定すれば、翌年の四月まで六カ月間美しく見られます。強めに剪定をするときは、ほかの針葉樹と同様三～四月の芽出し前が良いのです。

マキはどこからも切れ、胴吹きも良いので、刈り込み剪定されることが少なくありませんが、マキに限らず刈り込みバサミで刈ると葉先が茶色く焼け

[図87] マキの小透かし剪定

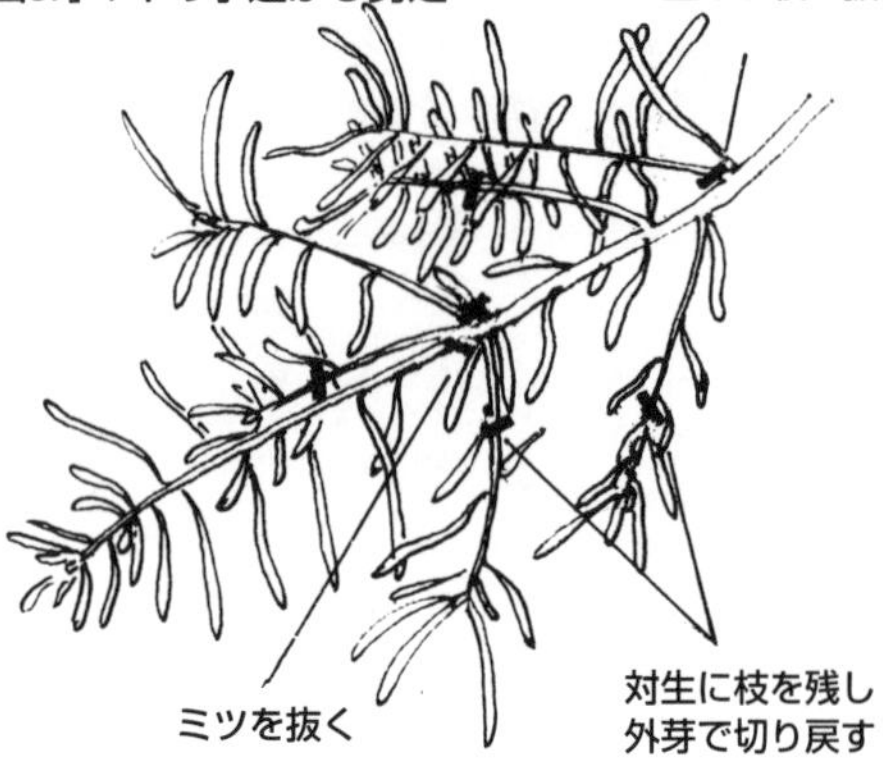
重なり枝は抜く
対生に枝を残し
外芽で切り戻す
ミツを抜く

て観賞価値が下がってしまいます。透かし剪定でやりたいものです。

ミツを抜き、残した枝を切り詰める小透かしで

剪定法は、常緑広葉樹のモチ、ヤマモモなどと同様に考えてよいでしょう。それは枝分かれした部分から先端までの間に葉が連なってついているので、小透かしのときに葉の途中で切れるからです。

大透かし、中透かしを終えたら、図87のように、枝の分かれ目の元から枝を抜き、それから残った枝の長さを輪郭を見ながら、あまりきれいに揃えず、出入りをつけながら葉のある部分で枝の途中を切って透かしてゆきます。

マキは葉が多いので、小透かしの段階で半分もしくは三分の一くらいに葉を減らさないと透けないのです。

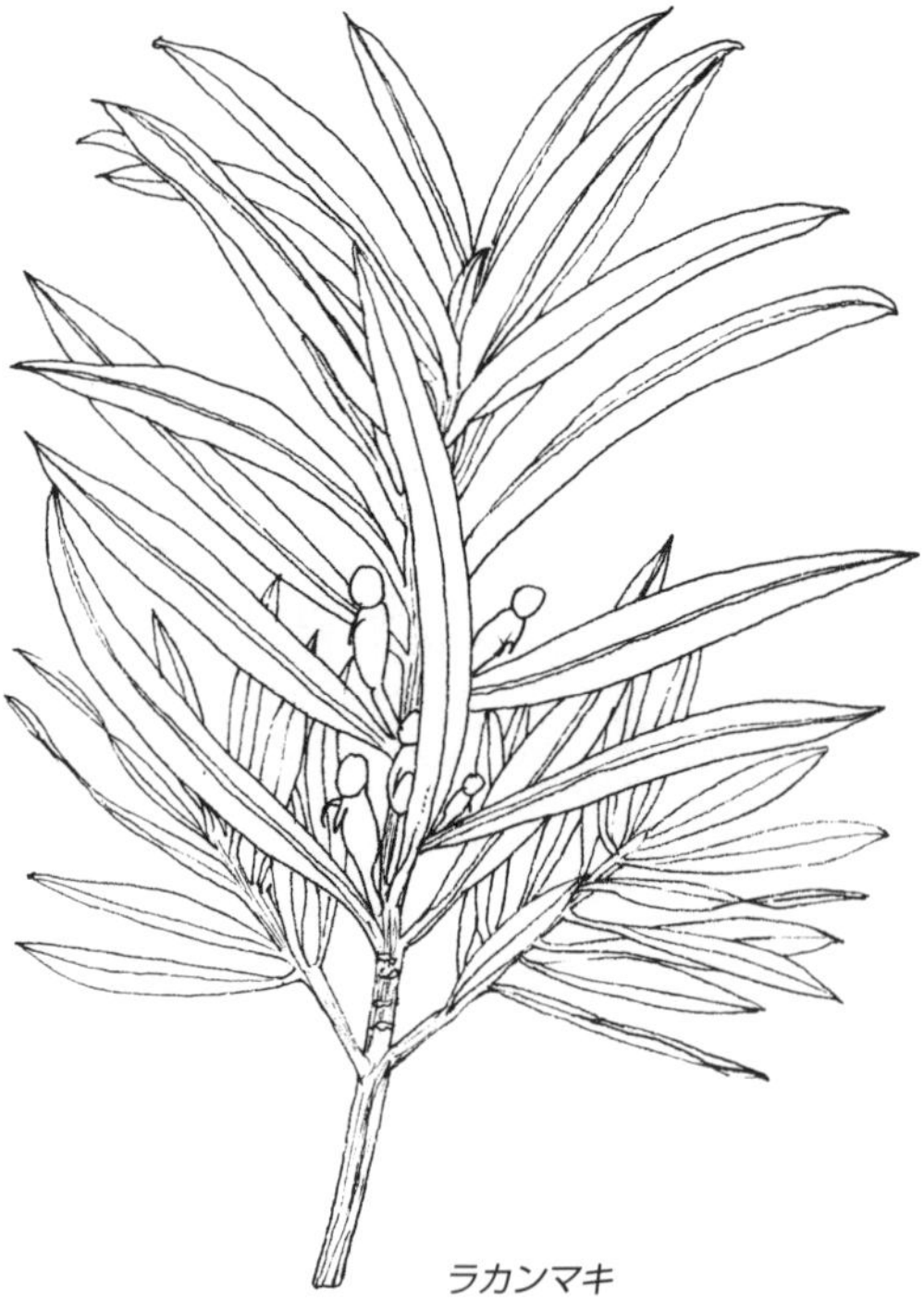

ラカンマキ

常緑広葉樹

常緑広葉樹は針葉樹と違い、腋芽も胴吹き芽も萌芽しやすく、どこで切っても枯れることはありません。ですから剪定も容易です。

常緑広葉樹の落葉は春で、新葉と交代するように落葉します。この芽出し前ならすべての枝を一度に切り詰める一挙更新も可能です。

注意しなければならないのは、落葉樹と比べても寒さに弱いことです。晩秋から冬の強剪定は禁物です。芽吹きも落葉樹と比べると三週間くらい遅くなります。

常緑広葉樹1

モッコク

小透かしは弱めに枝抜きのみで

モッコクは、日陰にも強く、樹形が乱れにくいので管理の面でも楽で、品格のある庭木だと思います。単独で植えられることが多く、よく庭の主木に植えられています。

生長が遅いので剪定に要する労力は少なくてすむのですが、剪定方法は庭木のなかでも一番むずかしい樹種だといえます。どうしてむずかしいかというと、萌芽力は強いのですが、図88を見ればわかるとおりに、葉がほとんど枝の先端にしかついていないのです。枝がすべて車枝で、放射状に毎年一節ずつ伸び、その先端に葉をかためてつけるからです。

透かし剪定ができないと剪定できない

同じ常緑樹でも、葉が間隔をあけて互生につくモチやヤマモモなどは、外芽の先で切る小透かしができますが、

[図88] モッコクは枝抜きのみで透かす

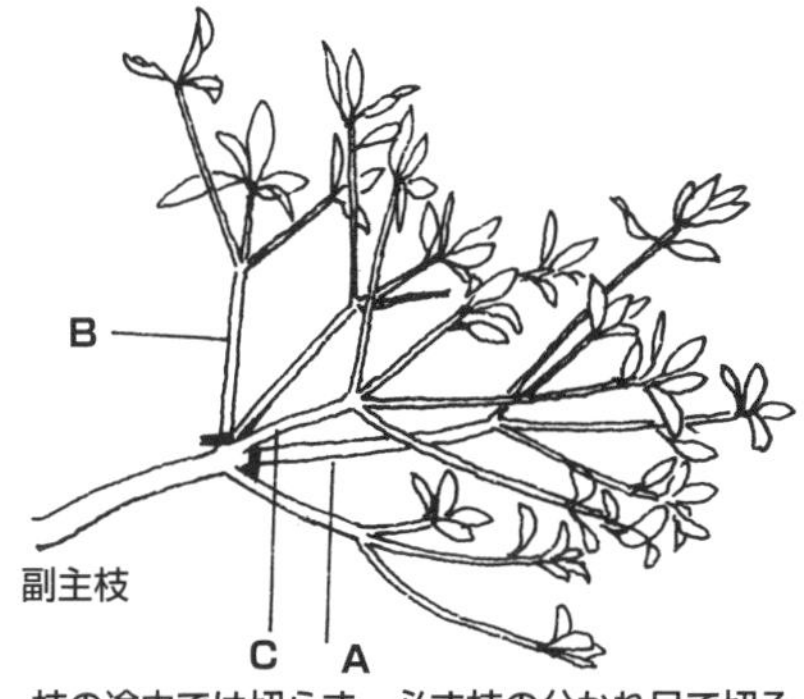

枝の途中では切らず、必ず枝の分かれ目で切る

モッコクは枝の途中に葉がないので、枝の途中で切る小透かしができないのです。葉のない途中で切っても枯れずに胴吹きしますが、切り口が見えたり、徒長枝が伸びだし、見栄えが大変悪くなります。

そのために、先端部の透かし剪定もすべて、木バサミで枝の分岐部で切る枝抜き剪定で行なうほかありません。つまり、自然風剪定の基本である大透かしや中透かしだけでなく、小透かしも枝抜きによる透かし剪定で、全体の濃淡を揃えるほかないのです。これがモッコクの剪定がむずかしい理由です。自然風剪定の基本を完全にマスターしないと、モッコクを美しい枝ぶり、樹形にできないのです。

私は、私なりに人の剪定の技量を見るのにモッコクを見ます。葉の量が少なく先端にしかついていないので、正しい枝抜き、透かし剪定ができないと葉の濃淡がバラバラとなり、枝ぶりもほかの木と比べて見えやすいので、悪い枝はより目立つからです。

このモッコクを刈り込みで仕上げる人がいますが、それでは切り口が露出し、切られた葉は茶色に変色し、しばらくすると徒長枝が伸びて樹形が乱れてきて、モッコクの良いところがなくなってしまいます。

大透かし・中透かしで主枝と副主枝は互生に枝抜き

モッコクは車枝状に枝が発生しているので、主枝は互生の枝ぶりを目指して大透かしをし、中透かしでも副主枝を互生に近づけるように努力します。先端の枝の小透かしは、必ずしも互生になるよう二本残しにしなくてもかまいません。葉の量がほかの木よりも少ないので、全体の濃淡を見ながら薄いところは三本、四本残しでもかまいません。

剪定時期は十月過ぎが良い

剪定時期は、強剪定であれば春の芽出し前にします。普通の剪定の場合は、夏季剪定すると、剪定後に土用芽が短く赤い芽を発生し、冬から春先までその姿のままなので、見栄えがあまりよくありません。それに土用芽にとっても霜害にあいやすくなるのでよくありません。

モッコクの剪定は、剪定しても土用芽ができなくなる十月過ぎからの剪定がよいでしょう。

濃淡を見ながら太い枝から枝抜き

図88をもう一度見てください。この図の枝は主枝から伸びた副主枝です。この枝をこぢんまりと、将来性のある整った形にするには、まずAの枝がこの中で一番勢いがよく徒長しているので、ミツを抜く要領で元から切ります。

そして将来立ち枝となるBの枝も元から切ります。残す枝は三本で、まだ車枝となりますが、この程度にしないと透かし過ぎになります。数年後に込み合うようになったらCの枝を抜いていけば良いのです。

しかし、この時点で、Bの枝も時と場合によっては残しても良いのです。この副主枝の後ろか上部の枝を抜いて空間が広くなり、より透き過ぎて見える場合はBの枝を残し、翌年に枝が込んだところでBの枝は切ります。

剪定では、枝には必ず切る枝と、絶対に残す枝と、今のところは濃淡によって決めようという中間的な立場の枝があります。剪定の順序は、切れる度合いが強い順に濃淡を確かめながら切っていきます。

このように中透かしをすれば、今年伸びた先端の葉はほとんど透かす必要はありません。

常緑広葉樹2

モチ

丈夫で管理は楽だが毎年小透かしが必要

モチの木は、モッコクなどと並んで必ずといっていいほど庭に使われています。モッコクと同じように生長がやや遅く、日陰にも強く、樹形が乱れにくいので、管理の面でも楽です。

モッコクとの違いは、葉の色がボケた緑色なのと、葉が互生に螺旋《らせん》状につくことです。萌芽力も非常に強く、螺旋状についた葉から芽も多く伸びるので、枝は車枝のように密に四方に伸びて、葉や枝の量が多くなります。毎年剪定をしないと、フトコロの良い枝が枯れるほど枝葉が込んできます。

自然風剪定でこそ美しくなる

モチの木も仕立て木風や散らし玉作りにして、刈り込みバサミできれいに刈り込んだものが多くなりました。しかし、葉が一枚も樹形の輪郭から飛び出していない、型にはめたような輪郭線は不自然で美しくありません。

木バサミで一枝一枝透かし剪定する自然風剪定は、刈り込みバサミによる刈り込み剪定に比べかなり手間がかかりますが、剪定後の自然な枝ぶりの美しさは格別です。

無理に枝を下げたり、丸くせず、その幹なりの枝を生かし、樹形も型にはまった寸胴のローソク型にならないように枝と枝の間に空間を作るように枝抜き（大透かし）をします。ただし中には枝と枝が接した部分もあってもよいでしょう。アンバランスのなかの調和にこそ、自然の美しさがあると思います。

剪定時期は、モッコクと同じく十月過ぎからがよいでしょう。

[図89] モチの小透かし

まず太いAの枝を枝抜きし、残りの細い枝は外芽で切り戻す
A

小透かしは枝抜きと切り戻しで濃淡を均一に

モチの木だけは、こうしたら良いのにという特別な剪定のポイントはありません。モッコクとの違いは、枝が車枝状になり、枝の先端部の葉の量がモッコクと違い多くなるので、小透かしも必要となってくることです。大透かし、中透かしで主枝、副主枝をできるだけ互生になるよう枝抜きをしたら、小透かしをします。

図89はモチノキの副主枝から分かれた側枝にあたる、小透かし部分の枝です。まず最初にいらない枝は、一番太く大きいAの枝です。残りの五本の枝は、同じくらいの大きさで絡み枝もないので、仕上がったときの枝葉の濃淡が均一になるように、また、この側枝の前後、左右の枝との関係で、切る枝を決めれば良いのです。接近した枝同士は、どちらか片方を切り、均等に透けるようにします。

残す枝の本数は三本でも四本でも良いのです。小透かしの部分は互生であるよりも、濃淡を均一することを重点に考えたほうが良いと思います。

小透かしの枝抜きが終わったら、残った小枝の葉の外芽の部分で切り戻します。濃淡を揃えるようにして、小枝の先を切り戻します。

このように枝葉が多い樹種の小透かしでは、小枝の元から切って枝を抜く小透かしと、葉を残して途中から切る小透かしの二通りの方法で透かし、濃淡をならしていきます。

挑戦したい「三ツ葉透かし」

これでモチの剪定は完了です。前述（60頁）しましたが、この後、先端の三枚前後の葉を残し古葉をもみあげる「三ツ葉透かし」は、小透かしが終わってから、すべての小枝の葉を三枚前後残して指でもみあげるのです。

どうしてこんなに手間をかけて透かすんだ、小透かしの段階でもっと枝を元から切れば透けるのに、と思うかも知れませんが、そうではないのです。それでは先端が太い枝となり、しなやかな小枝の多い自然な姿ではなくなってしまうのです。

適当に小枝が多くて、全部の枝先に三枚前後の葉しかついていないで細い小枝が透けて見える、この繊細な美しさを、一度は経験してほしいものです。

自然風とは少し違いますが、植木職人が作れる芸術品のような美しさがあります。

常緑広葉樹3 シイ

樹勢が強いからこそ強剪定は避けたい

シイは日当りを好み、目隠しに列植したり、単独で植える場合が多いのですが、最近の庭ではあまり多くは使われなくなったように思います。樹勢も大変強く萌芽力も一番強いほうなので、太い枝を寸胴切りしても勢いよく胴吹きしてきます。

そのため、どうしても強く剪定をする場合が多いのですが、樹勢が強いからこそ、透かし過ぎない抑えぎみの剪定で伸びを抑制する必要があるのです。強剪定して透かし過ぎると、徒長枝が大量に発生して樹形を乱したり、幹や主枝が縦溝状に枯れ込むことがあります。

刈り込み樹形は一番似合わない

また、刈り込みで仕上げたものをたまに見かけますが、シイの刈り込みは一番似合わないのではないかと思います。刈り込まれる部分の枝が太いために切り口も汚く、裏返った葉の色が茶色っぽいので、よりそのように見えるのかもしれません。

勢いよく多数発生する胴吹き芽の処理法

シイを大透かし・中透かしすると、幹からも胴吹きしますが、主枝から多数の胴吹きが勢いよく発生します。それもほかの樹種とは違い、樹勢が強いので、すでに伸びている副主枝よりも太い枝が発生することがあります。その数も放任樹かと思うほど発生します。経験が浅いと、どれを切ったら良いかわからなくなるほどです。

でも新しい胴吹きの枝か古い枝かは、放任樹の剪定（95頁）で紹介したように、枝の色で見分けがつきます。枝のほしい場所以外から出た胴吹きは、元から切って樹形を維持します。

剪定時期は夏がおすすめ

剪定時期は、シイに限っては夏が適期です。樹勢が強いので夏でも心配なく、夏に一度普通の剪定をしておくと、秋に再び伸びて樹冠をはみ出した何本かの枝を除くくらいですみ、翌春まで美しい樹形が長く楽しめます。

芽出し前の春に強剪定すると、徒長枝が最も多く勢いよく伸びるので、その後何回も剪定しなければいけなくなります。

小透かしは枝抜きだけでよい

大透かし、中透かしのポイントは基

[図90] シイの小透かし

枝が互生に平面的に出るのでAかBかCで
枝抜きするだけで、残す枝はいじらない

本通りです。小透かしは、モッコクと同様に枝抜きで行ないます。

シイの場合は、モチノキよりも葉の数は多いのですが、モチのように先端の小枝を葉の途中の外芽で切るようなことはしません。図90のように、葉は互生で、先端部の腋芽が三〜五本くらい勢いよく伸びてきます。この新梢を夏に互生になるように枝抜きすれば、残した枝を切り戻す必要はありません。

この図で小透かしをするとすれば、AかBかCで切ります。それ以上ハサミを入れる必要はありません。ハサミを入れるとすれば、この枝自体が全部いらない場合です。

小枝の途中で切り戻す小透かしが必要がない理由は、葉の付き方の違いにあります。モチの葉は葉の付き方が同じ互生でも、螺旋状とまでは言いませんが上下左右についているために、葉のついている部分の枝を短くしないと透けてきません。

ところが、シイの葉は地面に対して水平に近い状態で左右に葉を広げているので、葉が多くても透いて見えるのでしょう。シイは小枝の先端を切らなくてもよいぶん、より自然風に見えるのです。

常緑広葉樹4 ツバキ・サザンカ

剪定時期は花後にし、枝抜き剪定で良い花芽をつける

ツバキは日陰にも強く、花の種類も豊富なので庭にはかなり多く使われています。列植したり、単独で植えたり、和風、洋風にも合うので、これからも人気の高い樹種といえるでしょう。

樹勢・萌芽力が強いので、剪定は基本の透かし剪定で容易にできますが、花を楽しむ花木なので、剪定時期を選びます。剪定時期は、花後すぐの三〜四月くらいの芽出し前に行なうのがよいでしょう。初冬に咲くサザンカもこの時期が適期です。

ツバキもサザンカも、春から伸びた新梢の頂芽や、その下の数枚の葉腋に六月から八月くらいに花芽が分化します。ですから、この春の芽出し前に剪

定ずれば、花芽分化に支障がありません。夏は先端部に花芽ができるので、むやみに切ると花芽を落としてしまいます。

　春、芽出し前の剪定でも、各小枝の充実した頂芽を残すように枝抜き剪定だけで透かせば、充実した頂芽から充実した新梢が伸びるので、花芽のつきも良くなるのだと思います。刈り込み型の剪定をすると花数が少なくなり花を楽しめません。

[図91]ツバキの花後の小透かし

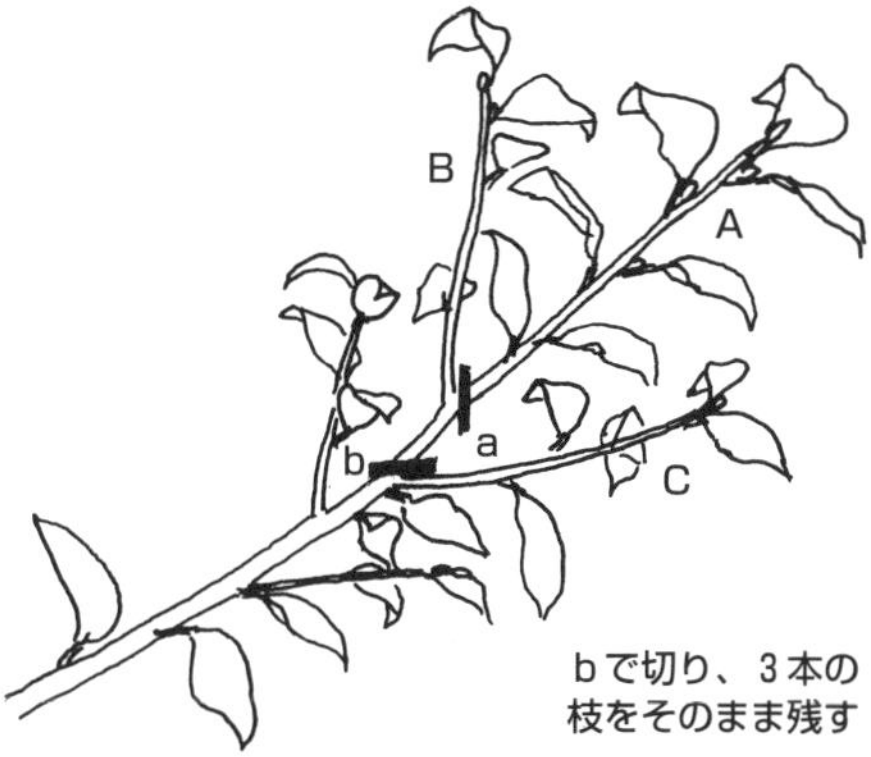
B
A
a
b
C
bで切り、3本の枝をそのまま残す

　図91の枝の場合、まず切る枝はAの枝です。A枝は頂芽優先で勢いよく伸びる枝なので、まず抜く必要があります。しかし、aの位置で切ると内芽向きで立ち気味のB枝が頂芽優勢で伸びてしまいます。そこで外芽向きのC枝の元のbの位置で枝抜きします。これで完了です。この主枝の太さと残りの三本は枝の量からして、三本残せば養分の分散もでき徒長枝が出にくくなるからです。

　花後の剪定でも、枝の途中からは透かさず頂芽を残すことが、良い花芽をつけるコツです。

秋に輪郭を揃え立ちぎみの徒長枝を抜く

　そして、秋に徒長した枝を木の輪郭に揃える程度に切って、樹形を整えます。この時期にはもう花芽はハッキリと確認できるので、花芽をできるだけ落とさないようにします。

　また、ツバキは剪定後、立ち枝となる徒長枝が多く発生するので、秋に立ちぎみの徒長枝は全部元から切るようにして、方向、角度の良い枝だけ残すようにします。立ち枝は、多くなると樹冠内部がますます暗くなり徒長してしまうので、内部に光が入るように透かします。

　このように花後と秋に枝抜き中心の透かし剪定をすれば、花も樹形も楽しめるようになります。

ツバキ

常緑広葉樹5

ツゲ（イヌツゲ）

生長が遅く樹形が乱れにくいので剪定は容易

萌芽力が強いのに葉が小さく生長が遅いので、樹形が乱れにくく、剪定も容易で扱いやすい庭木です。日当たりを好み、寒さにも強く、散らし玉仕立ての庭木がよく見られますが、萌芽力が強く生長が遅いことから、ツルなどの形に造形されたり、生け垣にも多く使われています。

ツゲの手入れは、秋の一度の刈り込みか、夏と秋の二度の刈り込み剪定で普通行なわれていますが、自然風の透かし剪定なら徒長枝の発生も少ないので、秋に一度透かすだけでほとんど樹形は乱れません。

このようなツゲは、素人でもいろいろな樹形を楽しめる木です。一本幹の単幹仕立てが普通ですが、株元で数本の幹を伸ばした多幹仕立ても容易です。また、ヒコバエも出やすいので株立ちでも仕立てられます。

自然風剪定で風格ある樹形に

ツゲは刈り込みバサミで輪郭を刈り込んで仕上げることが多いのですが、その場合でも刈り込む前に、できるだけ細かな枯れ枝を除去しておきます。刈り込んでから除去すると、枝が動いて凸凹になり仕上がった樹形が乱れてしまいます。

枯れ枝を除去して刈り込むと、小枝が透けて美しい姿に見えます。

できたら、ツゲも剪定バサミで透かし剪定し、自然風樹形に仕立てたいものです。私も散らし玉仕立てになっていない野木状態のツゲの木を、大透かし、中透かし、小透かしをして自然風樹形に仕上げたことがあります。ツゲは小枝が細かく伸びるので、小透かしが不可欠です。小透かしをしないときれいに透けません。三年くらいすると、樹高は二メートルほどで大きくないのに、図92のような主枝から小枝が細か

[図92] ツゲの散らし玉仕立てと自然風樹形

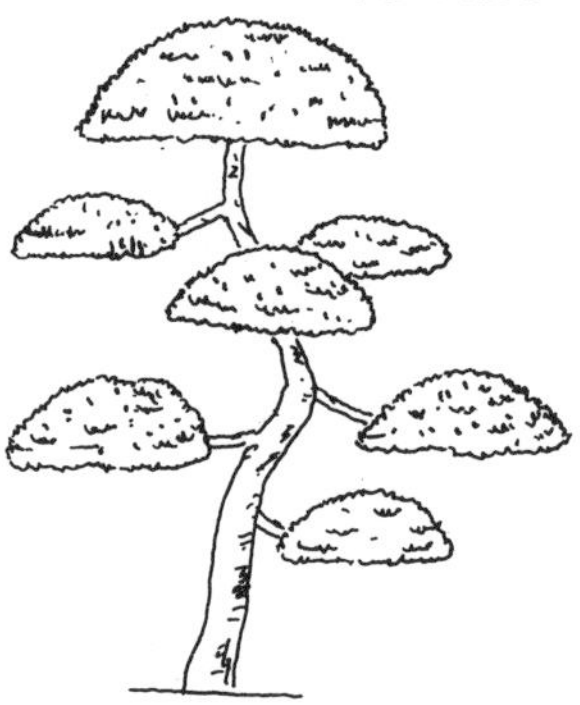

刈り込みによる散らし玉仕立て

自然風剪定による自然風樹形

く伸び、小枝に小さな葉をつけた、大木を思わせる風格ある自然樹形に仕上がります。

常緑広葉樹6

カクレミノ

丈夫で乾燥した場所や日陰でも育つが更新剪定が不可欠

カクレミノは、日陰に強いので、ほかの樹木が育ちにくい場所にも植えられます。落葉樹が主体の庭で常緑がほしいときなどには最適の木です。また、乾燥に強く、軒下近くのあまり雨の当たらない場所でも育つので、数本を寄せ植えしたり列植して、庭の仕切りや目隠しなどにもよく使われています(乾燥に強い木としては、ほかにナギイカダがあります)。

このような目的で植えられるカクレミノは、一～一・五メートルくらいのものが植えられることが一般的で低木として扱われることが多いのですが、この木は意外と大きくなります。植えてから枝抜き剪定で樹冠を小さく維持していかないと、高さ四メートル、幅四メートルにもなり、庭のバランスを崩すほど大きくなってしまいます。

毎年一～二年先を読み、大きくなった幹や枝を抜き、小さな枝に更新していくことが必要です。剪定時期は軽い剪定なら秋に一度でもかまいませんが、強い剪定をするときは三～四月ころの芽吹き前が適期です。

胴吹き、ヒコバエを活かして主幹更新

現在の樹冠の大きさに維持していくには、数年に一度くらいは主幹を切り詰めて小さくしていく大透かし、中透かしが必要です。

図93のように、高くなった主幹を下部の主枝の分岐部Aで切り、樹高を低くします。この主幹の切り戻しを数年おきに行なうためには、下部の枝を切らずに伸ばすようにします。また、主幹下部に出てきた胴吹き芽を大事に育てます。このような強剪定となる主幹更新後には必ず切り口近くから胴吹き芽が伸びてくるので、伸びる方向の良いものを数本選んで、数年後に主幹として更新できるように育てるのです。

カクレミノは株立ちになることが多いのですが、なぜかヒコバエはあまり発生しません。ヒコバエが伸びてきたときは大事に育て、一番大きな主幹と更新すれば、よりいっそう自然な樹形を維持することができます。

[図93] カクレミノは数年おきに主幹更新

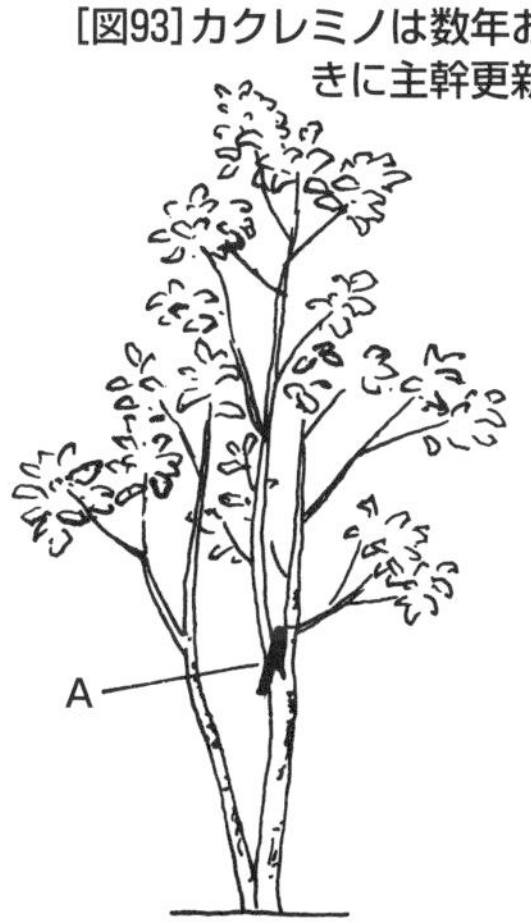

常緑広葉樹7 キンモクセイ・ギンモクセイ

秋の花後に剪定

九月から十月に芳香を漂わせるモクセイ。オレンジ色の花のキンモクセイと白色のギンモクセイとがあります。

日当たりを好み、庭の主木として植えられたり、外からの目隠しや生け垣としてもよく使われます。萌芽力は強いわりに生長が遅いからです。

普通、刈り込み剪定で円筒形に近い樹形に仕立てられることが多いのですが、透かし剪定で自然風樹形にすると、洋風の家にも合う品の良い樹形になります。

剪定時期は、花後の十月から十一月ころが適期です。強剪定する場合は、春の芽吹き前が剪定適期です。モクセイは春から伸びた新梢に花芽が分化して秋に咲くので、芽吹き前に剪定すれば花芽を落とすことはありません。

[図94]キンモクセイの刈り込み仕立てと自然風樹形

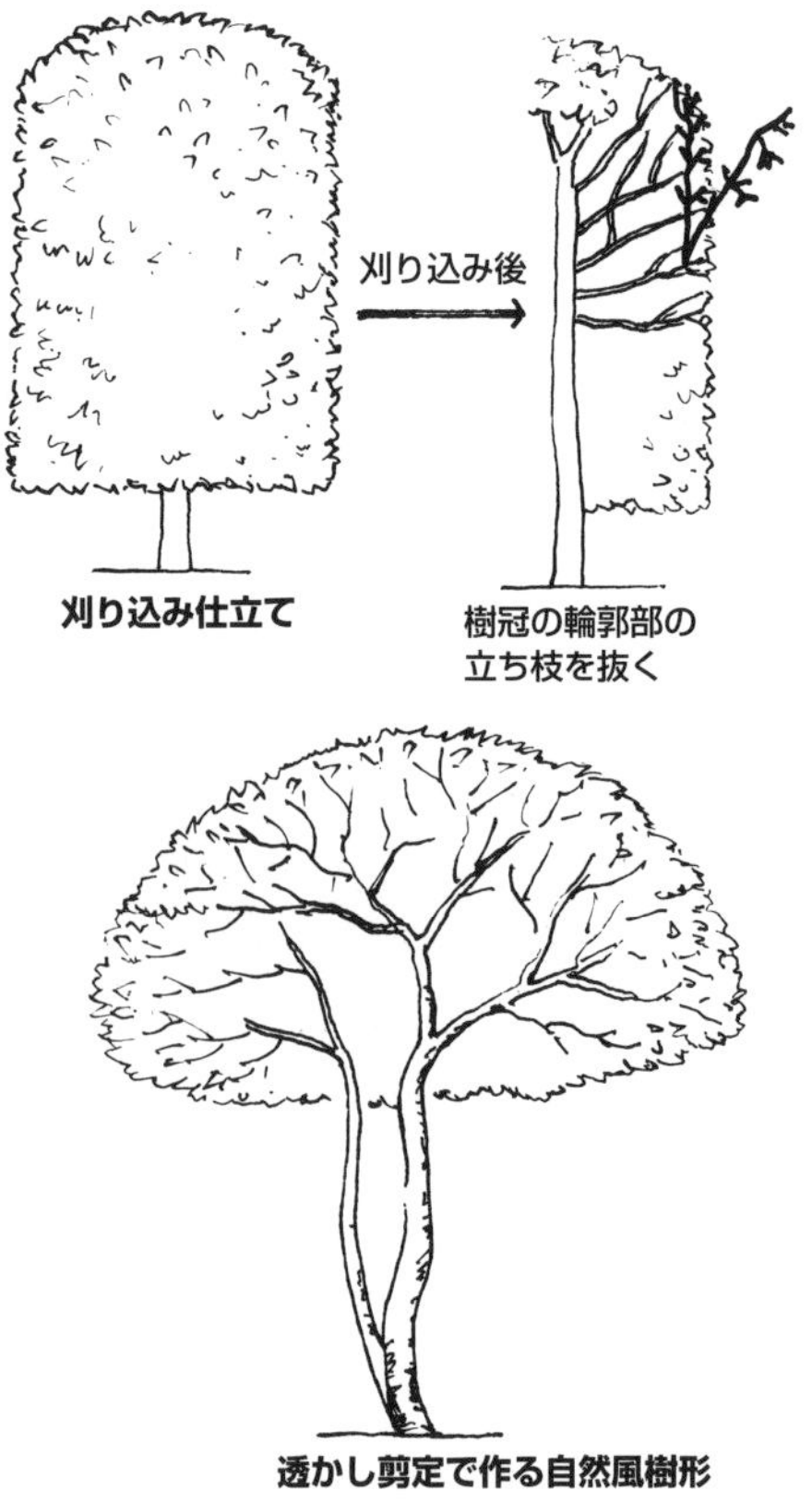

刈り込み剪定では刈り込み後樹冠近くの立ち枝を除去

刈り込み剪定で円筒形の樹形を維持するには、毎年花後に前年の刈り込み位置まで刈り込みます。そうしないと年々大きくなりすぎてしまいます。刈り込みが終わると、内部の枝がよく透けて見えるようになるので、中透かし程度の枝抜きをするとより美しく見えます。

モクセイは立ちぎみに枝が伸びやすい木です。若木のころから枝角度を揃えるように枝抜きして作ってきた円筒樹形は別ですが、ある程度成木になってから極端な立ち枝や大きな絡み枝をを元から抜くと、円筒形に大きな穴があいてしまいます。樹形が変わらない程度に忌み枝を切って透かすほかありません。

しかし、図94のように樹冠に近いところから立ちぎみで伸びた枝は、必ず元から切って除去します。このような枝は、強風や積雪にあうと樹冠の輪郭から飛び出し、手で戻さない限り元に戻らなくなり樹形を乱してしまうからです。

また、枝抜きをすると胴吹き芽が多く発生するので、数年間は取り続けないと、同様の立ち枝になってしまいます。取り続けると徐々に少なくなってきます。ただし、方向の良い芽は残し、悪い枝と更新していきます。

透かし剪定で風格のある自然風樹形に

キンモクセイも最初から枝抜きをして主枝、副主枝を配置し、透かし剪定を続けると、見慣れている刈り込み円筒樹形の木とは同じに思えないほど、風格のある自然風樹形に仕上がります。右の図は、木陰で緑陰を楽しめるよう、下枝をなくした双幹の自然風樹形です。萌芽力が強いので、円筒樹形の木を、98頁で紹介したロウソク樹形の改作法で改作することもできます。

キンモクセイ

落葉広葉樹●中高木

自然風庭園の主役である落葉樹は、春に芽吹いた葉が、その年の晩秋にはすべていっせいに落ちます。寒さに強いものが多く、樹勢や萌芽力も強く、生長も早く、なかには幹元や株元の根から胴吹きしたヒコバエが発生し株立ちするものも少なくありません。

萌芽力が強いので、どこからでも切れますが、第一部で述べたように、枝先をむやみに切る刈り込み剪定では、小枝が風に揺れる落葉樹の良さはなくなり、その後に勢いの強い徒長枝が伸び、美しい樹形を維持することがむずかしいのです。

生長が早いので、同じ大きさに維持していくには、枝を常に更新していく透かし剪定を行なう以外にありません。自然風剪定の基本である枝の分岐部から切る枝抜きと、外芽で切る切り戻しが透かし剪定の原則です。

毎年樹冠近くの同じところで切っていると、大きなコブ姿となってしまいます。

透かし剪定を身につければ、どんな落葉樹でもドントコイです。落葉樹の剪定時期は、軽い剪定ならいつでもできますが、落葉樹は晩秋に落葉すると春先まで休眠するので、この休眠期に剪定すれば木にダメージを与えず安全です。落葉後なら枝ぶりもよくわかります。芽の向きをよく見て必ず外芽で切り戻しします。ただし、強剪定は芽出し前に行ないます。

剪定方法は第一部で詳しく紹介しましたので、主な落葉樹の要点だけを述べます。

落葉広葉樹●中高木 1
シャラ(ナツツバキ)
狭い場所にも植えられ四拍子揃った美しさ

シャラは雑木のなかでも人気があります。和風庭園はもちろん、洋風庭園にも似合います。単幹もありますが株立ちにもなり、枝が立ち性なので狭いところにも植えられ、幹肌が美しく、花も清楚で、秋にはよく紅葉し、樹形も美しいという、四拍子揃った魅力があるからです。

日当たりを好むので、庭のポイントとなるところによく植えられていますが、やや乾きに弱いため、根元の根回りには夏の直射が当たらないような場所か、当たらないようにして植えたほうが元気に生長します。夏の高温で弱ると葉がしおれて落ちることがあります（落ちても、たいていは秋までにまた新葉が開く）。

剪定は落葉後に軽く透かし剪定

シャラは夏に咲く花が魅力ですが、その年の春から伸びる新梢に花芽分化して咲くので、落葉期には花芽を気にせずに剪定できます。落葉期は木も休眠しているので、木にダメージを与えず、樹冠もよく見えるので剪定もやりやすくなります。

しかし、この時期でも切り過ぎると、芽はほとんどが葉芽となり、大きな葉をもった新梢がたくさん徒長枝となって伸びてきます。こうなると、花芽ができにくくなるため、花が咲かないことがあります。

シャラに限らず雑木と呼ばれる落葉樹は、込み合った枝や忌み枝を枝抜きする程度に軽く行なうことです。剪定は、どんな木でも、剪定したように見えない剪定をすることが肝心です。

シャラ、ヒメシャラ、ソロなどの立ち性の落葉広葉樹は、多少込み合った部分や忌み枝を抜く程度の軽い剪定で充分です。立ち性なのであまり剪定しなくても樹冠内までよく日が入るからです。

大透かしと中透かしを軽く行なうだけで充分です。徒長枝が発生して困るような剪定では、切り過ぎです。

落葉広葉樹2 ウメ

夏剪定で徒長枝を抑え花つきを良くする

花木は花後に切れという原則がありますが、どうもウメには通じません。花後の三～四月に剪定すると、徒長枝が勢いよく伸び、すぐに見られないほどの樹形になってしまうからです。

私の経験では、前年の貯蔵養分を使い果たして花芽も分化する七月から八月くらいに剪定すると、翌年の四月まで枝はほとんど伸びず、剪定後のままの美しい姿で維持できます。この時期に剪定すると花芽を落としてしまうのではと心配になりますが、ウメの花芽は新梢の先端部ではなく、樹冠の輪郭内にある細く短い枝（短枝）や、長い枝でも元部に多くつきます。その年に長く徒長した枝には葉芽が多くつき、花芽はあまりつきません。

いつの時期の剪定でも、ウメは短い枝はそのままにし、必ず出ている徒長した枝を元から切り取ります。枝のほしいところに出た徒長枝は、三〇センチくらい残して短く切り詰めます。この剪定を夏に行なえば、花芽をほとんど減らすことなく徒長枝を処理できますし、来年の貯蔵養分も多くならない

[図95]ウメの冬の剪定

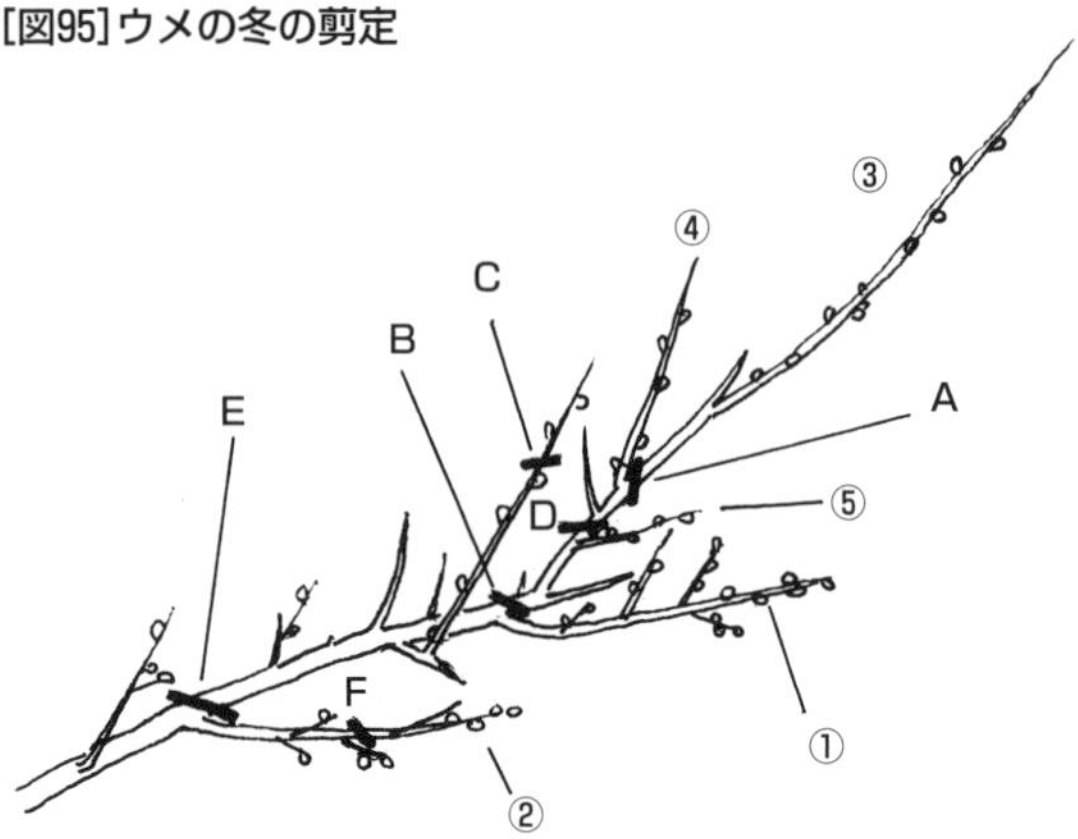

ので、冬に剪定するよりも徒長枝が少なくなります。

冬の透かし剪定の実際

夏剪定をしなかった場合の剪定の適期は、ほかの落葉樹と同様、休眠期の冬です。

図95はわが家のウメの木の枝です。短い枝にはふっくらと大きい花芽をつけています。

普通に剪定するときは、徒長した③枝を除くために外芽方向に伸びた①の枝元のBで切ります。①の先にも外芽となる小さな枝⑤がありますが、この枝では養分がはけきれず、Dの位置で切ると徒長枝が発生します。また、Cの枝も少し長いので外芽の先で切り戻しておきます。

元の②枝は将来の更新枝ですが、①枝と同じ角度・方向に伸びる平行枝なので、少し先端をFの外芽の先で切り詰めてバランスをとっておきます。樹冠を小さくしたいときは、この時点でEで枝抜きし、②の枝に主枝を更新します。

また、なるべく多く花を咲かせて花を見たい場合は、徒長して花芽はあまりついていない③の枝をAの位置で切るとよいでしょう。Aの位置で切ると内芽の④の枝が先端となるので、次回は忘れずにBで切ります。

ウメは群植に向かない

私は梅林は好きではありません。一本一本を見ると独特な幹曲がりがあり立派な木が多いのですが、それが右を向いたり左を向いたり、後ろを向いたりと、幹の曲の気勢（木の勢いの方向）が仕切りのない園路に向けられているために、少し遠くを見通すと幹が躍っているように見え、アンバランスな落ち着きのなさを感じるのです。サクラと違い、ウメは群植には向かないのだと思います。

私の好きなウメは、枯れそうで枯れない、幹の太さにしては枝も花も極端に少ない、ワビのある木です。このような樹形のウメの花のほうが、梅林の花よりも温かく見えます。

落葉広葉樹3
ヤマボウシ

花も実も楽しめる横広がりの株立ち樹形

春に枝の先端に清楚な白い花が咲き、秋は紅葉と食べても美味しい赤い実をつけるヤマボウシも人気の落葉樹です。株立ちが多く、枝はやや横に伸び横広がりの株立ちになります。

樹勢が強く生長も早く、枝を切ると徒長枝が発生しやすいので、あまり狭い庭には向いていません。

落葉後、花芽を確認し軽く透かし剪定

枝は車枝状に何本も伸び、落葉するころには、その枝先につく葉芽と丸く大きな花芽が区別できます。花芽は中央の太く短い枝先につくことが多いようです。

剪定時期は、落葉後から芽出し前の休眠期ですが、中透かし主体にし、車枝状の先端部は込み合った部分のみ軽く行なう程度にします。あまり強い剪定をすると、徒長枝が多く伸び花芽がつきにくくなります。また、ヒコバエは切らずに伸ばし、早めに大きくなった主幹は元から切って更新していきます。大きくなり過ぎると、庭全体のバランスが崩れてしまいます。

[図96]ヤマボウシの冬の剪定

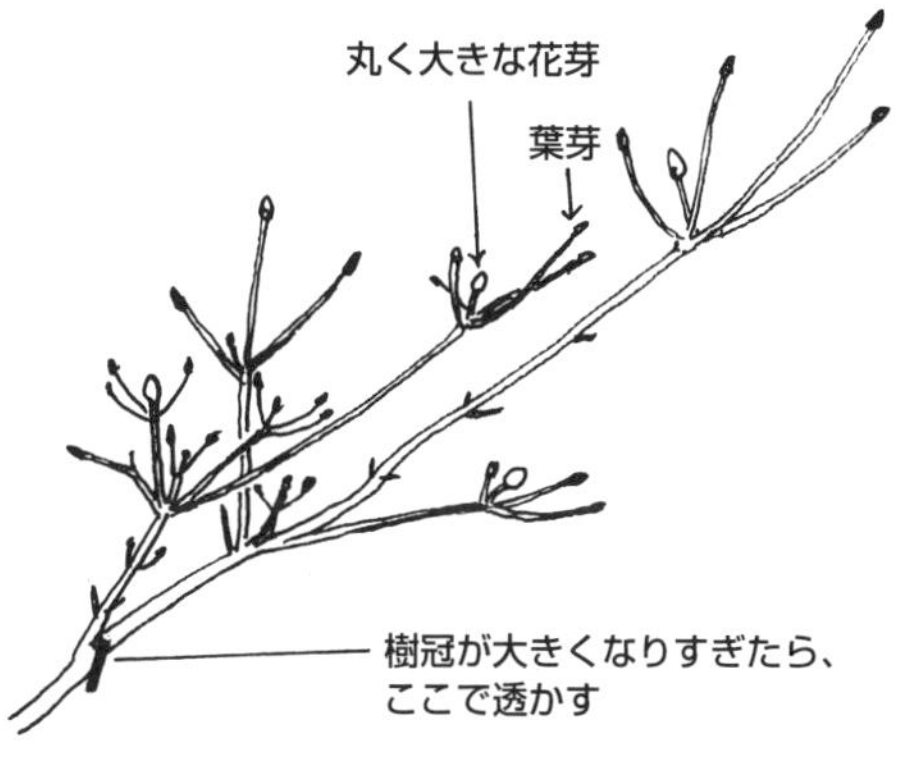

落葉広葉樹●中高木4
ハナミズキ

生長が遅く剪定はあまり必要なし

単幹で、横広がりに枝が伸び、小枝の先にはほとんど花芽をつけ、春の芽吹きと同時に赤色、あるいは白色の花を樹冠いっぱいに咲かせます。やや日陰の場所でも育ちますが、樹勢はそれほど強くなく、生長も遅く、徒長枝の発生も少ないので、放っておいても短い小枝が数多くできた自然風樹形になります。

剪定の適期は落葉後の休眠期です。剪定は枝が対生に出るので、主枝や副主枝は互生になるよう徐々に枝抜きしていく程度で、小透かしは、車枝状になった部分を多少透かすくらいにします。花芽は枝先端の頂芽だけにつき、葉芽はその下の腋芽なのでよく区別で

きます。

胴吹きが多くなってきたら寿命

樹勢が弱いためか、寿命も短い木です。私の経験では日通り（高さ一・二メートルの部分）で、直径一五センチ前後になると、胴吹きが多くなり、しばらくすると先端部の枝の枯込みが発生し、数年後には樹体が枯れてしまうことが多いのです。

原因はわかりませんが、根が弱ってくるからだと思います。

落葉広葉樹●中高木5 カイドウ

樹勢が強く暴れやすい

ハナカイドウとも呼ばれ、春に美しい花をたくさん咲かせます。単幹と株立ちとがありますが、それほど背は高くなりません。しかし、樹勢が強く、萌芽力も非常に強く、徒長枝もよく発生します。徒長枝を発生させず、樹形を維持していくことがややむずかしい木です。

たとえば、外芽を残して透かしても、その外芽より数芽くらい下の芽から、勢いのよい徒長枝が立ち枝や逆さ枝となって伸びてくるのです。ですから、剪定後の枝の出方や樹形が予測できにくいのです。花木は花後に剪定とよく言われますが、この花後の剪定は芽出し時期と重なるので、一番このような徒長枝が発生しやすいのです。

カイドウは、葉が小さく葉数も少ないために樹冠内によく日が入るため、枝をより日が当たる横方向に必ずしも伸ばす必要がないからかもしれません。

剪定は休眠期に行ない忌み枝は元から抜く

花後の剪定は避けて、やはり花芽が区別つくようになる落葉後、一～二月ころが剪定時期としてよいでしょう。このとき、忌み枝は芽を残さずに元から抜き、樹冠を小さく維持するときは、できるだけ切る枝と同等の太さの枝の出ている分岐部で切るようにします。

また、生育中に忌み枝を剪定するときは、徒長した新梢の伸びが落ち着く夏まで待ってから行ないます。伸長中に剪定すると再び勢いよく伸びてくるからです。

落葉広葉樹●中高木6 サルスベリ

コブ樹形の改作を

樹勢が強くどこで切っても胴吹きし、切り口から何本もの徒長枝が伸び、それでいてその徒長枝に夏から秋口に朱色の美しい花が次々長く咲きます。幹肌がスベスベで猿も滑ることからこの名がついていますが、花期が長いことから「百日紅《ひゃくじっこう》」ともいいます。

サルスベリは枝が横広がりに伸び、どこで切っても芽が伸び、その枝に花芽が分化して咲くので、どうしても毎年同じところで丸坊主に切り、翌年も同じところから伸びる徒長枝に咲かせる剪定になりやすいのです。そのために、年々コブが大きくなっていくのです。

93〜94頁で紹介したコブ樹形の改作法は、このサルスベリのコブ樹形の改作が基本になっています。コブを切り、発生する徒長枝を二本二股に間引き、残す二本の枝を片方が三〇センチなら片方を二〇センチというように長さを互い違いにして、外芽の先で切り戻します。これを毎年繰り返すと12頁の写真のような、繊細な曲のついた小枝が伸び、美しい幹肌と相まった独特の自然樹形に仕上がっていきます。剪定時期は落葉後から芽出し前です。

ヒコバエも切らずに株立ちに

サルスベリはヒコバエもかなり発生しますが、本来は株立ちのほうが適する木だと思います。全体の樹形を見ながらヒコバエを伸ばし、株立ち樹形を楽しむのもよいでしょう。

寿命もそれほど長くはないので、樹勢が弱くなったら、ヒコバエに更新していけばよいのです。

落葉広葉樹●中高木 7 モミジ

性質もデリケートで強剪定は禁物

秋風に揺れる紅葉が美しいモミジは人気の的ですが、庭木としてその美しさを維持していくには、むずかしい木でもあります。単幹も株立ちもありますが、枝が横広がりに伸びるものが多いため、ある程度庭が広くないと維持できなくなります。狭い庭では、通行にジャマにならない程度の高さから主枝を伸ばすか、ウリハダカエデ、ウリカエデ、コハウチワカエデなどの立ち性のカエデが向いています。

モミジがむずかしいのは、剪定に意外とデリケートだからです。樹冠を小さくしようと太い枝を切って強剪定すると切り口から腐り込み、枝だけでなく樹体が枯れることがあります。大きくなったモミジは移植しても数年で枯れることが多いのです。地下部も太い根が切られる強剪定に弱いのだと思います。ですから、樹冠を強剪定で小さく維持することがむずかしいのです。

軽い中透かし程度で小透かしもしない

若木のうちは強剪定しても心配ありません。若木のうちに主枝を決めたら、成木になってからは大透かしはせず、軽い中透かしをする程度にして、切り口には必ず癒合剤を塗っておきます。また、小透かしもしないで、自然樹形のままで風に泳ぐ小枝を生かしたいものです。

剪定時期は、落葉してから三月ころまでは切ると樹液が出るので、樹液の上がらない芽吹き前が良いとされていますが、樹液が出ても木には影響がないようです。

モミジの大敵は株元の幹の樹皮に食い込み、形成層部を食害するテッポウムシです。テッポウムシに入られると、しだいに弱り枯れてきます。早く発見して防除することが肝心です。

落葉広葉樹●中高木8
コブシ

狭い庭では自然樹形の維持は困難

単幹のものと株立ちのものがありますが、樹勢が強く大きくなり、主枝が上向きに伸びて横広がり型の枝ぶりになるので、狭い庭には不向きです。強めの剪定をすると徒長枝が多く伸び、自然樹形で小さく保つにはむずかしいのです。コブシにコブ樹形が多いのはそのためです。

しかし、成木になり大きくなると、開花後に新梢が二股に短く伸び、先端に花芽ができるので、春先には樹冠全体が花いっぱいになります。一定の大きさになれば、込み合った部分を中透かしする程度ですみます。

剪定時期は、開花が早いので落葉後から一月ころまでです。

落葉広葉樹●中高木9
モクレン（シモクレン）

株立ちのシモクレンがおすすめ

モクレンには単幹で大木になる白い花のハクモクレンと、立ち性の株立ちになる紅色花のシモクレンとがありますが、一般にはシモクレンをモクレンと呼んでいます。狭い庭で自然樹形を楽しむには、株立ちのシモクレンが向いています。

シモクレンはヒコバエが多く発生するので、主幹更新がやりやすい木です。樹勢が強く萌芽力も強いので、方向の良いヒコバエを伸ばして主幹を更新していきます。落葉後から芽出し前に、忌み枝となるヒコバエは根元から間引き、立って伸びる徒長枝を枝抜きする程度で、剪定も楽です。あまり大きくはなりませんが、場所に合わせて強めの剪定もできます。

落葉広葉樹●中高木10

コナラ

胴吹きやヒコバエで主枝更新、主幹更新

コナラは、幹の自然な曲や銀色の芽吹きが魅力で野趣に富んだ味がありま す。単幹もありますが、庭木の多くは大きな木を根元から切ってヒコバエを伸ばして作った株立ちです。

樹勢・萌芽力が大変強いので、雑木林ではこのように主幹更新しながら、炭やキノコのホダ木にしてきました。そのために本来は単幹ですが、株立ちが似合っているのです。

しかし、生長が早く大きくなるので、自然樹形を保つにはややむずかしい木です。ただ、樹勢が強く強剪定に耐えるので、幹や主枝から伸びた胴吹きを活かして主枝更新をしたり、大きくなり過ぎた主幹を根元から切って、ヒコバエで作り直すこともできます。

剪定は落葉後、主枝・主幹更新などの強剪定は、春の芽だし前が適期です。普通の軽い透かし剪定ならいつでもかまいません。

落葉広葉樹●中高木11

ムクゲ

強剪定にも強く花期の長い夏の花

ムクゲは単幹が多く、枝が立ち性ですが、やわらかいので生長とともに垂れて横に広がってきます。萌芽力が強く、よく胴吹きし徒長枝が多く発生するので、生け垣にもよく使われます。

また、芽だし前なら、強く剪定しても春から伸びた新梢の先端や腋芽に花芽ができ、七月から九月ころまで、サルスベリよりも長く咲き続けます。

あまり大きくならず、強剪定もしやすいので、自然風剪定で自然樹形を維持しやすい木です。強めの更新剪定は芽吹き前の二～三月に行ないますが、

落葉広葉樹●中高木12

カリン

落葉後、短い枝を残して花と実を楽しむ

単幹で枝はそれほど横に広がらず、庭木としても扱いやすい木です。春にピンクの花が咲き、秋には黄金色の果実が実ります。ウロコ状にはげる幹模様も美しいものです。

樹勢は強いほうで、ウメほどではありませんが徒長枝もよく発生します。花芽は、前年わずかに伸びた短い枝に多くできます。ですから、落葉後に葉芽と花芽の区別ができるので、短い枝は切らずに残し、忌み枝や徒長枝を必要ないものは付け根から切り、枝を伸ばしたいものは三〇センチほど残して切り詰めます。

材質が硬いので太くない枝でも切るのが大変ですが、古木になると樹勢も落ち着き、あまり強い剪定は必要でなくなります。ウメなどと同様、寿命もそれほど長くないようです。

落葉広葉樹●中高木13
マンサク

剪定は花後か落葉後に軽く

春まっさきに黄色の十文字の細長い花弁が絡んだ花が咲きます。秋の黄色の紅葉も独特で美しいものです。

単幹仕立てもありますが、株立ちの落葉低木が大きくなったような株立ちが一般的です。幹自身が株元から放射状に伸びたような横広がり型の株立ち樹形になります。

樹勢は強く徒長枝も発生しますが、徒長枝には花芽はほとんどつかないので、元から抜きます。マンサクは花後に伸びる充実した短い新梢に、七月ころ花芽が頂芽から元部の腋芽まで、たくさんできます。ですから、落葉後、小透かしを多く行なうと、花芽が少なくなってしまいます。花後の剪定なら安心ですが、これもあまり強く行なうと徒長枝が多くなり花芽が少なくなります。

いずれにしても、枝先を切る小透かしは、あまり深く切らずに、徒長枝や忌み枝を抜き、込み合った枝を中透かしする程度で充分です。

また、株元からヒコバエがよく出るので、株立ちの主幹更新法で、大きくなり過ぎた主幹を更新していきます。

マンサク

落葉低木類

落葉中高木の下に植える株立ちの低木類

落葉低木類は、日陰に耐えたり半日陰を好むものが多いです。落葉中高木下の手前に植えると、日当たりなどもちょうど良く、花や実も適度について四季の変化を楽しめ、また庭に遠近感が出てきます。

落葉低木でも三～四メートルほどの高さになるものと、二メートル以内にしか大きくならないものとがあります。

三～四メートルになるものは、ガマズミ、マルバノキ、ミヤマガマズミ、コバノガマズミ、ツリバナ、クロモジ、ムラサキシキブ、トサミズキ、ミツバツツジ、コマユミ、サワフタギ、ウグイスカグラなどがあります。これらのほとんどは横に広がった株立ち樹形になります。

二メートル以内の低木には、オトコヨウヅメ、ナツハゼ、バイカツツジ、ヒュウガミズキ、シモツケ、コアジサイ、コガクウツギ、タマアジサイ、ハナイカダ、ヒメウツギなどです。これらも株元から何本ものヒコバエが伸びる株立ち種です。

低木類でも中高木類とのバランスから、樹冠を一定に維持する剪定が必要です。本来一〇メートル以上にもなる中高木を五メートル前後に維持した庭では、低木類を四メートルにも大きくするとバランスが悪くなります。低木類は庭木としては、三～四メートルになるものは二～三メートルに、二メートル以内のものは一メートル前後に維持したいものです。

小透かしはせず大透かし・中透かしで

落葉低木は、落葉中高木に比べて樹勢は強くなく、一定に大きくなってからの生長も遅く、幹の寿命もそれほど長くありません。そのために、落葉低木はヒコバエが出て、自然に更新されるのだと思います。

ですから、あまり枝先を小透かしする必要はありません。枝や葉数をあまりに少なくすると、樹体も弱りやすいのです。また、低木類には花や実を楽しむものが多く、花芽の有無を考えずにむやみに枝先を刈り込むと、花や実を楽しむことができなくなります。枯れたり弱った幹を切って大透かしをしたり、伸び過ぎた副主枝を枝抜きする

[図97]株立ちの落葉低木／マルバノキ

中透かし程度にとどめておきます。

　ヒコバエが多く出るものは、ヒコバエは切らずに伸ばし、大きくなり過ぎた幹や、古くなって元気のない幹を株元から切って間引き、新しいヒコバエに更新することです。間引き方は自然風剪定の基本の株立ちの剪定（84～86頁）で述べましたが、発生した位置や伸びる方向を見て、葉が繁茂したときに株立ちの向こうが透けて見えるくらいの本数にします。

　剪定時期は、落葉後から芽出し前ですが、寒さに弱いものは冬の強剪定は避けたほうがよいでしょう。前年に花芽ができるものを刈り込み剪定する場合は、花後に行ないます。

　また、ハギのように毎年ヒコバエが伸びて七月ころに花芽ができるものは、六月ころに新梢の先端部を半分くらいに短く切り詰めるとコンパクトな樹形になり、その後伸びた小枝に多くの花が咲きます。

単幹になるものは小透かしを繰り返し自然風樹形に

　低木類でも、ドウダンツツジのように単幹になり枝が細かに出るものは、長く伸びた小枝を元から抜く小透かしを繰り返すと、見事な枝ぶりの盆栽のような樹形になります（27頁写真参照）。

　このドウダンツツジの小透かし剪定は、ウメと同様に新梢の伸びが止まる七月に行ないます。この時期は剪定すると、萌芽力の強いドウダンツツジも以後は枝が伸びません。

　また、残す短い枝は先端を切り詰めないので、花芽分化するこの時期に剪定すると養分が花芽にかえって集中するためか、残った小枝の先にはすべて花芽がつきます。

　株立ちのツツジやサツキも同様の方法で剪定すると、自然風の見事な樹形になります。

タケ類

一定以上に大きくならず群植して竹林に

タケは樹木のような年輪はなく、地下茎から春にタケノコが一挙に伸びて、秋までには稈の高さも太さも決まってしまいます。しかし、節から伸びる枝は毎年わずかずつ伸びて、五～六月に新しい葉が展葉し、古葉は落葉します。また、稈の節の枝が出ている部分や枝の節からは胴吹き芽のように、新しい芽も伸びてきます。

タケは地表近くに地下茎が伸びて繁殖するので一、二本に単植することは少なく、単植した場合でも三年もすると群生し竹林になります。

庭木としては、一定の面積に群生させ竹林の雰囲気を出したり、庭が狭くて大きな樹木を植えられない場合に、高さを出して空間の広さを感じさせるためによく使われます。

タケの種類は多くありますが、庭木としてよく使われるものは、中高木並みに高くなるモウソウチクや、小枝が密生するナリヒラダケ、稈が四角形のシホウチク、稈が黒いクロチク、一番小さくタケノコが寒中に出るカンチクなどです。

タケを植える場合には、地下茎が一定以上の範囲以上に伸びださないようにすることが肝心です。大きなモウソウチクは、深さ八〇センチ以上のコンクリート製の下水マスや土管などを埋設して植える必要があります。モウソウチク以外は、五〇～六〇センチの深さで充分です。

また、剪定時期は、タケは寒さに弱いので、秋の剪定は弱めにし、強い剪定をしたいときは春から夏までが適しています。

ナリヒラダケで作るダイミョウチク仕立て

稈の節から小枝が密生して伸びるナリヒラダケなどは、次頁の図98のようなダイミョウチクと呼ばれる仕立て方によくされています。暖かくなる四～六月くらいに、図のように稈の頂部を節上で切り、枝をすべて一節か二節残して切り落とします。こうすると残した枝の節から細かな枝が数多く芽吹いてきます。一～二年後には節ごとに小枝がこんもりと密生したダイミョウチク仕立てになります。

小枝が多くなったら、密生した小枝を半球形になるように、長過ぎる枝や

[図98]ダイミョウ仕立て／ナリヒラダケ

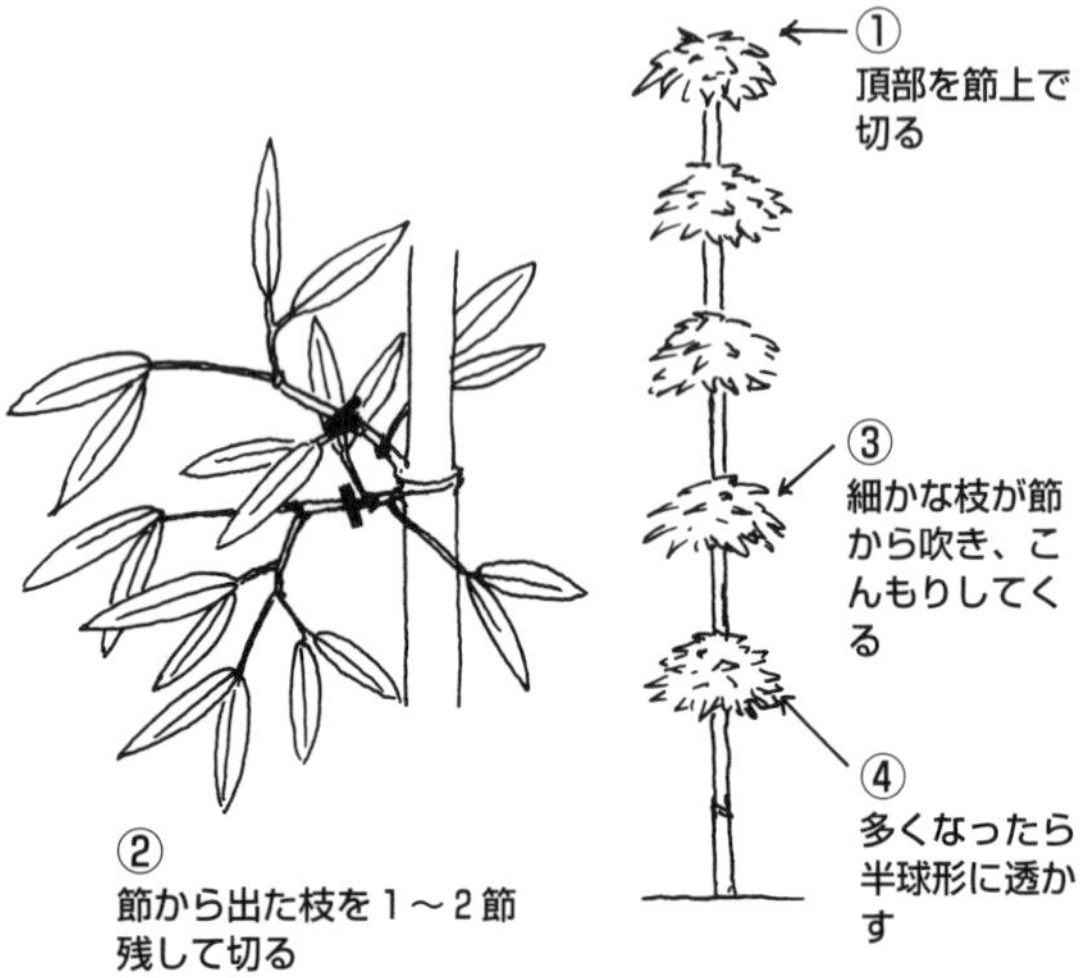
①
頂部を節上で切る
②
節から出た枝を１～２節残して切る
③
細かな枝が節から吹き、こんもりしてくる
④
多くなったら半球形に透かす

[図99]モウソウチクの芯止め

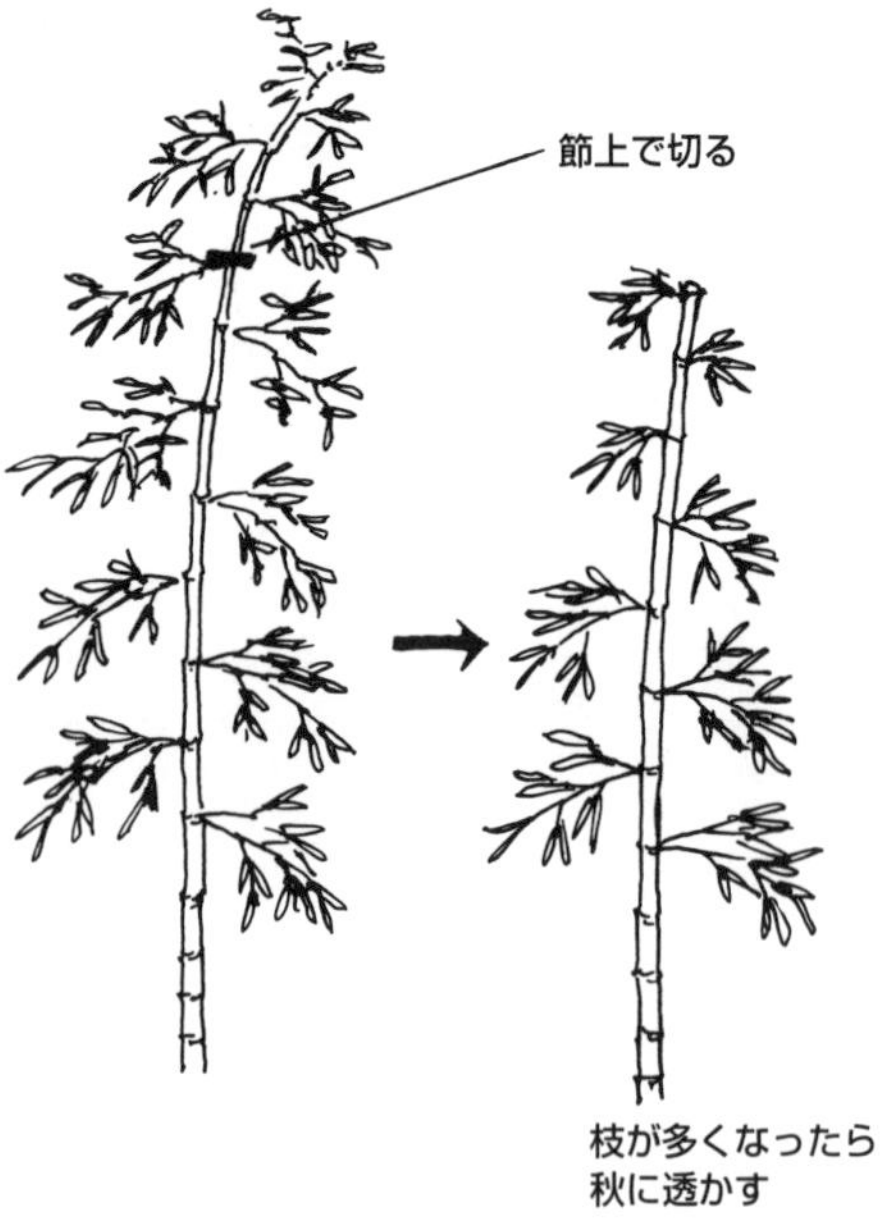
節上で切る
枝が多くなったら秋に透かす

色があせて古くなった枝、込み過ぎてしまった部分の枝などを、枝元から間引いて透かしていきます。

モウソウチクも芯を止めればスリムな姿に

モウソウチクは広さ・空間に余裕があれば、そのままの自然樹形が素晴らしいと思います。しかし、小さくしたいときは一定の高さで、節の上で切り芯を止めるとよいでしょう。この高さに合わせて枝も短く切り詰めれば、スリムな形に仕上がります。

モウソウチクは、芯を止め枝先を詰めても込み合うほど新芽が吹いてこないので、ダイミョウチクのように枝がこんもり密生することはありません。ですから、枝を間引く透かし剪定はあまり必要はありません。元の樹形に合わせて枝を節で切り詰めてスリムな樹形を維持していきます。

シホウチクやクロチク、カンチクなども同様に芯を止め、枝をダイミョウチクよりは長く三～四節残して切り詰めると、節部から新芽が伸びて枝数が増え、モウソウチクをもっとスリムにした、ちょうどダイミョウチク仕立てと中間くらいの姿になります。実際にはタケの本数が増えてきて稈と稈が接近するので、ダイミョウチク仕立ての雰囲気になってきます。この場合は、枝を間引いて透かし、枝先も切り詰めてスッキリしたダイミョウチク風の姿を維持していきます。

太いものは高く、細いものは低くして芯止め

群生したタケを芯止めしてこのような姿を作るときは、図100のように太いタケは背を高く、細いタケは低くして芯を止めます。

こうすると竹林の頂部にデコボコができ、芯を止めたタケでも自然な雰囲気になります。

[図100] 竹林の高低の出し方

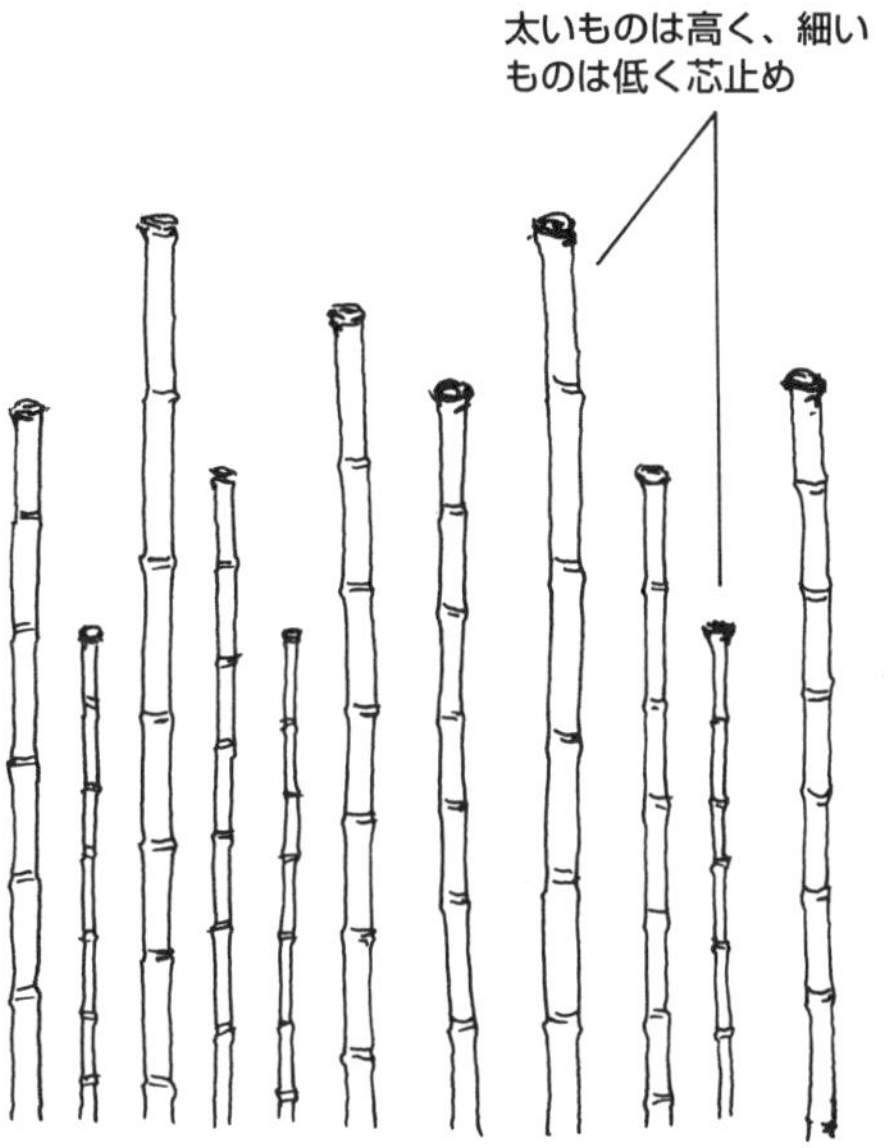

毎年少しずつ新しいタケに更新

タケの寿命は数年から一〇年といわれていますが、庭木としてのタケは毎年タケノコを伸ばして少しずつ更新します。稈の色が水気がなく黄ばんだようになったら更新の時期です。更新予定のタケの近くに生えたタケノコを伸ばし、十~十一月ころに古いタケは元から切って新しいタケに更新します。

タケは地下茎でつながっており、タケノコは古いタケから養分が運ばれて育つので、新しい竹が大きくなり葉を充分に広げて自活できるようになってから古いタケを切ります。また、タケノコが何本も接近して出た場合は、一番姿の良いタケか、もしくは近くのタケと太さが異なるものを残します。太いものは高くなり、細いものは低くなるので、太さを変えると高さに変化が出て自然な感じになるからです。

用語・樹種索引

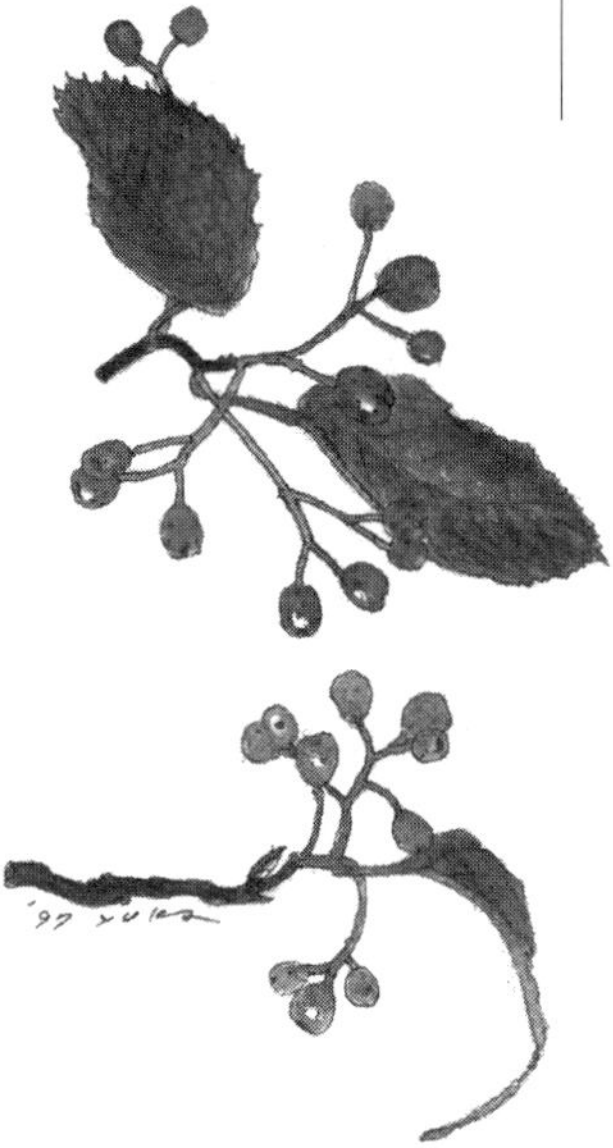

[著者紹介]

峰岸　正樹（みねぎし　まさき）

昭和32年，東京都生まれ。都立青梅農林高等学校卒。

一級造園技能士，一級造園施工管理技士。

現在，あきる野市で造園業「植正」を営む。

都立立川技術専門校講師　（財）国際文化カレッジ講師

庭木の自然風剪定

2001年３月25日　第１刷発行
2025年１月30日　第32刷発行

著　者　峰岸正樹

発　行　所　一般社団法人　農山漁村文化協会
郵便番号335-0022　埼玉県戸田市上戸田２－２－２
電話　048(233)9351(営業)　048(233)9355(編集)
FAX　048(299)2812　郵便振替　00120-3-144478
URL　https://www.ruralnet.or.jp/

ISBN978-4-540-00192-5　印刷／製本　TOPPANクロレ
〈検印廃止〉

定価はカバーに表示